本书为国家社科基金项目"新时代中外合资企业科技自...

编号：19BGL009）的成果

湖南师范大学·经济管理学科丛书
HUNANSHIFANDAXUE JINGJIGUANLIXUEKECONGSHU

中外合资企业
科技自主创新能力提升研究

Research on the Improvement of Scientific and
Technological Independent Innovation Capability of
Sino-Foreign Joint Ventures

刘　婷◎著

经济管理出版社
ECONOMY & MANAGEMENT PUBLISHING HOUSE

图书在版编目（CIP）数据

中外合资企业科技自主创新能力提升研究 / 刘婷著.
北京：经济管理出版社，2024. -- ISBN 978-7-5243
-0068-7

Ⅰ. F279.244.3
中国国家版本馆 CIP 数据核字第 2024HX7896 号

组稿编辑：杨　雪
责任编辑：杨　雪
助理编辑：付姝怡
责任印制：张莉琼

出版发行：经济管理出版社
　　　　　（北京市海淀区北蜂窝 8 号中雅大厦 A 座 11 层　100038）
网　　址：www.E-mp.com.cn
电　　话：(010) 51915602
印　　刷：北京晨旭印刷厂
经　　销：新华书店
开　　本：720mm×1000mm/16
印　　张：16.25
字　　数：270 千字
版　　次：2024 年 12 月第 1 版　　2024 年 12 月第 1 次印刷
书　　号：ISBN 978-7-5243-0068-7
定　　价：88.00 元

总序 SEQUENCE

当历史的年轮跨入 2018 年的时候，正值湖南师范大学建校 80 周年之际，我们有幸进入到国家"双一流"学科建设高校的行列，同时还被列入国家教育部和湖南省人民政府共同重点建设的"双一流"大学中。在这个历史的新起点上，我们憧憬着国际化和现代化高水平大学的发展前景，以积极进取的姿态和"仁爱精勤"的精神开始绘制学校最新、最美的图画。

80 年前，随着国立师范学院的成立，我们的经济学科建设也开始萌芽。从当时的经济学、近代外国经济史、中国经济组织和国际政治经济学四门课程的开设，我们可以看到现在的西方经济学、经济史、政治经济学和世界经济四个理论经济学二级学科的悠久渊源。中华人民共和国成立后，政治系下设立政治经济学教研组，主要承担经济学的教学和科研任务。1998 年开始招收经济学硕士研究生，2013 年开始合作招收经济统计和金融统计方面的博士研究生，2017 年获得理论经济学一级学科博士点授权，商学院已经形成培养学士、硕士和博士的完整的经济学教育体系，理论经济学成为国家一流培育学科。

用创新精神研究经济理论构建独特的经济学话语体系，这是湖南师范大学经济学科的特色和优势。20 世纪 90 年代，尹世杰教授带领的消费经济研究团队，系统研究了社会主义消费经济学、中国消费结构和消费模式，为中国消费经济学的创立和发展做出了重要贡献；进入 21 世纪以后，我们培育的大国经济研究团队，系统研究了大国的初始条件、典型特征、发展形势和战略导向，深入探索了发展中大国的经济转型和产业升级问题，构建了大国发展经济学的逻辑体系。正是由于在消费经济和大国经济领域上的开创性研究，铸造了商学院的创新精神和学科优势，进而形成了我们的学科影响力。

目前，湖南师范大学商学院拥有比较完善的经管学科专业。理论经济学和工商管理是其重点发展领域，我们正在努力培育这两个优势学科。我们拥有充满活力的师资队伍，这是创造商学院新的辉煌的力量源泉。为了打造展示研究成果的平台，我们组织编辑出版经济管理学科丛书，将陆续推出商学院教师的学术研究成果。我们期待各位学术骨干编写出高质量的著作，为经济管理学科发展添砖加瓦，为建设高水平大学增光添彩，为中国的经济学和管理学走向世界做出积极贡献！

欧阳峣

前言　PREFACE

　　2024 年 3 月 18 日，习近平总书记在巴斯夫杉杉电池材料有限公司考察时强调：科技创新、高质量发展是企业不断成长壮大、立于不败之地的关键所在，民营企业、合资企业在这方面都可以大有作为。

　　外商投资是国际知识流动和科技创新的关键，作为我国利用外资的重要形式，中外合资企业对我国科技创新走向自立自强起到了十分重要的作用。传统上，中外合资企业一直是中国实施"以市场换技术"战略的重要方式，主要进行着拿来主义、消化吸收等以外方技术依赖为主的创新，扮演着跨国公司在华战略及其全球创新网络中的执行者。然而，随着我国利用外资的目标由数量转向数质结合以及跨国公司研发全球化布局的战略转变，原来粗犷式利用合资企业的方式已经不能满足现实和理论的发展要求。进入新时代，中外合资企业将主动布局和积极利用国际创新资源，调整其在跨国公司全球创新网络中的定位，坚持走中国特色自主创新道路，肩负起新时代背景下提升科技自主创新能力的新的历史使命。

　　中外合资企业作为中外双方共同出资设立的合作平台，是跨国公司在其全球研发创新网络中创造和传递知识和技术创新信息的媒介，也是在国内创新网络中充分挖掘和利用中国本土特定优势进行广泛的科技创新活动的主体。在我国加快实现高水平科技自立自强、推进高水平对外开放，并"加快构建以国内大循环为主体、国内国际双循环相互促进的新发展格局"之时，中外合资企业应利用国内国际两个市场两种资源的联动效应，有效整合、创新与发展中外双方的资源和能力，将本土优势转化为全球优势，在跨国公司的全球创新网络中发挥越来越重要的角色，这对当前我国合理利用外资推动科技创新和高质量发展具有十分重要的意义。尤其是在当前复杂的国内外背景下，指引中国真正走向世界科技强国，在更高层次、更大范围发挥科技创新引领作用，本书具有很强的实践价值。

本书围绕"中外合资企业科技自主创新能力提升"的研究落脚点，以技术创新理论、跨国公司子公司角色理论、企业成长理论、国家竞争优势理论等相关理论为基础，首先梳理中外合资企业科技创新演化的萌芽—探索—发展三个阶段，了解其科技创新各阶段的特征与新时代科技创新的要求；并通过案例和可视化分析了解中外合资企业股权动态变迁的三条路径——外商独资化、中方独资化、继续保持合资，以了解中外合资企业可持续发展的特征及其科技自主创新面临的困境；然后将科学与技术相结合，考虑对中国本土特定优势的利用，通过熵值法、核密度估计、探索性空间数据分析方法来构建中外合资企业科技自主创新指标评价体系，并探究其时空演化规律；接下来，利用系统综述法，分析中外合资企业科技自主创新提升的三条创新路径——市场导向型、技术导向型和战略导向型，并构建其环境—行动—结果的综合框架。在此基础上，从环境嵌入视角探讨具有多元角色的中外合资企业平衡双重环境嵌入的创新逻辑及其角色跃升机制；再综合宏观数据与微观数据，利用准自然实验法，对中外合资企业内部技术溢出机制进行实证分析；最终得出研究结论与对策建议。

本书的主要特色在于：

首先，在新时代背景下探讨中外合资企业科技创新发展的路径。本书强调中国本土特定优势是新时代中外合资企业科技创新的主要来源和重要基础。改革开放以来，跨国公司在中国的区位优势主要为传统的廉价劳动力、潜在市场和举国体制优势；新时代背景下，区位优势升级为超大规模市场、巨量生产要素、完备产业体系、海量创新资源、强大经济韧性和新型举国体制等。因此，充分挖掘和利用中国本土特定优势，并将本土优势转化为全球优势，有利于提升中外合资企业科技自主创新能力，并助推其从跨国公司的执行者跃升为领导者参与全球科技竞争。

其次，结合新时代中国情境，丰富和发展了企业成长理论、技术创新理论和国际商务理论。本书强调以科学为基础的技术创新，在已有"规模+结构"的技术创新评价体系基础上重视"本土化优势利用程度"对中外合资企业科技创新的重要地位；总结出中外合资企业市场导向型、技术导向型和战略导向型三条集成化科技创新能力提升路径；构建以中外双方内在竞合博弈为特色的科技创新能力提升影响机制。这些都是紧密结合新时代中国情境考虑合资企业科技创新的问题，而这些问题的研究对已有的相关理论都进行了十分重要的推进。

最后，提供了一套可持续并可复制的合资企业科技自主创新能力提升的新时代中国方案。本书通过构建环境—行动—结果的理论框架发现，中外合资企业可以利用本土—国际内向创新机制和国际—本土外向长效机制，产生竞争效应、示范和模仿效应以及培训效应来实现合资企业的外方对中方的溢出效应，从而分别形成市场导向型、技术导向型和战略导向型三条科技自主创新能力提升路径。

目录 CONTENTS

第三章 中外合资企业科技创新演化脉络 039

第四章 **中外合资企业三种不同发展变迁路径分析** 069

第五章 **中外合资企业科技自主创新能力综合评价和
时空演化** 093

第七章　**环境嵌入视角下的中外合资企业科技自主创新机制研究** 151

第八章 中外合资企业科技自主创新机制的实证分析 177

绪　论

第一节
研究背景、意义与目的

一、研究背景

自改革开放以来，我国在吸引外资和利用外资方面取得了长足进步的同时，政府出台了一系列政策文件和指导方针以更好、更高效地利用外商直接投资。2016年3月16日，十二届全国人大四次会议通过的"十三五"规划明确指出"发挥科技创新在全面创新中的引领作用，加强基础研究，强化原始创新、集成创新和引进消化吸收再创新，着力增强自主创新能力，为经济社会发展提供持久动力"。并且，进入新时代，习近平总书记强调要进一步加大对外开放力度，加之《市场准入负面清单》自2018年全面实施以来不断"瘦身"，至2024年11月1日全面取消制造业领域外资准入限制，我国高水平对外开放得以持续推进。因此，在当今科技创新引领全球的时代，中国企业要想融入全球科技创新网络，与外商公平、透明地同场较量，必须大力发展科学技术。中外合资企业需要主动布局和积极利用国际创新资源，坚持走中国特色自主创新道路，调整其在跨国公司全球创新网络中的定位，肩负起新时代背景下提升科技自主创新能力新的历史使命。

近年来，随着中国改革开放的步伐进一步扩大，中国在吸引外资水平和实际利用外资结构等方面有了进一步的提升（如图1-1所示）。从我国实际利用外商直接投资金额总体趋势来看，2020年全年外商直接投资新设企业38570家，实际利用外商直接投资金额达14436926万美元，同比增长6.2%①。"十四五"规划明确提出，要"全面优化外商投资服务，加强外商投资促进和保护，发挥重大外资项目示范效应，支持外资加大中高端制

---

① 资料来源：商务部官网。

造、高新技术、传统制造转型升级、现代服务等领域和中西部地区投资，支持外资企业设立研发中心和参与承担国家科技计划项目"。可见，高效利用外商直接投资已经成为推动我国由要素驱动向创新驱动转变的重要推手。

（万美元）

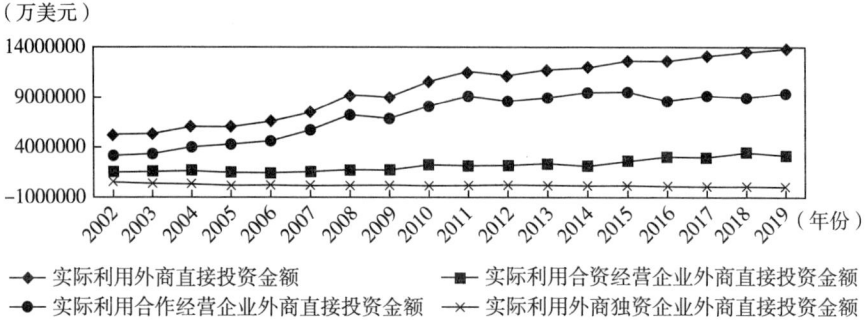

图 1-1　我国实际利用外商直接投资金额趋势

注：从 2020 年起，《中华人民共和国外商投资法》正式实施，同时不再对分投资方式的外商直接投资进行统计，因而本图所选数据年份截至 2019 年。

资料来源：中国统计年鉴。

其中，作为利用外资的主要方式，中外合资企业一直是中国实施"以市场换技术"战略的重要方式，进行着拿来主义、消化吸收等以外方技术依赖为主的创新，扮演着跨国公司在华战略及其全球创新网络中的执行者。在以国内大循环为主体、国内国际双循环相互促进的新发展格局下，我国必须将经济发展的动能从"出口—投资驱动模式"转向"内需—创新驱动模式"；中美贸易摩擦带来的技术瓶颈问题，要求我国技术发展必须从"引进—模仿—消化—再引进"向科技自主创新转变（杨震宁等，2021）。进入新时代，依托中外合资企业的传统创新模式已经不符合中国的发展要求，不断提升中外合资企业科技自主创新能力并充分利用其科技自主创新溢出为中国创新驱动战略服务才是重中之重。特别是随着跨国公司研发全球化战略的不断深入，跨国公司子公司不再是传统意义上创新战略的执行者，而是主动利用东道国本土创新资源布局全球研发网络的先驱者。在此背景下，中外合资企业作为跨国公司的在华子公司，其科技自主创新能力的提升不仅有利于跨国公司自身在布局全球研发中获取竞争优势，而且其进行科技自主创新产生的技术创新溢出效应对于中国企业融入全球科技创新网络，实现与外商公平、透明的同场较量也至关重要。

事实上，现实中的外资，特别是外资参与的中外合资企业的创新引领作用却不尽如人意。根据图 1-1 可知，虽然我国实际利用外商直接投资金额不断攀升，但是实际利用合资经营企业的外商直接投资金额则上升幅度较小，这表明实际利用外商直接投资金额的增长主要是由外商直接投资贡献的。进一步利用中国境内不同企业登记注册类型的外资企业数据发现（如图 1-2 所示），与外商独资企业占比不断增长的趋势相反，合资经营企业占比是逐渐下降的。这些不同方面的事实表明，越来越多的外资倾向于以独资的方式进入中国，而且我国境内最初设立的合资经营企业也越来越多地被外方并购并转为外资独资经营。跨国公司常常利用资本倾销、转移定价、信息不对称使合资企业"阴谋亏损"（华民和蒋舒，2002；鄂立彬，2013），而后通过增资扩股、并购等方式，掌握合资企业的控制权，进而将原来的合资企业变为外商独资企业（李维安和李宝权，2003；Stämpfli and Vladimirov，2017），这导致中方不仅无法实现"以市场换技术"的初衷，甚至多年积累下的发展基础也被毁于一旦（卢昌崇等，2003）。大量中外合资企业外商独资化的实例表明，由于中外双方在创新能力、管理经验等方面存在较大的差距，中外合资企业面临着极大的合资失败风险。显然，中外合资企业外商独资化使合资企业止步于"引进—模仿—消化"等以外方技术依赖为主的创新模式，而走上科技自主创新道路的中外合资企业成为中外双方良性合作、中国高质量利用外资的显性结果。

理论上，许多学者基于中国的通信设备、汽车、家电等制造业研究分析了中外合资企业自主创新的模式和路径（谢伟，2006；毛蕴诗和戴勇，2006；汪建成和毛蕴诗，2007；汪建成等，2008；范黎波等，2008；吴先明和梅诗晔，2016），同时探讨了影响合资企业创新能力提升的前置因素（Howell，2018；Sun et al.，2021），得出了许多富有理论价值和实践意义的研究结论。尽管已有研究对理解中外合资企业科技自主创新能力的提升提供了坚实的基础，但也存在以下缺口：

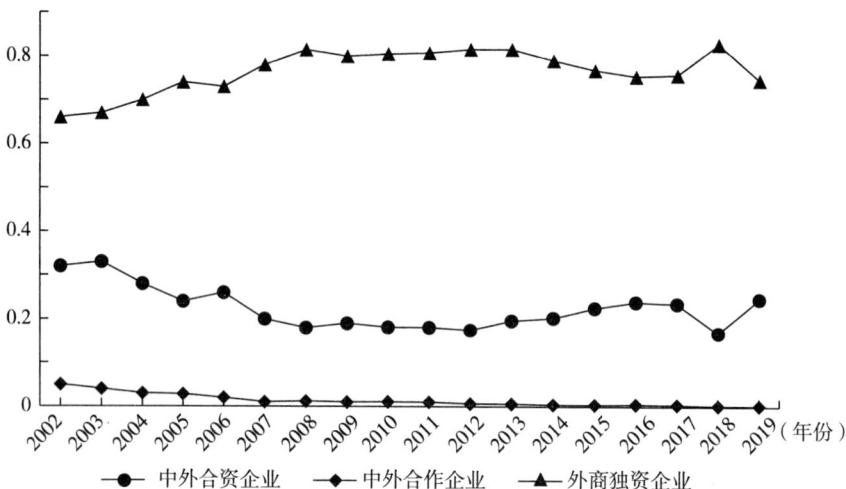

图1-2　按企业登记注册类型区分的外资企业占比情况

数据来源：国家统计局。

一是现有研究多侧重于"以市场换技术"战略，从技术引进、消化吸收等方面的模仿创新来考察中外合资企业技术创新路径发展，鲜有研究系统地解释和梳理新时代背景下中外合资企业面临技术创新困境的深层次原因。二是已有文献更多地聚焦于技术创新，而对如何将基础科学融入企业科技创新的探讨较少，且缺乏对中外合资企业这一具体对象的更有意义、更科学的科技自主创新指标设计。同时，现有文献一直以"中外合资企业扮演跨国公司全球战略在华的执行者"的现实为基本定位，未能深入系统地从如何提升科技自主创新能力的视角，助力中外合资企业实现由执行者到领导者的新旧角色转换。三是已有研究缺少自"以市场换技术"战略实施以来，对中外合资企业成功案例的剖析与总结，并以此探索其科技自主创新能力提升的可行方案。

有鉴于此，针对上述研究缺口，本书以中国工业企业数据库、各上市公司数据、统计年鉴等以及大量成功案例为基础，结合企业成长、国际商务与技术创新相关理论，梳理、总结新时代中外合资企业走具有中国特色自主创新道路的科技自主创新能力提升路径与机制，从而为中外合资企业实现其在跨国公司全球创新网络中的战略定位转变，构建一套可持续发展和中外双方合作共赢的中国方案。

二、研究意义

（一）理论意义

首先，本书强调了科学引领技术、科技能力对企业成长的作用，丰富和补充了企业成长、技术创新的相关思想。随着科学技术和时代的发展，科技创新的引领作用越来越突出，然而现有相关文献更多地将技术创新等同于科技创新，对科学驱动技术的科技创新关注尚不充分。为此，本书紧紧跟踪时代前沿，牢牢把握科技引领创新的航帆，聚焦科技创新的层面探讨新时代中外合资企业科技创新能力提升的问题，为科学评价和构建合资企业科技自主创新能力提升体系提供理论指导。

其次，本书提出中外合资企业科技创新能力提升是实现合资企业良好发展的根本，并进一步研究其提升机制，从而丰富了企业成长、技术创新的相关理论。具体地，本书指出以本土化优势开发为导向的科技创新更能促进企业创新的成功，从而凸显了科技能力对企业成长的作用，补充了传统的企业成长理论。同时，本书动态跟踪中外合资企业科技自主创新经验与发展困境，通过构建科技能力评价的新体系，发展了技术创新理论。

再次，本书提出以本土化优势为基础的中外合资企业科技自主创新能力提升的三条路径与六种机制，通过将本土化优势转化为全球优势，从而实现跨国公司在华子公司从执行者到领导者的角色转换，这无疑有利于丰富国际商务理论。

最后，本书跳出传统的中外合资企业技术引进、消化吸收的依附式技术创新模式，致力于探寻科技自主创新的新模式与新路径，为新时代中外合资企业的发展提供理论基础。大量研究关注中外合资企业"引进—模仿—消化—再引进"的创新模式，并发现该模式尽管能够在一定程度上有利于中外合资企业创新能力提升，但对其长远创新突破的正面影响有限。因此，本书抛却这种传统创新模式，从科技创新层面探究实现中外合资企业循环有序发展的能力提升机制，从而为企业成长提供理论指导。

（二）实践意义

第一，本书以中外合资企业为研究对象，探讨如何借力跨国公司全球创新网络，从而构建一套可复制、可操作的，具有中国自主创新特色的科技创新能力提升方案，解决了中国企业技术依赖导致的现实问题，并对中国本土企业的科技创新能力提升提供了重要参考。

第二，本书提出，中国企业在开放环境下进行科技创新，应主动布局和积极利用国际创新资源，努力构建合作共赢的伙伴关系。一方面，中国企业应该识别开放环境中的创新机会，不断提升自身的科技自主创新能力，以防范在与外方合资过程中被外资并购。另一方面，中外合资企业是中外双方共同出资设立的利益共同体，中外合资企业科技自主创新能力的提升离不开中外双方的共同努力，中方企业应该积极主动与外方建立良好和谐的合资共赢关系以提升合资企业科技自主创新能力，这反过来又有利于为中国企业利用外资带来的国际创新资源促进科技自主创新创造一条便捷途径。

第三，不同于中外合资企业"引进—模仿—消化—再引进"的传统创新模式，本书致力于探寻科技引领创新的发展路径，从而有利于更好地指导新时代中外合资企业向良性循环方向发展。在"以市场换技术"阶段，我国希望通过引入外资与本土企业建立中外合资企业来学习外方先进的技术和管理经验等，但是由于中外合资企业缺乏足够的自主创新能力导致合资企业存在极大的解体风险，使得传统依托于中外合资企业"引进—模仿—消化—再引进"的创新模式效果不尽如人意。进入 21 世纪以来，激烈的国际竞争格局和中美贸易摩擦升级对创新驱动发展提出了新的要求，即要大力发展科学技术，在更高层次、更大范围发挥科技创新的引领作用。因此，探寻适合中外合资企业的科技自主创新模式和路径变得极为重要和紧迫。由此，本书在分析大样本数据和案例的基础之上，提出以本土化优势为基础的中外合资企业科技自主创新能力提升路径与机制，从而为新时代中外合资企业的发展提供指导，具有重大的实践意义。

三、研究目的

本书从发现中外合资企业技术创新演化脉络和存在不同演化变迁路径的事实出发，从合资前、合资中、合资后动态的全过程视角，对中外合资企业科技自主创新现状及困境进行深入剖析，再结合相关理论框架，总结新时代中外合资企业科技自主创新能力提升的三条集成化路径，解析基于中外竞合博弈的中外合资企业科技自主创新能力提升机制，从而提出具有中国特色的中外合资企业科技自主创新发展新方案，在完善以中外合资企业为研究对象的企业成长理论、国际商务理论与技术创新理论的同时，致力于实现把我国建成世界主要科学中心和创新高地、建设创新型国家、抢占世界科技制高点的目标。

基于此，本书的研究目的主要有以下四点：一是立足于中国式技术创新现代化发展历程中的特定现实背景和中国宏观政策演化逻辑，梳理中外合资企业技术创新的演化脉络，并结合中外合资企业产权发展变迁路径的典型案例分析，深入理解中外合资企业发展的事实，发现其科技创新能力提升面临的现实困境；二是区分科学与技术，立足中国本土特定优势，构建适应中国情境的中外合资企业科技自主创新能力的指标体系，分时序和空间维度分析其演化特征；三是通过系统综述法构建环境—行动—结果的综合框架，分析中外合资企业科技自主创新能力提升的具体路径，以期揭示其科技自主创新能力提升的背后逻辑；四是依托环境—行动—结果的路径框架，以中外合资企业科技自主创新能力评价指标体系为基础，从环境嵌入和内资企业合资化的角度探析新时代中外合资企业科技自主创新机制，为全面理解新时代中外合资企业科技自主创新能力的提升问题提供理论参考和对策建议。

第二节
概念界定

按照国际货币基金组织（IMF）的定义，外商直接投资（FDI）是资本在全球范围内流动的高级形式，主要指投资者在其所属国家或地区以外的国家或地区进行投资、设厂，并对所投资企业的经营活动产生影响来获取持续投资收益。自改革开放以来，外商直接投资一直是我国利用外资的重要方式。根据《中华人民共和国外商投资法》①，外商投资是指外国的自

---

① 2020年1月1日起，《中华人民共和国外商投资法》施行。《中华人民共和国中外合资经营企业法》《中华人民共和国中外合作经营企业法》同时废止。

然人、企业或者其他组织（以下称外国投资者）直接或者间接在中国境内进行的投资活动，包括下列情形：

一是外国投资者单独或者与其他投资者共同在中国境内设立外商投资企业；

二是外国投资者取得中国境内企业的股份、股权、财产份额或者其他类似权益；

三是外国投资者单独或者与其他投资者共同在中国境内投资新建项目；

四是法律、行政法规或者国务院规定的其他方式的投资。

《中华人民共和国外商投资法》所称外商投资企业，是指全部或者部分由外国投资者投资，依照中国法律在中国境内经登记注册设立的企业。

作为引进外商直接投资的重要方式之一，中外合资企业是本书关注的核心研究对象。

一、中外合资企业

合资是战略联盟的一种重要表现形式，主要是指两个及两个以上的组织或企业之间为达成市场增长、资源获取等共同战略目标，通过签订相应的协议和契约、以相互持股的方式进行合作并设立新的法人实体的过程（Geringer，1988）。在合资过程中，出资双方按照约定共同出资，占据一定的股权比例，拥有一定的公司控制权。同时，双方共担风险、优势互补、利益共享，形成一种关系较为紧密的联盟形式。由于出资双方的不同，使得现实中存在着诸多不同类型的合资企业，其中，跨国投资领域中的国际合资企业受到了实务界和理论界的广泛关注。对于国际合资企业而言，所有出资方的企业总部至少位于两个不同国家或地区。

中外合资企业是国际合资企业中的一种特殊组织类型，是指来自不同国家或地区的跨国公司与中国企业共同出资、在中国本土设立的法人实体（刘美林，2009）。除了企业中出资方的性质之外，出资方所占的股权比例也是判断一家企业是否为中外合资企业的重要依据。具体到合资企业的股权比例要求上，现有研究并没有达成一致的标准，不同的学者存在不同的看法。基于知识转移视角，Makino 和 Delios（1996）认为在合资企业中，合资各方的持股比例应该要在不高于 0.8 的条件下超过 0.2，只有这样合资双方母公司才有可能向合资企业转移其所拥有的特定知识；Tyebjee（1988）从权力视角关注日本跨国企业在美国组建合资企业的异质性战略，并基于合伙人权力的考量对合资企业进行界定，指出当出资各方所持有的股权比例均大于等于0.5且小于等于0.95时，这类型企业即为合资企业；从对跨国公司子公司的界定来看，薛求知和罗来军（2006）指出跨国公司的合资子公司中，其母公司的股权占比应在0~0.95，若超过0.95，则不能被认定为跨国公司的合资子公司。具体就中外合资企业而言，改革开放初期，为了引进国外先进技术，我国提出了"市场换技术"策略，对合资企业中外方股权份额有确切的要求，自1979年通过并经反复修订的《中华人民共和国中外合资经营企业法》明文规定"在合营企业的注册资本中，外国合营者的投资比例一般不低于百分之二十五"。然而，随着改革开放的深入和中国科技创新水平的提升，中外合资企业的股权占比限定已经不能满足现实的发展需求。因此，越来越多的学者将合资企业中的外资股权占比放宽至0~1（张军等，2021；梁贺和包群，2021；梁贺和郁海杰，2023）。

综上，本书将中外合资企业界定为：跨国公司与中国企业共同出资、共担风险、共享利益，并在中国境内设立法人实体；合资企业中出资的中方和外方所占的股权比例在0和1之间。

二、科技自主创新能力

2006年国务院发布的《国家中长期科学和技术发展规划纲要（2006—2020年）》提出，发展科学技术的关键还在于要增强自主创新能力，这标志着我国科技政策由技术引进向自主创新转变。自此以后，中共十七大、十八大、十九大、二十大等报告不断强调要提高企业自主创新能力，并把科技创新上升为创新驱动发展战略的核心和提高综合国力的关键，形成了中国特色社会主义自主创新道路。坚持走中国特色自主创新道路，这是我们建设科技强国的必由之路，必须坚定创新自信，把提升自主创新能力作为关键。而提升科技自主创新能力的前提是明辨科技自主创新一词的科学内涵，具体地，"科技自主创新"一词主要涉及技术创新、科技创新以及自主创新这三个概念。

一是技术创新。熊彼特于1912年在《经济发展理论》一书中首次提出创新的概念，并将创新定义为"企业家对各种生产要素重新组合的结果"，是一个新的生产函数，明确了创新之于经济组织的重要性，为其后技术创新概念的界定打下了基础。根据熊彼特对创新的定义，创新包括五种方式，分别是采用一种新的生产方法、采用一种新产品或挖掘一种产品的新特征、实现新的组织形式、开辟一个全新的市场以及掌握新的原材料供应来源。20多年后，熊彼特在《商业周期》著作中进一步从经济发展的角度对创新的内涵和定义进行总结，指出创新在经济范畴中可以被分为技术创新和非技术创新。基于此，学者们对技术创新的内涵进行了充分的探讨。Enos（1958）将技术创新定义为经济体一系列相关经济行为的综合结果。Mansfield（1971）从产品创新的角度提出，技术创新的实质是新产品的首次商业化应用。Freeman 和 Soete（1982）从经济发展角度将技术创新定义为新产品、新工艺、新设备和新服务的商业化应用。在此基础上，项保华和许庆瑞（1989）从技术创新过程的角度将技术创新定义为一系列活动的集合，包括新思想的形成、利用以及扩散。傅家骥（1998）则明确了技术创新的主体是微观企业，企业可以通过挖掘新市场、开发新产品等方式来进行技术创新，并指出技术创新的最终目标是获得经济利益。总之，不同的学者基于不同的方面对技术创新的定义进行了不同的解读，但基本上对技术创新的内涵有一个共识，即技术创新是从新思想的产生、新技术的研发、新产品的生产再到产品商业化的过程，而这个过程能为社会带来颇丰的经济效益。

二是科技创新。目前学术界对"科技创新"这一概念并没有一致的界定，甚至有一些学者将"科技创新""技术创新"视同一个概念。实际上，"科学""技术"是两个相关而不同的概念，"科技创新"的概念范围要远远大于"技术创新"。"科技"一词是"科学""技术"的结合，既包含了科学知识的创新，又囊括了技术的创新（Schot and Steinmueller，2018；赵龙文和黄娟，2020）。其中，"科学"是对客观事物的发展规律、客观真理进行揭示和解释的系统；"技术"则是在利用现有社会经验、知识和技巧的基础上，对事物功能、性能进行改变的方法。因此，科技创新是在技术创新的基础上延伸而来的，关乎科技领域的不断突破与发展。事实上，科技创新是一个复杂的系统概念，从战略层面到操作层面，系统的各个层次、各个要素间存在内在的有机联系。从内容上看，科技创新通过科学研究获得新的基础科学知识和应用科技知识，并将新的科学知识运用到新技术、新产品、新产业中，涉及政府、企业、高等院校、科研院所、国际组织、社会公众等多个主体，包括资金、人才、知识产权、科技基础、创新氛围等多个要素，是一类开放的复杂系统，是各创新主体、创新要素交互交融，促进科学研究、技术进步与应用创新协同演进的一种复杂活动。从过程的角度来看，科技创新是形成新生产方式的一个完整动态过程，它涉及科学、技术、经济、金融、管理等领域，关系到经济增长和整个社会的科技进步；特别是重大的科技创新，不仅能够创造新的知识，开发利用新的产品、新的资源、新的市场，使社会财富源源不断地涌现，而且能够促进制度的创新，如资源配置方式、管理方式和经济运行方式等的重大变革。总而言之，科技创新实际上包含了科学创新和技术创新的所有内容，强调基础科学的重要性，并通过纳入基础科学的研究成果来发展和创造现有的理论体系和知识。

三是自主创新。自 2006 年时任国家主席的胡锦涛同志在全国科学技术大会上提出自主创新以来，自主创新的内涵受到了实践工作者和理论研究学者的广泛关注。我国技术的发展分为技术吸收、技术引进以及技术自主创新三个阶段，从技术引进到自主创新过程中存在着不同的学习模式，即"干中学""用中学""研究开发中学"，一国只有综合运用这三种学习模式才能不断提升自主创新能力（徐大可和陈劲，2006）。实际上，自主创新并不意味着一国一定要运用自己的力量进行创新，还可以借助外部的力量，通过吸引外商直接投资、对外直接投资以充分利用技术溢出效应来为自身技术创新服务也属于自主创新的范畴（刘冬冬等，2017；黄凌云等，2018）。这就使技术自主创新既是个人行为的结果，也是与市场、组织、系统或机构等环境相互作用的结果。通常，根据技术创新模式的不同，自主创新可以分为技术引进消化吸收再创新、集成创新以及原始创新（邢红萍和卫平，2013），三者分别是自主创新的初级阶段、中级阶段和最高级阶段。可见，自主创新，其实质是自主的技术创新；不同于技术引进，自主创新是指创新主体通过技术引进消化吸收再创新、集成创新或原始创新的方式来开发并拥有核心自主知识产权，强调创新主体的能动性。

综上，结合技术创新、科技创新以及自主创新的内涵，我们将科技自主创新定义为：以基础科学为支点，通过技术引进消化吸收再创新、集成创新与原始创新的方式来研究和开发独特的知识产权核心技术，并将其市场化的动态过程。因此，科技自主创新实际上包括基础研究、应用研究、技术开发、商品化、产业化等几个阶段，不仅包含了技术发明和技术进步，而且将技术发明引进工业生产体系，经过研究开发和中间试验，使发明成果商品化，最终实现商业化。根据科技自主创新的定义可知，企业的科技自主创新能力主要是指企业依托对基础科学要素的吸收利用和重新组合来开发新技术、新产品的能力。

三、技术溢出

"溢出"一词原指充满某个容器而往外流出来的现象，在计算机领域应用广泛。随着经济社会的发展，"溢出"一词在经济学领域得到了进一步的诠释。英国经济学家马歇尔于1890年在其著作中最先予以"溢出"一词经济学内涵的释义，他指出溢出效应是由外部因素所导致的生产成本节约的经济福利，是外部经济。随后，众多学者分别从不同的角度进一步拓展了"溢出"一词的经济学内涵，其中技术外溢是溢出效应相关研究的重要内容。技术溢出的概念最先出现在国际商务研究领域，Macdougall（1960）首次指出技术溢出效应是技术所有者非自愿提供的技术使其他经济体获益，而其自身却并没有获得任何回报的现象。Caves（1974）认为技术溢出效应产生于跨国公司的创新活动，从而指出了技术外溢的来源。Blomström和Kokko（1998）指出，技术溢出现象是指跨国公司的对外直接投资行为促进东道国本土企业技术进步，而跨国公司自身并不能从中获得全部收益的经济外部性现象。在此基础上，Griliches（1992）进一步丰富了技术溢出的内容，认为技术溢出是指受益经济体在从事模仿创新活动过程中可以通过现在已有的、先进的创新中获得更多收益的现象。随着对外商直接投资技术溢出效应的研究不断深入和完善，许多学者进一步区分和细化了外商直接投资的技术溢出效应。具体来讲，外商直接投资的技术溢出效应可以根据其技术溢出渠道的不同而划分为四种效应，即示范模仿效应、竞争效应、人力资本流动效应以及产业关联效应（Kokko，1994；Blomström and Kokko，2001）。进一步地，联合国在《2001年世界投资报告》中明确提出，外商直接投资的技术溢出效应可以根据技术溢出的方向划分为行业内的水平技术溢出效应和行业间的垂直技术溢出效应。

综上所述，技术溢出是指在市场竞争中，创新主体进行技术创新或产品生产等活动时非自愿地转移它们的核心知识技术，从而使经济外部其他主体获益的现象。技术溢出的最终成果是受益经济体拥有相比以往而言更新、更高质量、市场应用前景更广阔的技术知识，这也是技术创新的成果，具有外部性、非自愿性的特点。按照溢出的方式不同，技术溢出又可以分为国际技术溢出、国内技术溢出、行业间垂直技术溢出以及行业内水平技术溢出。

第三节
研究内容、方法与技术路线

一、研究内容

本书的研究内容主要分为九个章节进行阐述：

第一章为绪论。首先，本书基于现实背景发现问题，并从研究问题的理论背景入手，进一步明确该研究问题的理论意义和现实价值所在，并明确本书的目的；其次，通过对相关文献与资料的把握，提炼出本书相关的核心概念，并在全面掌握和了解现有相关研究的基础之上对相关核心概念进行界定与释义；再次，为了进一步厘清研究思路，本书还列举和介绍了后续将采用的研究方法、主要研究内容以及研究数据样本说明；最后，总结本书的创新之处，为未来进一步深入探讨相关研究问题提供思路。

第二章为理论基础与文献回顾。这一部分主要包括两小节，首先为明晰研究问题涉及的相关研究内容提供理论支撑，介绍了研究问题需要用到的相关理论，包括技术进步理论、技术溢出理论、吸收能力理论、后发优势理论和子公司特定优势理论，对这些理论的理解和掌握有助于深入分析新时代中外合资企业科技自主创新的深层次困境以及提升途径和内在机理；其次从中外合资企业技术创新演化路径、创新机制和创新能力提升策略三个方面进行文献回顾，从而发现本书的学术基础与价值。

第三章为中外合资企业科技创新演化脉络。本章主要通过利用相关政策与文献等资料来梳理中外合资企业科技创新的发展脉络和演进历程，进一步阐述本书的切入点。具体来说，本章主要包括三部分：首先，通过梳理相关现实背景和政策制度的演变，将中外合资企业的科技创新历程分为"以市场换技术"阶段、技术引进消化吸收再创新阶段与科技自主创新阶段；其次，在此基础上对各阶段的特征进行分析并比较；最后，总结中外合资企业科技创新演化脉络的结论并得出研究启示。

第四章为中外合资企业三种不同发展变迁路径分析。首先分析中外合资企业不同发展演变路径的事实，以便于从整体上、空间上和行业分布方面了解中外合资企业不同发展变迁路径的发展态势；其次，收集整理大量二手案例数据资料，分析三条中外合资企业发展变迁路径的典型案例，并进行比较分析；最后，基于中外合资企业三条不同发展变迁路径的可视化分析和案例分析，归纳总结出目前中外合资企业科技自主创新能力提升存在的深层次困境。

第五章为中外合资企业科技自主创新能力综合评价和时空演化。首先，基于企业科技创新能力评价的文献梳理，以及我国新时代本土特定优势的特征表现，构建中外合资企业科技自主创新能力评价指标体系；其次，严格按照熵值法的科学逻辑，结合核密度估计和探索性空间数据分析方法，对指标体系中的数据进行处理；再次，计算中外合资企业科技自主创新能力的指标权重，相应得出能力的整体结果，由此进行时序演化和空间格局演化特征的分析评价；最后得出结论。

第六章为中外合资企业科技自主创新能力提升路径研究。首先，按照系统综述法的研究过程来科学收集和筛选相关文献，在2000年至2023年3月31日的CSSCI经管类1334篇文献和WOS中商学、经济、管理类文献2412篇中，筛选出符合条件的47篇中文文献和23篇英文文献；其次，通过文献梳理总结出中外合资企业科技自主创新能力提升的三条路径：基于开发本土市场视角的市场导向型路径（"以市场换技术"—消化吸收—改造创新—自主开发本土化技术）、基于技术更新视角的技术导向型路径（"以市场换技术"—联合研发—合作创新—开放式创新）、基于技术引领和全球战略布局视角的战略导向型路径（"以市场换技术"—研发创新—自主开发核心技术）；最后，构建基于环境—行动—结果的中外合资企业科技自主创新能力提升路径的综合框架，以此来分析上述三条路径的提升路径与机制。

第七章为环境嵌入视角下的中外合资企业科技自主创新机制研究。这一章是第六章的延续与深化分析。根据第六章中环境—行动—结果的综合框架可知，创新能力结果的差异性归因于创新支撑环境的复杂性，因此有必要基于中外合资企业双重网络环境嵌入的特性来分析其科技创新能力提升机制。首先，基于网络嵌入理论和相关文献，深入分析中外合资企业在中国本土和国际环境的双重环境嵌入下，平衡不同的优势获取机制；其次，结合资源编排理论，分别分析市场导向型、技术导向型和战略导向型角色中外合资企业跟跑式、并跑式和领跑式的资源编排机制；最后，结合上述双重环境嵌入和多元角色的特征来分析中外合资企业多元双重环境嵌入的科技自主创新机制及其角色跃升机制。

第八章为中外合资企业科技自主创新机制的实证分析。这一部分主要以外资并购内资企业为切入点，从内资企业合资化这一准自然视角探讨外资的外部技术溢出效应以及内部的竞争效应、示范与模仿效应、培训效应等溢出机制。基本研究思路如下：首先，在梳理相关文献和理论分析的基础上提出上述研究假设；其次，利用中国工业企业数据库中大量二手数据，采用多时点 DID 进行实证分析和机制检验，并从外资股权、企业所在地理区位、市场化水平、企业发展阶段、合作伙伴多样性与所有权五个方面进行异质性分析；最后，有针对性地提出相关对策建议。

第九章为结论、对策建议与展望。本章总结本书各章的研究结论，并有针对性地提出政策建议，具体的行文逻辑如下：首先，总结各章得出的研究结论，并对每一点研究结论进行详细分析；其次，针对得出的研究结论，按照企业层面和政府层面依次提出相应的对策建议；最后，在总结和回顾前文的基础之上，点出本书仍然存在的不足之处以及未来的研究展望。

二、研究方法

本书采用跨学科交叉研究法、文献研究法、案例分析法、空间计量分析和熵值法等相结合、系统综述法以及实证分析法等研究方法展开研究，通过多种研究方法的交互运用，更好地完成本书的理论框架和实证结果解释，并对提出的研究问题进行回答。

第一，跨学科交叉研究法。本书通过综合运用企业成长理论、国际商务管理、技术创新、战略管理、经济学和统计学等学科理论与文献资料，深入分析中外合资企业科技自主创新的深层次创新困境，并在此基础上深入探寻中外合资企业科技自主创新能力提升路径及机制。

第二，文献研究法。本书通过对外商直接投资、中外合资企业、科技自主创新等相关文献的梳理和查阅，厘清目前国内外对中外合资企业科技自主创新能力提升的研究现状，并对其进行归纳总结，从中了解现有研究的不足之处，为研究分析提供相关文献支撑。

第三，案例分析法。本书通过收集与中外合资企业不同发展变迁路径相关的案例资料和其他二手数据，归纳凝练出导致中外合资企业产权向不同方向发展变迁的深层次原因，从而有利于后续进一步研究中外合资企业科技自主创新能力提升路径和机制问题。

第四，空间计量分析和熵值法等相结合。本书将熵值法、核密度估计和探索性空间数据分析法相结合，构建中外合资企业科技自主创新能力的评价指标体系，并对其进行整体、时序演化和空间格局演化的特征分析，从而更为直观地呈现中外合资企业科技自主创新能力的发展情况。

第五，系统综述法。本书通过运用系统综述法，科学收集并整理与中外合资企业科技自主创新能力提升路径相关的研究，在归纳演绎的基础之上，提炼出中外合资企业科技自主创新能力提升的不同路径；并且通过对大量以往文献的回顾，总结出影响中外合资企业科技自主创新能力提升路径的相关因素，从而构建中外合资企业科技自主创新能力提升路径的环境—行动—结果综合框架，有助于我们全面理解中外合资企业科技自主创新能力提升路径。

第六，实证分析法。本书还通过实证分析探究新时代中外合资企业科技自主创新机制。具体而言，本书基于多时点 DID 估计方法考察本土企业合资化对目标企业科技自主创新的影响，并进一步解析中外合资企业科技自主创新提升的中介机制问题。本书在梳理相关文献和进行理论阐述的基础之上，提出了相关的研究假设，对中国工业企业数据进行描述性统计分析、多时点 DID、平行趋势检验、安慰剂检验、PSM-DID、中介机制分析等，运用 STATA17.0 统计分析软件对本书所提出的研究假设进行假设检验、机制分析和异质性分析。

三、技术路线

本书的技术路线如图 1-3 所示。

研究思路　　　　　　　研究内容　　　　　　　研究方法

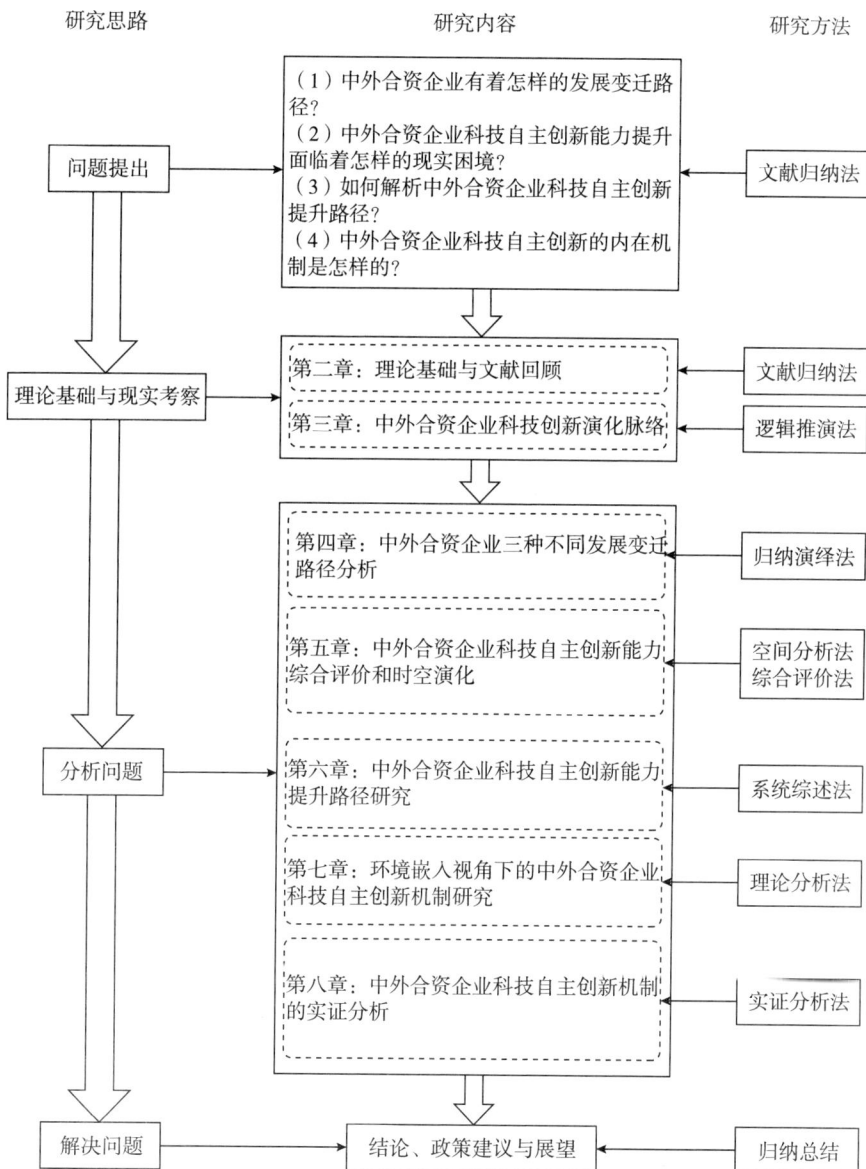

图 1-3　本书技术路线

第四节
样本和数据说明

本书根据研究目的和具体内容的不同，采用不同的研究数据和样本。具体而言，本书的主体部分是第三章至第八章，这六章主要按照中外合资企业科技创新演化脉络（第三章）→中外合资企业三种不同发展变迁路径分析（第四章）→中外合资企业科技自主创新能力综合评价和时空演化（第五章）→中外合资企业科技自主创新能力提升路径研究（第六章）→环境嵌入视角下的中外合资企业科技自主创新机制研究（第七章）→中外合资企业科技自主创新机制的实证分析（第八章）的逻辑顺序展开。其中，第三章的研究目标是梳理和总结中外合资企业科技创新的发展演进脉络，从而为后面几章打下基础，因此主要采用文献资料和相关案例资料进行分析；第四章主要基于中国工业企业数据和案例资料归纳总结并评价中外合资企业不同股权发展变迁路径，提出中外合资企业科技自主创新面临的困境，从而为后续的相关研究奠定基础；第五章则基于上述发展脉络、路径以及发展困境，结合中国本土特定优势，严格按照数据可获取、指标可衡量和具有代表性的原则，通过 WIND 数据库、国泰安（CSMAR）数据库、CNRDS 数据库、ESP 数据库、国家统计局、WGI 数据库、Hofstede 官网、世界银行、《中国科技统计年鉴》、各省份统计年鉴、上市公司年度报告以及手工整理的其他数据进行匹配，最终得到 2015~2021 年 231 家中外合资企业科技自主创新能力的评价指标数据；第六章从 2000~2023 年 3 月 31 日的 CSSCI 经管类 1334 篇文献和 WOS 中商学、经济、管理类文献 2412 篇中，筛选出符合条件的 47 篇中文文献和 23 篇英文文献，通过系统综述法总结出中外合资企业科技自主创新提升的三条路径和环境—行动—结果的综合框架；第七章结合网络嵌入理论、资源编排理论和相关文献资料，从双重环境嵌入视角来看多元角色的中外合资企业科技自主创新机制及角色跃迁机制；第八章利用 1998~2007 年中国工业企业数据库的 343581 条数据进行中外合资企业科技自主创新机制的实证分析。

第五节
本书创新之处

科技创新是新时代中外合资企业实现可持续发展和参与全球竞争的重要驱动力量。从研究广度和深度上来看，现有研究多倾向于从技术引进、模仿创新等视角探讨中外合资企业创新提升问题，而较少关注在新的历史时期和背景下其所面临的困境以及背后深层次的原因。本书聚焦于梳理、总结中外合资企业走具有中国特色自主创新道路的科技能力提升路径与机制，从而为实现其在跨国公司全球创新网络中的战略定位跃迁，并以此构建一套可持续发展和双方合作共赢的方案。本书的创新之处主要体现在：

第一，本书指出只有以挖掘本土优势①为根本导向的科技自主创新能力提升，才是中外合资企业引领全球科技竞争的根本出路。随着改革开放的进一步深入，中国融入全球贸易和分工网络的比较优势已经发生根本性转变，依赖技术进口的传统创新发展模式已经不能满足我国在新时代的发展需求，加上中美贸易摩擦带来的较大影响，科技自主创新的原生性优势越发重要。根据国际商务理论，区位优势是跨国公司海外扩张的基础，并有助于提升子公司的特定优势，而中国拥有超大规模市场、巨量生产要素、完备产业体系、海量创新资源、强大经济韧性和新型举国体制等优势，这些为具有技术优势的跨国公司海外子公司在中国进行技术创新活动提供了条件和保障。因此，本书从整体视角出发，综合运用空间计量方法，结合案例资料分析、熵值法、系统综述法以及实证研究方法等，以挖掘本土优势为根本导向，探寻中外合资企业科技自主创新能力提升的路径与机制，从而为寻找科技创新驱动发展的新方案提供一定的理论指导。

第二，本书以中外合资企业为研究对象，构建其科技自主创新能力指标体系，探讨其提升路径和影响机制，这些理论贡献推动了企业成长理

---

① 国际商务理论是以企业拥有的优势为基础探讨其跨国经营管理问题的，而企业可以通过国际进入模式来规避其劣势，以求得国际经营利益最大化。

论、技术创新理论和国际商务理论的研究。本书将科学与技术相结合，强调以科学为基础的科技自主创新能力对企业成长的重要驱动作用，从而补充了 Drucker、Penrose 等学者"管理能力决定企业成长"的观点，并丰富了 Cantwell、Freeman 等学者"科技自主创新优于其他技术创新"的思想；以规模、结构和本土化优势利用程度三个层面构建的科技自主创新测评体系，突出了本土化优势的开发与利用对中外合资企业科技创新的重要作用；市场导向型、技术导向型和战略导向型的三条集成化提升路径，发展了 Danning 传统的对外直接投资的四种通用战略导向，从而形成了新时代具有中国科技自主创新特色的道路；以中—外双方竞合博弈为特色的影响机制分析，充分体现了中外合资企业共赢的内在联动；从战略执行者到战略领导者的新旧角色转换，是对跨国公司海外子公司角色与定位的重新设计与思考。

第三，本书构建了一整套可持续、可复制的中外合资企业科技自主创新能力提升路径与机制。核心技术是企业可持续发展的源泉，只有以本土化优势开发的基础科学为根本导向来构建的核心关键技术，才能成为中外合资企业持续发展的源动力，进而才能实现跨国公司全球网络布局。另外，构建以通用技术为基础、以科技自主创新为上层建筑的开放性本土科技自主创新生态系统，也将有效防范外商独资化和"技术黑洞"，促进我国企业从低附加值转移到高附加值的全球价值链中。本书通过人工检索中英文各权威文献数据库，采用系统综述法研究中外合资企业科技创新能力提升的三条路径，并构建环境—行动—结果的综合框架，以解释中外合资企业市场导向型、技术导向型和战略导向型的三条科技自主创新路径的逻辑。此外，在该综合框架下分析中外合资企业通过本土—国际内向创新机制和国际—本土外向创新机制，以竞争效应、示范与模仿效应以及培训效应实现技术溢出，利用比较优势实现从市场导向型到技术导向型的角色跃升，利用后发优势实现技术导向型到战略导向型的角色跃升。相较已有研究仅采用案例分析方法，就某一切入点来探讨中外合资企业创新能力提升问题而言，本书更全面、更科学地提炼出中外合资企业科技创新能力提升的全部机制，有助于深入理解中外合资企业科技创新能力提升的全过程，为全面理解新时代中外合资企业科技自主创新能力提升的问题提供了更为科学的论证和理论参考。

第二章

理论基础与文献回顾

第一节
理论基础

一、技术进步理论

自经济学家索洛（Solow）将技术进步引入经济发展模型后，技术进步在经济增长中的重要性逐渐被学者们关注。该理论认为，技术进步是促进经济增长的一个外生变量。该理论的缺点在于假设经济增长依赖人为设定的外生变量，不符合经济发展的实际。而后，大量学者将技术与资本和人力资源相结合，视技术进步为一个内生变量，提出了内生技术进步理论，具有代表性的有以罗默为代表的知识溢出理论和以卢卡斯为代表的人力资本增长理论。

（一）知识溢出理论

阿罗（Arrow，1962）首次提出了技术进步内生化理论（也称为"干中学"理论），认为国内技术进步是资本不断积累的结果。该理论假设知识是传统经济活动的副产品，知识或技术水平随着人们在生产实践中的积累而不断提高。在此基础上，罗默（Romer，1986）将内生技术进步引入经济增长模型，提出了著名的知识溢出理论，并指出知识积累和技术研发是经济增长的源泉，而知识作为一种具有正外部性的公共产品具有外溢性，因此知识产品具有边际报酬递增效应。1990 年，罗默通过深入考察经济增长的实际情况提出了第二个内生经济增长模型，即 R&D 经济增长模型。该模型把技术进步定义为中间产品的增加，并认为经济增长率受到资本、劳动力和知识技术增长率的综合影响，在知识生产函数中的参数取不同值时，长期经济将会有不同的增长路径。因此，知识技术进步是经济增长的内生动力和源泉。

（二）人力资本增长理论

以人力资本投资为特征，乌沙华（Uzawa，1965）提出的内生经济增长模型认为，人力资本通过教育积累成为技术进步的载体，技术进步可以实现内生化；因而，人力资本生产部门的要素边际报酬递增，能帮助实现长期持续经济增长。在乌沙华思想的基础上，卢卡斯（Lucas）认为，人才是经济增长的动力，高素质的人力资本具有溢出效应，能带动周围人群的进步，促进劳动力质量的提高，进而推动全社会的经济增长，该理论也被称为新增长理论。该理论指出人力资本积累不仅存在正向外部效应，而且是经济得以持续增长的决定因素。

内生技术进步理论突破性地把技术进步引入经济增长模型中，认为技术是促进一国经济增长的内生变量，并将技术与资本和人力资源相结合。该理论的提出主要是为了解决传统增长模型中对技术进步来源解释不足的问题。在经典的索洛增长模型中，技术进步被视为外生的，即来自经济模型外部，其来源和演变不能被模型所解释，这导致了对长期经济增长动力的理解存在缺陷。

技术进步理论为中外合资企业利用技术溢出效应提升创新能力提供了理论依据。组织可以通过"干中学"来积累与生产相关的知识，也可以利用积累人力资本等途径实现技术进步，进而培养创新能力。

二、技术溢出理论

（一）传统对外直接投资理论

海默（Hymers）的垄断优势理论指出，跨国公司可以利用其在东道国特有的技术、经验和渠道等垄断优势，开展跨国经营并与当地本土企业竞争，特定优势对当地会产生技术溢出。而 Buckley 和 Casson（1976）以产权理论为基础提出的内部化理论认为，当跨国公司在东道国的交易成本低于直接外贸成本时，企业会优先选择对外直接投资，即交易成本内部化，从而帮助具备先进技术和生产能力的企业实现全球范围内生产要素的优化配置。内部化理论从企业参与国际分工的角度解释了跨国公司对外投资的动机。相对垄断优势理论而言，内部化理论能很好地解释发展中国家对外投资的原因；跨国公司以这种较低成本转移特定优势的行为，为 FDI 技术溢出创造了条件。

在垄断优势理论和内部化理论的基础上，邓宁（Dunning，1977）提出了区位优势理论，并发展成了国际生产折衷范式（OLI 范式）。邓宁认为，区位优势是跨国公司进行国际扩张的重要影响因素，该因素包括由地理分布、基础设施、运输和通信成本等构成的地理距离，以及由文化和历史等构成的心理距离等。基于该理论的思想，对外直接投资的溢出效应存在区域的异质性。

在比较优势理论的基础上，小岛清（Kojima Kiyoshi）提出了边际产业投资理论，他认为每国为了创造更多的贸易优势，应首先将已经处于或即将处于比较劣势的产业进行对外投资。从该理论来看，对外直接投资在一定程度上会抑制技术溢出，因此具有不同比较优势的国家进行对外直接投资，其技术溢出效应存在差异。

（二）技术溢出理论的新发展

在20世纪80年代后期，罗默等人在"干中学"理论的基础上，先后提出并完善了新增长理论，认为知识和技术是经济增长的主要动力，同时知识和人力资本具有外溢效应。当单一厂商技术提高后，其他厂商通过"干中学"取得技术进步，最终实现整个行业技术的发展，由此形成收益递增。卢卡斯等提出了开放经济中的内生增长思路，认为由于知识的外溢作用和"干中学"，国际贸易可以促进发展中国家的技术进步，因此国际贸易对发达国家和发展中国家的经济发展都有利，甚至偶然的技术突变可以使后进国家的技术实现"蛙跳式"的增长，从而使其能够赶超发达国家。阿尔温·杨提出并修正了有限的"干中学"模型，一方面肯定了技术能够从发达国家转移到发展中国家的技术溢出性；另一方面又指出能溢出的技术在投资国已经属于"干中学"效应耗尽的技术，虽然对发展中国家而言仍属于先进技术，但会使发展中国家为了获得或学习该技术而进行大量投入，从而失去了技术进步的动态收益，使发展中国家的技术始终处于相对落后地位，而发达国家却以牺牲发展中国家为代价保证自身技术一直处于领先地位。因此，发展中国家应从模仿、消化吸收发达国家的技术向自主创新转变，这样才能提高自身的国际竞争力。

三、吸收能力理论

Cohen 和 Levinthal（1990）率先将吸收能力引入组织范畴，将其定义为"组织对新知识的评估、内化和商业化应用的能力"，并基于社会认知的视角强调先前相关知识和经验在组织学习中的重要作用，认为组织吸收能力是先前解决问题的经验和创新的副产品，具有累积性和路径依赖的动态特征。

Lane 和 Lubatkin（1998）在 Cohen 和 Levinthal 研究的基础上，将吸收能力的研究从个人和组织层面拓展到企业间二元关系层面，引入针对特定伙伴的吸收能力，来反映企业从某一合作伙伴处识别和同化知识的能力，并基于二元对偶关系视角提出了相对吸收能力的概念，认为吸收能力是评价、消化和运用其他企业知识的能力。

Zahra 和 George（2002）则从过程视角将吸收能力拆解为企业获取、消化、转化和利用外来知识以改变组织的动态能力等一系列组织惯例及流程的集合。其中，企业获取和消化知识是潜在的吸收能力，企业转换和利用知识是实际的吸收能力。潜在的吸收能力使企业能够接受外部知识，但不一定有助于企业的盈利；实际的吸收能力有助于企业努力开发新知识并将其应用于商业用途。

随后，Lane 等（2006）在 Zahra 和 George 研究的基础上重新诠释了吸收能力的内涵，进一步细化和拓展了吸收能力的过程视角，即企业完成对外部知识技术的学习与利用是通过三个阶段来实现的：第一阶段是通过探索性的学习来识别和领会潜在的对企业技术进步具有积极作用的外部新知识；第二阶段是通过转化式的学习来消化第一阶段学习的知识；第三阶段是将前两个学习阶段连接在一起，通过利用式的学习来使用已经消化的外部知识并创造出新的知识和商业性产出。

吸收能力是企业在组织惯例与流程的基础上开发出来的一种动态组织能力，对于企业外部新信息与新知识的获取、消化、转化与开发具有重要的作用。在本书中，吸收能力理论为中外合资企业充分利用技术溢出效应提升科技自主创新能力提供了理论基础，中外合资企业将外方母公司的先进技术知识引入企业内部，通过消化、转化与开发等一系列过程将知识内化，从而实现科技自主创新能力的提升。

四、后发优势理论

美国经济学家亚历山大·格申克龙提出的后发优势理论指出，后发国家在工业化进程中与发达国家明显不同，后发国家往往会综合利用先发国家的技术和经验，并努力实现本国工业化的跳跃式发展，从而缩小与先发国家的差距。这里的后发国家即技术落后国家，先发国家即技术领先国家。具体而言，后发优势理论包括以下三层含义：一是经济上的相对落后会产生社会紧张，并进一步激发国民社会工业化的强烈动机；当工业化愿望形成社会共识时，制度创新随之产生，并通过选择适当的本地替代物填补工业化的先决条件；二是先发国家工业化模式的替代性广泛存在，并促使后发国家的工业化模式呈现更多的选择性和创造性；三是后发国家从先发国家引进技术是保证后发优势得以实现的首要条件，后发国家引进先进的技术和设备，有利于节省科研经费和时间、促进专业人才培养。该理论创造性地提出了当后发国家处于落后状态时，对先发国家经济赶超的可能性及依据，从而对历史上出现的国家赶超现象给出了理论上的解释。

随后，美国经济学家列维提出了后现代化理论，从现代化角度进一步发展了后发优势理论，他认为后发优势源于五个方面：一是对于现代化的认识，后发国家要比先发国家准确和丰富得多；二是后发国家可以借鉴先发国家的发展经验，引进和学习先发国家的技术、设备及其相适应的组织、制度结构；三是后发国家可以跳过先发国家在技术上的某一些特殊阶段；四是先发国家所处的发展阶段，让后发国家对自己的发展前景有一个预测；五是先发国家出于自身发展需要，在一定条件下会对后发国家提供帮助。与后发优势理论相比，后现代化理论更加强调了后发优势的具体实现条件，特别是技术上后发优势的重要性，但忽略了后发国家的发展愿望对经济发展的重要性。

在列维之后，阿伯拉莫维茨（Abramovitz）于 1989 年提出了追赶假说。他认为一个国家经济发展的初始水平越低，则经济增长速度越快。但是该假说存在一定的限制：一是技术差距，也就是技术落后国家与技术领先国家技术差距的存在使经济追赶成为可能；二是社会能力，技术落后的国家具有经济赶超的内在因素，包括制度和教育等方面。只有社会处于进步状态才能激发国家经济高速增长的潜力。

Brezis 等（1993）在总结技术落后国家实现技术收敛经验的基础上，基于技术变迁性质假说提出了技术进步的"蛙跳"（Leap-flogging）模型。他指出技术落后国家具有技术上的后发优势，虽然技术变革往往会强化技术领先国家的地位，但有时这种领导角色会发生转变。技术落后国家通过模仿性创新形成一定的技术创新能力后，可以直接突破一些前沿技术。技术进步并不是一成不变的路径，技术落后国家可以通过跨越某个阶段实现技术赶超。

后发优势理论的提出、发展和完善为后发国家实现技术进步和技术追赶并加速经济发展提供了理论指导和实现途径。在本书中，该理论为中国作为后发国家通过中外合资企业实现技术赶超提供了理论支持。本土企业能够通过利用跨国公司在华技术创新减少"走弯路"的风险，并利用外资的创新溢出提升企业科技自主创新能力。

五、子公司特定优势理论

子公司特定优势理论由 Moore 和 Heeler 于 1998 年最先提出，他们通过比较在加拿大被委任的子公司和不被委任的子公司，发现了一种根植于子公司层面、由某个子公司特有的优势，即子公司特定优势。Moore 在《通过子公司卓越中心建立子公司特定优势的战略》一文中，针对传统的折衷范式所无法解释的同一国家、同一产业中不同海外子公司所承担职能的差异性，以及同一跨国公司在不同国别市场中经营的子公司所承担职能的差异化现象，提出了子公司特定优势理论。该理论认为，子公司特定优势是跨国公司的第四种优势（其他三种为 OLI 优势，包括所有权优势、内部化优势、区位优势），根植于子公司层面，为子公司所独享。Rugman 和 Verbeke（2001）认为子公司的特定优势能跨越边界进行价值创造，如通过世界性产品委任。但知识本身具有流动障碍，如隔离机制使知识很难在整个跨国公司内被充分吸收。子公司优势理论的提出打破了关于跨国公司资产和优势从母公司向子公司单向转移的传统假设，表明子公司通过资产积累也能够成为具有主动性和创造性的资产获取者和优势创造者，并且作为对 OLI 范式的继承和发展而得到广泛的关注。

子公司特定优势是子公司所特有的，集所有权优势和区位优势于一体，是子公司生存和发展的关键。对于本书而言，中外合资企业作为跨国公司海外子公司，可以将从外方母公司转移的技术能力与东道国的本土特定资源相结合，培养子公司特定优势，进而扩大科技基础并实现价值创造与科技自主创新能力提升。

第二节
文献回顾

一、中外合资企业技术创新演化路径相关研究

中外合资企业作为我国合理利用外资、深化改革开放的重要载体，是我国推动技术创新、促进经济发展的重要动力，更是我国合理利用外资与技术创新相结合的重要产物（Sun，2012）。根据已有研究来看，中外合资企业科技自主创新演化路径主要包括：

学习引进模仿。中国技术创新实践的"学习引进补短"，一是补"短缺经济（供给）"之短，二是补"创新能力落后"之短，其主题词是"学习—引进—学习"（雷家骕，2019）。在该路径中的企业进行以开发而非研究为主的创新（Dodgson et al.，2014），过于依赖引进消化吸收（苏敬勤和高昕，2019）。企业科技创新的成功不仅来源于内部研发，还依赖与外部科技信息建立的联系（Freeman，1991）。

引进模仿改进。中国技术创新"引进模仿改进"的核心特征是"引进—学习—模仿—改进"。引进模仿并非简单模仿，而是在模仿的基础上改进所引入的国外技术，进而研制、生产更好的产品。特别是之前实施的"以市场换技术"方针，加快并扩大了技术引进，也深化了"模仿改进"（雷家骕等，2019）。基于模仿的技术能力演化模型横向可以划分为复制性、创造性和自主性三种模仿创新。中国通过"以市场换技术"引进外资；中外合资企业通过吸收海外母公司的技术溢出，并根据中国市场的特点进行改造创新来提升本土企业的技术研发能力，从而能够逐步自主开发和生产（杨德宏，2010；涂颖清和陈文，2011）。

整合助推自创。中国技术创新实践"整合助推自创"的核心特征是"整合内外技术和利益、谋求自主集成创新；同时，改进国外创新在中国场景下的放大应用"。该路径属于系统驱动的集成创新阶段，已有研究将

该模式下的中国制造业技术创新划分为了二次创新进化模型、"3I 模式"（模仿—改进—创新）、三阶段创新模型（技术"跟跑—并跑—领跑"）等（苏敬勤和高昕，2019）。

自主迭代提升。中国技术创新实践"自创迭代提升期"的核心特征是"强调实施广泛的自主研发和借鉴国外高水平创新，快速迭代提升已有的自主创新成果与能力"。在此路径下，中外合资企业的外方已经开始将合资中方视为关键战略合作伙伴（Nam，2011），并将合资中方纳入其全球研发资源网络之中（黄烨菁，2008）。该阶段下的中外合资双方母公司能力互补，拥有平等的合作条件，通过不断引进人才和持续的研发投入，使中外合资企业逐步形成自主研发能力，通过发挥本土优势，突破关键技术，为原始创新提供有力支撑（吴先明和梅诗晔，2017）。中外合资企业在科技自主创新阶段不再只专注于国内市场，而是通过国内市场发展核心竞争力，为全球战略布局奠定基础（范黎波等，2008）。此时中外合资企业开始不断基于自己的技术研发平台进行自主研发，促成产品不断开发升级，基本摆脱了对外方技术的依赖，逐步成为国内市场的引导者（郭振军和汪建成，2006）。

综合以上文献发现，目前已有研究对于中外合资企业技术创新主要演化路径包括学习引进模仿—引进模仿改进—整合助推自创—自主迭代提升，在演化过程中中外合资企业技术创新能力不断提升，逐渐占据主导地位。但相关研究还存在一定的缺口，缺乏对政策变化、市场环境、行业特性等外部因素对中外合资企业科技创新演化过程影响的考虑，从而使演化路径的分析不够深刻。

二、中外合资企业科技创新机制的相关研究

20 世纪 90 年代，合资企业出于所谓彩车效应（Xia and Tan，2008），一度成为跨国公司进入中国市场的主流方式。跨国公司进入东道国后通过不同的机制产生溢出效应（傅元海等，2010），现有研究主要将 FDI 溢出效应分为垂直溢出效应和水平溢出效应。其中，垂直溢出效应是基于价值链的前向和后向联系引发的关联效应，包括前向溢出效应和后向溢出效应；水平溢出效应是国内企业与外商投资企业在同一行业经营时实现的生产效率溢出效应（Sarker and Serieax，2022），可以通过多个渠道发生，如

竞争效应、示范与模仿效应、培训效应这三种效应，被认为是 FDI 的主要溢出渠道（傅元海等，2010）。

竞争效应是指外资进入国内市场会增加国内企业的竞争压力，从而促进其技术和生产效率的提高，或将其挤出市场（Aitken and Harrision，1999；韩嫣和武拉平，2020）。现有文献对竞争与企业创新的作用关系存在争议（诸竹君等，2020；Aghion et al.，2022），认为竞争效应包括竞争挤出效应（负向）和竞争逃避效应（正向）。此外，竞争效应存在于两种主体之间，一种是合资企业内部，另一种是外资企业和内资企业之间。在合资企业内部，中外双方存在着激烈的竞合博弈，竞争关系包括战略目标分歧、控制权争端、知识产权保护冲突等（包群等，2017），合作关系包括联合研发、共享分销渠道、管理经验等（刘素等，2016）。然而较少有研究关注到合资企业内部的竞争效应，大多数研究从产业内、企业间的视角进行探讨。在外资企业和内资企业之间，竞争效应的作用效果同样是不确定的：一方面，外资企业会对内资企业起到竞争激励作用（黄烨和刘婷，2021）。跨国企业与国内企业在国内经济中的竞争会促使后者更有效地利用现有资源和技术，甚至采用新技术以逃避市场竞争（Crespo et al.，2007）。另一方面，外资企业也会对内资企业产生竞争挤出效应。过度竞争会对内资企业的研发和市场竞争力产生消极影响，主要包括抢占市场份额和利用技术标准掌握市场主动权（Aitken and Harrison，1999；毛其淋和王澍，2019）。

示范与模仿效应是指 FDI 的流入会带来新的生产技术和组织管理经验，东道国企业可以通过学习、模仿跨国公司行为以提高自身技术和生产力水平（Swan，1973；Kokko，1994；杨红丽和陈钊，2015）。在示范与模仿效应下，模仿学习成为本地企业最主要的技术进步路径（傅元海等，2010）。组织间模仿是理解技术后进国家企业缩小与技术先进国家企业差距的组织行为机制。后发优势理论认为，发展中国家可以通过引进或模仿发达国家的先进技术获取后发优势，缩小与发达国家的经济发展差距（李思慧和周天宇，2018）。然而，目前学者们对示范与模仿效应所带来的影响结果褒贬不一：一部分学者认为，跨国公司为东道国企业提供了很好的学习和模仿机会，如果能够利用好后发优势，就可以加快发展的步伐（胡峰，2003）；另一部分学者认为与自主创新相比，模仿创新的投入较少，风险较低，效率较高，如果企业以短期利润最大化为目标，作为有限理性的技术后进国家企业自然会选择拿来主义战略，造成市场上模仿创新盛行（安同良，2003），使企业陷入"创新依赖"陷阱，造成技术的低端锁定（张鹏杨和唐宜红，2018）；更有部分学者认为，由于技术差距是溢出效应产生的前提（Cohen，1990），技术水平差距越大，则国内企业"赶超"的潜力就越大（严兵和程敏，2005）。因此，示范与模仿效应带来的积极后果很可能存在一定的门槛效应。如果企业和跨国公司的技术差距过大，那么就意味着东道国企业学习和模仿先进技术的能力也差（赵增耀，2009），从而影响示范—模仿机制发挥作用（亓朋等，2009）；反之，如果技术差距较小，FDI 通过示范效应对企业创新产生的负向影响也较小（韩嫣和武拉平，2020）。

培训效应是指在跨国公司工作过或受过良好技能训练的管理人员、研发人员会通过劳动力流动流向本土企业，进而促进东道国技术进步（罗长远和曾繁华，2008；毛其淋，2019）。具体来说，跨国公司对当地雇员的培训形成了其在东道国技术外溢的基础（许罗丹等，2004）。当这些雇员从跨国公司子公司流向当地企业时，其在跨国公司所学的专业技术和管理经验也会随之外流。然而，该效应产生的可能性与最终效果是备受争议的：一方面，跨国公司可能会通过提供更高的工资来吸引国内公司最优秀的员工（Sinani and Meyer，2004），或者进入员工培训本就密集的行业，以低成本享受到了当地的人才优势（袁诚和陆挺，2005），这样必然降低了其进行更多培训的积极性和必要性；另一方面，培训效应的发挥可能受到技术差距、所有制结构等因素的影响。例如，亓朋等（2009）通过研究证实，FDI 企业通过人员培训效应和人员的流动在三位数行业内产生了积极的技术溢出，且技术差距越大，该溢出效应越明显。陈琳和林珏（2009）研究发现，就员工流动或人员培训效应而言，FDI 的溢出因企业所有制结构的不同呈现很大的差异，其中 FDI 对国有企业、外资企业和合资企业都产生了正向且非常显著的人员流动效应。另外，劳动力流动对企业效率的影响很难评估，因此缺乏与这一特定方面相关的详细研究。

综合上述文献回顾发现，已有研究存在两个方面的缺口：一是现有研究多基于外部性理论，论证 FDI 溢出的正效应或者负效应，鲜少从企业内部探讨外资进入的溢出效应；二是以往多从单一静态角度研究 FDI 对不同所有制企业溢出效应的影响，忽略了企业所有制形式本身是动态变化的，因此没有从动态角度解构外资进入前后溢出效果的异质性。基于此，本书从内资企业引入外资股本这一动态视角切入，探讨内资企业合资化对企业创新的促进作用，既丰富了外资在华并购绩效的相关研究，也对现有 FDI 溢出效应进行了有力补充。

三、中外合资企业科技创新能力提升策略的相关研究

目前，学术界针对中外合资企业科技创新能力提升这一重要课题展开了全方位、多层次的探讨，并从实践、理论维度给出了具有指导意义的对策。现有关于合资企业科技创新能力提升对策的研究主要集中在两个层面：一是企业层面，二是政府层面。

在企业层面，以往研究基于企业的基本特质、资源基础和核心能力寻找科技自主创新能力提升的内在机理。首先，企业的基本特质包括文化多元性、合资伙伴多样性、股权配置等。对于合资企业而言，其合资伙伴通常来源于不同国家或者经济体。不论是从文化多样性角度（赵金国等，2019），还是从合资伙伴多样性角度（梁贺和郁海杰，2023），大多研究基于资源基础观解释多样性的文化环境和多样性的合作伙伴会给企业的资源基础带来创新性变化（Teece，2014），帮助企业创造竞争优势（Hutzsch-enreuter and Matt，2017）。另外，由于母公司控制权和所有权结构会影响合资企业的稳定性（李自杰和刘畅，2011），所以创新资源很可能受此影响存在错配或者不协调，进而限制合资企业创新能力的提升。其次，已有研究从资源基础的知识基础、社会资本和技术基础等方面，针对外资独资化对技术溢出存在负面影响且不利于企业自主创新的问题给出了方案。知识基础方面，有学者指出企业现有的知识基础决定了其理解和应用新知识的范围和能力（赵剑波，2023）。当现有内部的知识结构不利于绩效提升时，企业通过不断地对外关联来获取所需的知识，以提升企业创新能力（王淑敏和王涛，2017），而国际合资企业的 50∶50 股权结构更有利于知识的转移和获取（Lyles and Salk，1996）。关于社会资本能否提升企业自主创新能力，目前存在两种观点：一种观点认为，企业通过积累社会资本能够推动其自主创新能力提升（林洲钰和林汉川，2012；姜卫韬，2012）；另一种观点认为，企业积累社会资本不利于提升其自主创新能力（Florida et al.，2002；Li et al.，2010）。技术基础方面，学者们广泛认为，吸收能力、动态能力可以帮助企业适应新的技术环境（韩嫣和武拉平，2020），更好地利用先进知识提高技术转移的效果（朱华桂和庄晨，2015），并成为企业维持核心竞争优势的关键能力（Teece et al.，1997）。最后，企业的资源基础与核心能力并不是割裂的，比如吸收能力受企业自身的技术基础和行业内外资企业间能力差距的影响（赵增耀，2009）。

在政府层面，已有研究主要针对政策环境、法律环境提出合资企业科技创新能力提升对策。首先，政策环境包括政府补贴政策、外资进入政策、税收政策等。在政府补贴方面，一部分学者发现政府补贴政策可以有效激励企业增加研发投入（许春和刘奕，2005），然而另一部分学者发现政府补贴对企业创新活动存在抑制作用（吕久琴和郁丹丹，2011；Chen et al.，2018）。其次，还有学者根据信号传递理论验证了政府补贴对创新投入及产出的非线性影响（吴伟伟和张天一，2021；梁睿昕和李姚矿，2023）；在外资进入政策方面，外资通过合资企业进入东道国，对东道国的创新会带来直接影响（刘斌等，2021）。大多数学者提倡要进一步开放外商投资准入，高质量引进外资，形成内外资协调发展的格局（刘建丽，2019；刘斌等，2021）；在税收政策方面，税收激励对创新产出的影响依然是没有定论的。针对现有税收政策，胡凯和吴清（2018）提出要优化R&D税收激励政策设计，考虑创新成果的新颖性，避免鼓励模仿而非创新；李国锋和吴梦（2022）提出财税政策导向应定位于激励创新能力的提升，降低外源技术的依赖，实现实质性自主创新。最后，法律环境方面主要涉及知识产权保护对合资企业自主创新的影响。一般认为，东道国较高的知识产权保护水平降低了跨国公司技术泄露的风险，提高了模仿的成本。当模仿成本接近于企业创新成本时，本土企业自主创新的动机会加强（You and Katayama，2005；梁贺和包群，2021），进一步激励企业增加额外研发支出，从而形成专利的概率更高（胡凯和吴清，2018）。

综观已有研究，虽然围绕企业层面、政府层面展开了广泛而丰富的探讨，但是由于研究主题的不同，侧重点也略有差异。目前鲜少有研究从开发和利用本土优势、合资企业环境嵌入等视角提出有针对性的见解。基于此，本书通过相关探讨，旨在为中外合资企业科技自主创新能力提升提出有针对性的中国之策。

第三节
本章小结

　　本书以技术进步理论、技术溢出理论、吸收能力理论、后发优势理论、子公司特定优势理论作为理论基础，通过对文献总结与梳理发现，以往研究多将中外合资企业技术创新演化脉络界定为四阶爬坡轨迹，通过溢出效应、竞争效应、示范与模仿效应、培训效应等机制提升其科技自主创新能力，关于其科技自主创新能力提升对策主要分布在企业与政府层面。而且，现有研究主要集中在静态角度，并很少从企业内部探究其创新机制。针对以上研究缺口，本书结合中外合资企业科技创新演化历程中的现实背景、宏观政策与自身实力，重新梳理并界定其演化脉络；发现中外合资企业的不同发展路径，从动态的、内部的视角对目标企业科技自主创新能力提升路径与机制进行理论和实证研究，以探究在新时代背景下，中外合资企业科技自主创新能力提升的三条全过程路径、环境—行动—结果逻辑的影响机制、双重环境嵌入的多元子公司科技自主创新机制及其角色跃升机制以及外资引入后的外部和内部溢出机制等一整套可操作、可复制的体系。

第三章

中外合资企业科技创新演化脉络

第一节
问题提出

当今世界科技竞争日趋激烈，科学技术成了世界各国竞争的焦点和核心，科技创新同国家前途命运以及人民生活福祉息息相关。科技乃强盛之基，创新乃民族进步之魂，科技创新是国家发展的源动力；特别是于我国而言，科技创新也是建设创新型国家的必经之路。自从"创新型国家"提出以来，我国对创新型国家建设这一战略目标定位更加明确，呈现不断深入、进一步升级的特征，形成了"创新型国家行列—创新型国家前列—世界科技强国"的从低到高、由简到实的三个层次。此外，经过改革开放40多年的艰苦奋斗，我国的科技创新水平已经实现了历史性跨越，涌现出了一大批创新成果，科技创新开始进入并跑与领跑并存的阶段，多项创新指标跃居世界前列，成为具有影响力的科技大国。2020年5月，我国创新指数居世界第十四位——正式迈入创新型国家行列[①]。如今，我国正处于迈向创新型国家前列的关键时期，为实现2035年跻身创新型国家前列，成为创新大国，以及2050年成为世界科技创新强国，成为世界主要科学中心和创新高地这一重要战略目标，必须更加强调科技创新的重要性。2022年10月，党的二十大报告中再次指明，必须坚持科技是第一生产力、人才是第一资源、创新是第一动力，深入实施科教兴国战略、人才强国战略、创新驱动发展战略，开辟发展新领域新赛道，不断塑造发展新动能新优势。在高质量发展和双循环新发展格局背景下，机遇与挑战并存，迈入新的历史阶段，要向更高的科技创新目标迈进，完善科技创新体系，坚持创新在我国现代化建设全局中的核心地位，强化国家战略科技力量，提升国家创新体系整体效能，形成具有全球竞争力的开放创新生态。

为了解决经济社会、产业发展中的关键技术和核心技术问题，我国引

---

① 资料来源：国务院新闻办发布会介绍"加快建设创新型国家支撑引领高质量发展"有关情况。

进国外先进技术，以期改善自主技术能力、调整产业技术结构、发展国家经济（陈劲，1994）。因此，我国最初抱着"以市场换技术"的初衷引进外资，并将其作为我国对外开放基本国策和开放型经济体制的重要组成部分，推进了我国深化改革的进程，促进了经济的快速发展①。自此，大量中外合资企业纷纷成立，并成为我国合理利用外资、深化改革开放的重要载体。中外合资企业是我国推动技术创新、促进经济发展的重要动力，更是我国合理利用外资与技术创新相结合的重要产物（Sun，2012）。但随着中外合资进程的不断加深，外方利用诸多非正常手段，使中方出让股权，导致中方技术被控制、市场被垄断、国内竞争秩序被打乱、民族品牌逐渐消失、我国产业安全受到威胁等问题频发。因此，对于中外合资企业来说，提升科技创新能力是现实之需，实施创新驱动是形势所迫。在中外合资企业科技创新的发展过程中，国家政策起着重要的指导和引领作用，故而从宏观政策角度研究中外合资企业的科技创新问题显得尤为重要。

近年来，学术界有关我国创新发展的研究主要包括以下几个方面：一是对创新发展阶段进行历史梳理。中国创新发展经历了引进—模仿创新—改进创新—自主创新的演化历程（程磊，2019）；结合经济发展周期与国家政策，中国企业创新经历了努力学习、引进消化、加快探索和加速创新四个阶段（李垣和魏泽龙，2019），并在政府技术战略的影响下经历了二次创新—集成创新—原始创新的演化路径（朱浩等，2020）。二是聚焦创新特征的研究。中国有巨大规模优势、产业体系优势、举国体制优势、后发优势与成本优势五大创新战略优势（赵夫增等，2014）；中国企业在动态情境下产生的一系列创新模式的进阶与组合使中国式创新呈现独有的内涵与特质（苏敬勤和高昕，2019）；中国数字经济在充分结合禀赋优势和后发优势下，走了一条从模仿与本土化改造到自主创新的中国路径（欧阳日辉和荆文君，2023）。三是对中国创新实践的研究。学者们扎根于中国特色的创新实践，总结出了包括协同创新（王海军等，2020）、整合式创新（尹西明等，2019）、商业模式创新（陈劲等，2022）等中国理论和实践范式。

综上，已有文献为深化中国式创新研究提供了有益的参考和启示，但

①《国务院关于扩大对外开放积极利用外资若干措施的通知》（国发〔2017〕5号）。

仍有以下三个方面有待完善和拓展：一是未能从我国现代化建设的站位高度，以中国式现代化的推进为主线，对中外合资企业科技创新的历史演化进行系统性回看；二是未关注中外合资企业作为我国在合理利用外资中实现科技创新的重要载体；三是关于中国创新实践的研究较为丰富，而对中国式科技创新，包括中外合资企业科技创新的理论和规律还缺乏深入系统的研究，不能为我国实现中国式现代化提供必要的理论支撑。

因此，这里以中外合资企业科技创新在中国式现代化发展进程中的特定现实背景和中国宏观政策演化逻辑为依据，划分了中外合资企业科技创新的演化阶段，深入结合了高水平对外开放和中国式科技创新；同时跟踪并总结了以实现高水平科技自立自强、进入创新型国家前列为重要特征的科技自主创新阶段，弥补了现有研究的时代局限；在进一步比较分析中外合资企业三个阶段特征的基础上，探究其科技创新演化的规律；总结出中外合资企业科技创新的演化脉络，为其发展实践及相关研究提供借鉴，并为中外合资企业科技自主创新方面的研究提供了分析基础。

第二节
中外合资企业科技创新演化阶段

自改革开放以来，我国对科技创新的重视程度不断提升。我国从自身禀赋优势出发，充分考虑到自身发展实际，选择了一条渐进式发展道路。中外合资企业是我国合理利用外资的主要形式，其科技创新演化可分为以下三个阶段：

一、萌芽阶段："以市场换技术"（1978 年至 20 世纪末）

改革开放前，我国三次大规模的技术引进存在固有弊端。鉴于前人的经验教训，以及改革开放初期我国所面临的新的发展机遇和约束条件，政府意识到，单纯以资金外汇来集中购买成套设备为主的传统技术引进方式已不可行，需要一种既可以降低引进成本，又可以提高引进效率的新的技术引进方式。1978年，邓小平批示"合资经营可以办"，大量中外合资企业纷纷成立，作为技术引进的实现方式，其技术创新之路正式在"以市场换技术"政策下开启（夏梁，2015）。该政策在我国大市场、弱技术的国情下，开放了国内市场，增加了我国的技术积累（张颖等，2023）。基于"以市场换技术"政策的演化，萌芽阶段可分为"以市场换技术"的思想形成阶段和方针实施阶段。

（一）"以市场换技术"思想形成阶段（1978~1981年）

（1）现实背景

从国内形势而言，改革开放前的三次大规模技术引进卓有成效，为新中国技术和工业体系的建立奠定了重要基础。当时，我国设计、制造技术的引进较少，国家财政和外汇资金难以长期支撑全国范围的大规模技术引进。且我国技术基础薄弱，经济基础不强，需要一种既可以降低引进成本，又可以提高引进效率的新的技术引进方式。

从国际形势而言，20世纪70年代末，冷战气氛逐渐淡化，但西方发达国家急需开拓市场，解决国家经济"滞胀"问题，将目光瞄准了中国。世界经济全球化趋势加速发展，而中国也步入改革开放阶段，开始走向世界舞台，积极融入基于市场经济的全球化进程。因此，各国政府和企业开始积极寻求与中国的合作，力求打开中国市场。

（2）中国外资政策的演化

1978年，美国通用汽车访华时首次提出合资经营，邓小平同志高度重视，并表示"合资经营可以办"。随后，中共十一届三中全会开始实行对内改革、对外开放的政策，改变了我国经济以计划性内循环为主的基本格局，提出了新的政治路线，放弃"以阶级斗争为纲"转而"以经济建设为中心"，学习外国现代化经验，确立了利用外资与先进技术相结合的基本战略。深圳、珠海、汕头、厦门四个经济特区率先通过减免关税等优惠措施鼓励外商投资，引进先进技术。1979年，邓小平同志在中央政治局会议上正式提出"中国式现代化"，强调中国的发展应立足于世界交往和世界历史。为了控制市场开放速度，保护国内市场，第五届全国人大二次会议通过的《中华人民共和国中外合资经营企业法》中明确规定外方必须以我国需要的先进技术和设备进行投资，并严格限制了内销与外销的比例，要求全部外销或大部分外销。1981年颁布的《技术引进和设备进口工作暂行条例》中进一步提出了控制成套设备进口的要求，并鼓励企业更多地引进专有技术和制造技术。

（3）主要内容

以1978年"合资经营可以办"为标志，中外合资企业科技创新迈入"以市场换技术"阶段。产品生命周期理论解释了市场换技术的可能，因为跨国公司的成熟技术在发达国家失去了竞争优势，但其在发展中国家仍可能扮演先进技术的角色（Zheng et al.，2018）。因此，"以市场换技术"政策的主要目标是通过开放国内市场，引进外商直接投资，获取国外先进技术，并通过消化吸收，最终形成我国独立自主的研发能力，提高我国的技术创新水平。在"以市场换技术"阶段，中国技术引进方式开始转变，并确立了利用外资与先进技术相结合的基本战略。此阶段的中外合资企业技术创新主要以推进引进技术与利用外资相结合为基本战略，以增加对外商来华投资的吸引力。中国向外商提供了多种优惠政策：一是提供税收减免优惠；二是提供外汇贷款优惠和配套贷款；三是简化技术引进项目审批程序。在这一阶段，中外合资企业秉持着"以市场换技术"的初衷，跨国公司的全球扩张看中了中国巨大的潜在市场和廉价劳动力，中国的发展急需外资和先进技术（Sinha，2001；赵增耀，2007；范黎波等，2008）。跨国公司将其在发达国家已经失去竞争优势的技术转移到发展中国家，为其寻求新的市场，从而进一步追求特殊利润。

该阶段下，大亚湾核电站在技术引进的基础上完成了建成投产，成为我国商用核电的摇篮；彩电制造业通过引进国外生产技术快速发展，并初步开启了海外扩张之路；中国汽车产业在外方技术和资金的帮助下开始推进国产化进程……引进国外先进技术促使中外合资企业技术创新萌芽，并为后期的创新探索打下了坚实的基础。

总结而言，改革开放初期，跨国公司看中了中国巨大的潜在市场和廉价劳动力，中国的发展急需外资和先进技术，中外合资企业作为中国引进技术的重要载体，通过在一定程度上吸收外方溢出技术来整合国内外资源，在中国财政资金有限、配套技术极其落后的历史阶段，节省了技术引进成本，获取了外方先进技术，积累了一定的边缘技术和能力，从而提高了自主制造能力。此阶段中外合资企业技术创新特征如下：第一，在技术引进的基础上利用本土市场优势进行模仿创新；第二，关键核心技术由外方掌控；第三，重技术引进，轻消化吸收，技术创新能力弱。

"以市场换技术"固然有其优势之处，但学者们发现，市场开放程度的加强、技术引进政策的完善，均无法有效形成中国的国际竞争力，关键元件需向外采购，关键技术为外方掌控，中外合资企业处处受制于人（许庆瑞等，1987），以市场换技术并未达到预期的目标。要想在自主产业领域中凸显出合资企业的创新优势，中外合资企业需要不断改进技术吸收方式，持续优化合资模式。同时，为了避免成为跨国公司的附庸，实现从跨国公司在华执行者向战略领导者的转变，中外合资企业需要进行自主开发，在中国建立本土研发机构，利用合资企业的技术溢出，提升技术能力（许治和师萍，2005）。自主创新可以解决以市场换技术带来的关键及核心技术自主知识产权缺乏、产业技术"空心化"等问题（陈劲，1994）。因此，怎样强化先进技术引入、消化、吸收和再创新的效率和效果，促进更高水平的自主创新，成为中外合资企业亟待解决的问题。

（二）"以市场换技术" 方针实施阶段（1982~2000 年）

（1）现实背景

国内形势上，改革开放初期我国消费市场兴起，且以买方市场为主；同时，随着消费品贸易量的增长，消费者对于消费品质量的要求日趋上升。但投资环境硬件基础薄弱、配套软件不完备降低了外资引进的效果，国内技术匮乏，本土产品无法满足国内较高的消费需求导致进口需求激增，广东、浙江等沿海地区甚至出现了走私贩私、偷税漏税泛滥的情况。

国际形势上，中国对外资的吸引力下降，引进外资的质量也不尽如人意。外商进入中国的主要目的还是将产品销往中国市场。外资企业以开拓中国国内市场为目标；中国实行严格的市场保护政策，降低了中国市场对它们的吸引力。而中国对外资吸引力的下降也影响了技术引进的数量和质量，使利用外资引进技术的策略受到了挑战。

（2）中国外资政策的演化

1982 年，《关于试办经济特区的初步总结》《当前试办经济特区工作中若干问题的纪要》等文件中首次提出"以市场换技术"政策。这一政策强调优先让可以实现进口替代的、技术含量较高的特区产品内销，以达到既满足国内需求又节省外汇的目的，还能增加迫使外商转让先进技术的筹码；国家对"以市场换技术"的目标定位越来越高，也越来越具体化，并以试办经济特区为突破口，初步打开了吸收外资的局面。1983年，邓小平在与中央负责同志谈话时指出：要抓住西欧国家经济困难的时机，同他们搞技术合作，使我们的技术改造能够快一些搞上去。中国是一个大的市场，许多国家都想同我们搞点合作，做点买卖，我们要很好利用。这是一个战略问题[1]。同年，《关于加强利用外资工作的指示》明确了对中外合资企业实行所得税"两免三减半"[2] 等政策。1984年，国务院批转《关于做好技贸结合和旧设备选购工作的报告》的批语指出：把对外商品贸易与引进技术结合起来，实行技贸结合，用我们的一部分市场换取国外的先进技术，这是加速我国技术进步的一项重大方针[3]。1986年，中央指出应以国家急需的先进技术为引进重点，并大力发展创汇项目，颁布了《国务院关于鼓励外商投资的规定》，为出口企业和先进技术企业提供了多项特别优惠，全国各地也纷纷出台与"以市场换技术"相关的优惠政策。1988年，我国实施了沿海开放战略，构建了"两头在外、大进大出"的国际大循环发展格局，鼓励我国沿海地区走向国际市场。这一举措加快了技术引进的步伐。1990年，中央调整并加强了对外资引进的规划和指导，鼓励出口创汇型、技术先进型项目的申立，建议企业在外商投资的基础上加速自身技术改造。1992年，党的十四大报告提出要进一步扩大对外开放，更多更好地利用国外资源和先进技术，发展外向型经济。1993年，中央再次提出要发挥我国资源与市场的比较优势，引进外来资金和技术，促进经济发展。

2000年，中国加入WTO。按照WTO规则和加入WTO的承诺，中国对《中华人民共和国外资企业法》《中华人民共和国中外合资经营企业法》《中华人民共和国中外合作经营企业法》及其实施细则或实施条例中不符合WTO规则的内容进行了修订：取消了对外商投资企业的外汇平衡条款、

---

[1] 《党史博览》2018年第9期。

[2] "两免三减半"是指外商投资企业可享受从开始获利的年度起两年免征、三年减半征收企业所得税的待遇。

[3] 《国务院批转国家经委关于做好技贸结合和旧设备选购工作的报告的通知》（国发〔1984〕44号）。

"当地含量"条款、出口比例要求和企业生产计划备案条款等。特别是对《中华人民共和国外资企业法》的修改，第三条"设立外资企业，必须有利于中国国民经济的发展，并且采用先进的技术和设备，或者产品全部出口或者大部分出口"被修改为"设立外资企业，必须有利于中国国民经济的发展。国家鼓励举办产品出口或者技术先进的外资企业"①。至此，"以市场换技术"成为鼓励性意见或双方协议，外资准入政策放松，对外开放程度进一步扩大，中国加入国际大循环，"世界工厂"的地位日益稳固，外向型经济发展格局形成。

综上，"以市场换技术"成为我国开放国内市场，积极引进外资，加速技术进步，形成"两头在外、大进大出"的国际大循环，进一步打开对外经济技术交流新局面的重大方针。

（3）主要内容

这一阶段，中外合资企业在"以市场换技术"背景下进行技术创新。中外双方因分别持有市场和技术不谋而合，外方看重的是中国巨大的潜在市场，以及廉价劳动力，而中方需要的是外方的资金和先进的技术（Sinha，2001；赵增耀，2007；范黎波等，2008）。Zheng 等（2018）用产品生命周期理论解释了市场换技术的可能，因为跨国公司的成熟技术在发达国家失去了竞争优势，但其在发展中国家仍可能扮演先进技术的角色。在"以市场换技术"背景下，中方通过外方技术溢出，消化吸收外方的先进技术后再进行模仿创新，通过样品采购、技术引进、项目合作、人才引进等手段对国内外技术资源进行广泛的积累和整合（魏江，2002），不仅掌握和积累了关键技术知识和必要的技术能力，还极大地提高了研发水平，为中外合资企业共同的开放式科技自主创新奠定了基础。在中外合资企业发展的早期阶段，充分发挥技术溢出效应、避免技术模式依赖效应、合理调节技术引进的创新破坏性效应，是促进自主创新、实现技术跨越的关键（李光泗和沈坤荣，2013）。

总结而言，该阶段是"以市场换技术"方针的正式实施阶段，该政策下，中方开始有了提高自身自主创新能力的意识，科技自主创新能力较之前有所进步，但依旧处于缺乏科技自主创新能力的状态。第一，此阶段的

---

① 《全国人民代表大会常务委员会关于修改〈中华人民共和国外资企业法〉的决定》（中华人民共和国主席令第41号）。

中方与外方处于一种动态博弈的状态，中方与外方的博弈目标主要有两个：一是国内市场的开放与否，二是先进技术的转让与否。中方希望能保护国内市场，同时希望能获得先进技术；而外方则希望获得中国市场，同时希望能保护自主核心技术的知识产权。第二，"以市场换技术"方针具有支付少、速度快、规模大、效率高的优点，中国以合资企业的方式引进外方技术，在财政资金有限、配套技术极其落后的历史阶段，节省了引进成本，综合提升了中方的技术水平，获取了外方的先进技术，国内科技飞速发展。但"以市场换技术"并未解决重复引进，重技术引进、轻消化吸收和创新难的老问题，希望通过引进先进技术以实现自主创新的目标也远未达成，甚至对技术自主创新产生了内在的抑制性作用。此阶段特征总结为以下三点：以市场换技术为主要目标；国内市场开放程度大大提升；中外合资企业的中方有了提升科技自主创新能力的意识，但还是缺乏科技自主创新能力。

二、探索阶段：技术引进消化吸收再创新（20 世纪末至 2017 年）

20 世纪末，我国对外开放程度不断提高，市场换技术为我国相关产业奠定了技术基础，部分产业在国际市场上话语权逐步增强，尤其是中国彩电业制造技术达到世界先进水平，国际市场占有率快速提升。中外合资企业科技创新步入技术引进消化吸收再创新阶段。技术引进消化吸收再创新不仅可以减少开发时间、降低研发成本从而提高创新效率，还可以提升企业研发能力，弥补技术空白，增强技术引进的效果，为自主创新奠定坚实的基础（唐未兵等，2017）。

（一）现实背景

从国内形势而言，一方面，大型跨国公司的进入对当地市场造成了巨大的冲击；另一方面，外资企业的垄断局面也对本地企业构成市场上的"挤出"，导致技术引进效应丧失了基本实现的条件。这表现为国有企业、民营企业对关键技术和设备的大量进口，也表现为外资企业对母国研发资源的强烈依赖。前者反映出外商直接投资的技术溢出效应非常有限，后者反映出外资企业对转让先进技术的严格控制，两者都表明"以市场换技术"未能达到预期的目标。同时，随着引进规模与范围的不断扩大，"重技术引进，轻消化吸收"问题越发严重，质疑和反思"以市场换技术"政策可行性和有效性的声音日益强烈（王乃静，2007）。

从国际形势而言，中国加入 WTO 后经济发展环境从国内扩展到全球范围，国家开放的领域不断扩大，外国直接投资在中国迅速发展，对中国工业技术引进带来了新的影响。在全新的机遇和挑战下，依靠引进技术促进发展不再可行，本土技术能力成为国家可持续发展的决定性因素。同时，中国市场的开放加大了对国外资本和技术的吸引力，有助于我国在全球范围内系统集成发达国家的先进技术。

（二）中国外资政策的演化

加入 WTO 后，"以市场换技术"失去法理依据，国家开始重视对引进技术的消化吸收再创新。国家西部大开发、中部崛起、振兴东北等重大战略决策的推行使外资逐步深入内地，中西部和东北地区企业的技术消化吸收再创新能力在承接国际产业转移过程中得以提升（魏后凯，2003）。而东部地区通过制定新的经济发展战略来加快经济结构的调整：如浙江、广东提出了"腾笼换鸟"①策略，通过积极引进优质外资与先进技术，促进产业结构调整与升级；深圳市大力实施"走出去"战略②，以充分利用国内外两个市场、两种资源，全面提高企业国际竞争力。2006 年，全国科技大会上首次明确提出建设创新型国家的宏伟目标。同年，为了营造激励自主创新的环境，推动企业成为技术创新的主体，努力建设创新型国家，我国出台了《实施〈国家中长期科学和技术发展规划纲要（2006—2020年）〉若干配套政策》，鼓励引进国外先进技术，对消化吸收再创新给予政策支持，并将通过消化吸收是否形成了自主创新能力作为对引进项目验收和评估的重要内容。2007 年，党的十七大报告再次提出增强自主创新能力，建设创新型国家，并明确要求走中国特色自主创新道路，自主创新成为推动现代化建设的核心力量。为加快我国迈向自主创新的步伐，2010年，《关于鼓励引进技术消化吸收再创新的指导意见》中加大了对技术引进消化吸收再创新的支持力度，并鼓励企业成为创新主体，企业在国家创

---

① "腾笼换鸟"是指由于土地资源、环境资源及其他资源的限制，该区域迁出或淘汰区域内低端产业，引入并发展高端产业，从而完成区域内的产业置换、产业结构调整和产业升级。

② 中共深圳市委、深圳市人民政府关于大力实施"走出去"战略的决定（深发〔2007〕11号）。

新体系中的地位日益上升。

2012 年，党的十八大首次提出"实施创新驱动发展战略"，明确指出科技创新是提高社会生产力和综合国力的战略支撑，必须摆在国家发展全局的核心位置，并再次强调要坚持走中国特色自主创新道路。同年，《关于深化科技体制改革加快国家创新体系建设的意见》首次确立企业的技术创新主体地位，企业逐渐成为推动国家创新能力提升的主力军。为提高利用外资综合优势和总体效益，将引资、引技与引智相结合，各省市纷纷出台有关提高利用外资质量、促进科技成果转化、引进与培养科技人才的政策（马相东等，2021）。2014 年，习近平总书记提出中国经济呈现出新常态，即经济增速放缓，结构不断优化升级，驱动方式发生转变；创新驱动成为我国适应新常态，保持发展动能的重要战略。2015 年，党的十八届五中全会提出以创新发展解决发展动力问题的新发展理念。2016 年，《国家创新驱动发展战略纲要》对创新驱动发展战略实施的总体规划和行进路线进行了布局，指出创新是引领发展的第一动力，提出 2020 年进入创新型国家行列的战略目标，再次强调科技创新的核心地位；并提出进一步扩大开放，力争在国际上成为若干重要领域的引领者和重要规则制定的参与者。

综上，技术引进消化吸收再创新成为推动我国产业技术进步，提高企业自主创新能力和技术竞争力的重要方式，也是我国向自主创新迈进的路径与方向。

（三）主要内容

以 20 世纪末我国彩电业制造技术达到世界先进水平，并快速占领海外市场为标志，中外合资企业技术创新迈入技术引进消化吸收再创新阶段。中外合资企业科技创新能力的提升仅依靠技术外溢是不够的，要想使开发出的技术更具实用性与科学性，缩减研发支出和周期，就要不断借鉴市场中的先进资源，探索更多有效的创新模式。企业在不断进步的技术环境中比较难以实现自主创新时，可以通过技术引进消化吸收再创新来积累更多的知识进行有效学习，这样在知识还没有形成体系时也能对技术能力提升产生较高的边缘效应（Kim，1997）。技术引进消化吸收再创新是指创新者通过购买或者技术交换等途径获得高新技术，对新技术掌握吸收以后，在此基础上进行自主创新（杨燕和高山行，2010）。引入新技术的方法有很多，包括将专有技术以各种形式提供给合作方，或是转让各种产权等。尽管说创新发展需要以先进技术为先决前提，但因为资源条件的有限性，任何一个国家都不可能掌握全部的技术资源，也无法将核心优势凸显在每个领域。因此，秉承着"取长补短"原则来引入他国技术，结合国内企业实情来加以改进，可以达到强化创新能力并弥补技术空白的目的（Kim，1997）。如此一来，不但能提高创新效率，避免不必要的开发时间与成本浪费，还可以使科研出发点向前推进一大步，促进欠发达国家的高质量发展。

该阶段下，我国核电在引进法国技术基础上不断改进与再创新，实现国产化率从 1% 到 86.7%[①]；中国高铁在引进德国、日本等国的高铁动车组技术基础上消化吸收再创新，成功研制出"和谐号"电力动车组，中国铁路客运装备技术达到世界先进水平[②]……通过技术引进消化吸收再创新，中外合资企业科技创新能力不断提升，逐渐具备了实现自主创新的条件。

总结而言，入世后，我国开始参与国际分工，并不断深度嵌入全球价值链（胡大立等，2021），但中国的独特情境使其无法走欧美发达国家的技术创新路线，因此我国开始重视对引进技术的消化吸收再创新，并鼓励建立以企业为主体的创新体系。跨国公司为了进一步挖掘我国市场的全球价值，和中方从研发、生产到销售展开了全方位的合作，并逐步将中外合资企业纳入跨国公司全球价值链的生产环节中。中方则利用中国本土市场优势、举国体制优势突破低端锁定困境，通过技术引进消化吸收再创新提升了其所在产业链的技术、产品与消费质量，开拓了市场规模，促进了消费市场的完善，加速了整个产业链的形成与升级发展，一些中外合资企业甚至实现了部分领域的重大突破。随着技术话语权的提升，中方逐步摆脱了外方技术控制（陈志军等，2022）。此阶段中外合资企业科技创新特征如下：第一，在模仿创新的基础上利用自身比较优势进行自主创新；第二，关键核心技术开始转移至中方；第三，对外方技术依赖程度逐渐降低，技术创新能力不断提升。

---

① 郑小红. 通讯：从 1% 到 86.7% 中国核电装备产业实现逆袭［EB/OL］. 中国新闻网，2018-5-27. https://www.chinanews.com.cn/cj/2018/05-27/8523768.shtml.

② 我国自主研制的首列时速 300 公里动车组竣工下线. 中国政府网，2007-12-22. https://www.gov.cn/jrzg/2007-12/22/content_841084.htm.

虽然中外合资企业开始有意识地在技术引进消化吸收的基础上进行自主创新，但是由于我国技术基础薄弱、综合国力不强、经济实力有限，外方依旧掌握着技术主导权。因此，为了在合资企业中占据技术主导地位，进一步提升自主创新能力，中外合资企业在国家政策的引导下开始重视科技与技术的结合。

三、发展阶段：科技自主创新（2017年至今）

2017年，中方具有完全知识产权的"复兴号"动车组列车首发，意味着中国高铁实现了中方独立自主研发，中外合资企业技术创新步入科技自主创新阶段。科技创新将科学与技术相融合，是科学发现、技术发明和市场应用协同演进下的产物（张来武，2011），是我国实现科技自立自强，推进中国式现代化的关键。

（一）现实背景

从国内形势而言，此时中国经济进入中高速增长，国内生产总值稳居世界第二，经济结构优化升级，市场活力进一步释放，但经济规模大而不强、经济增速快而不优的问题依旧存在，凭借要素成本优势和资源优势来促进经济发展的粗放型发展方式已难以为继。因此，我国迫切需要向创新驱动转变，提高自主创新能力。国家对科技创新的重视使我国企业科技创新能力有所提升，但基础研究支出比例过低，我国科技创新基础不牢靠、自主创新能力不强、关键核心技术受制于人的问题没有得到根本解决。同时，随着消费者需求不断升级，中低端产品产能过剩，高端产品仍需大量进口，国家创新机制和环境亟待优化。

从国际形势而言，世界处于百年未有之大变局，中美贸易战爆发，新一轮的科技革命、产业革命正在不断推进，全球创新版图正在重构，科技同经济、社会、文化等方面深入协同发展，呈现深度融合和广泛交叉的特征，技术创新迈入了前所未有的密集活跃期，提升科技创新能力是可持续发展和解决重要全球性问题的必经之路。

（二）中国外资政策的演化

2017年，党的十九大报告中首次提出"高质量发展"；指出我国经济由高速增长阶段转向高质量发展阶段；提出将我国建设成为富强民主文明和谐美丽的社会主义现代化强国是新时代的奋斗目标；并再次强调发展必须是科学发展，必须坚定不移贯彻创新、协调、绿色、开放、共享的发展理念。同年，为进一步积极利用外资以构建开放型经济新体制，《国务院关于扩大对外开放积极利用外资若干措施的通知》（国发〔2017〕5 号）明确提出"允许地方政府在法定权限范围内制定出台招商引资优惠政策"，随后，中部六省推出有关财政、税收、土地供给、金融支持、人才保障的招商引资优惠文件，为外资进入、企业发展提供了良好的环境；同时推出有关科学技术、专利的奖励规定，以推动科技创新的发展（马相东等，2021）。改革开放以来，我国先后出台了《中华人民共和国中外合资经营企业法》《中华人民共和国外资企业法》《中华人民共和国中外合作经营企业法》（统称"外资三法"），包括后来为"外资三法"配套出台的法规政策。但这一系列外资法律体系已难以适应国家构建开放型经济新体制的需要，不能适应新形势下外商投资管理的要求。于是，2019 年，第十三届全国人民代表大会第二次会议通过《中华人民共和国外商投资法》，将"外资三法"合一，主要规定了投资促进、投资保护和投资管理等内容。《中华人民共和国外商投资法》的制定和出台，更好地完善了外商投资法律体系，既展现出了新时代中国积极的对外开放姿态，也满足了推动新一轮高水平对外开放、营造国际一流营商环境的要求。

2020 年，中共中央政治局常委会首次提出"构建国内国际双循环相互促进的新发展格局"。随后，2020 年的两会再次强调要"逐步形成以国内大循环为主体、国内国际双循环相互促进的新发展格局"，创新是新格局形成的重要支撑点①。随后，党的十九届五中全会中首次提出"把科技自立自强作为国家发展的战略支撑"；再次强调创新在我国现代化建设全局中居于核心地位，对于加快建设科技强国和现代化强国有着重大意义；指出要强化企业创新主体地位，促进各类创新要素向企业集聚，增强企业技术创新能力是科技自立自强的关键途径。2021 年，"十四五"规划提出要加快构建以国内大循环为主体、国内国际双循环相互促进的新发展格局，并明确提出强化企业创新主体地位。同年，习近平总书记在两院院士大会上提出要加快建设科技强国，实现高水平科技自立自强，更加明确了加快

---

① 邓卫华，徐冰. 我国迈入创新型国家行列［EB/OL］. 中国政府网，2020-5-20. https：//www.gov.cn/xinwen/2020-05/20/content_5513139.htm.

建设科技强国的必然要求和使命担当。2022 年，党的二十大报告指出要以中国式现代化全面推进中华民族伟大复兴，高质量发展是中国式现代化的本质要求，也是全面建设社会主义现代化国家的首要任务；提出 2035 年实现高水平科技自立自强，进入创新型国家前列的国家发展总体目标；提出要加快实施创新驱动发展战略；再次提出坚持创新在我国现代化建设全局中的核心地位；强化企业科技创新主体地位，发挥科技型骨干企业引领支撑作用；指出加大基础研究投入，集聚力量进行原创性引领性科技攻关，掌握关键核心技术，增强自主创新能力的创新发展路径；并指出要优化区域开放布局，巩固东部沿海地区开放先导地位，提高中西部和东北地区开放水平，进一步推进高水平对外开放。2023 年的两会报告中进一步强调发挥创新驱动发展作用，提升科技创新能力，实行高水平对外开放，积极有效利用外资。

综上所述，以国家战略需求为导向的科技自主创新成为我国依托超大规模市场优势，以国内大循环吸引全球资源要素，增强国内国际两个市场两种资源联动效应，提升贸易投资合作质量和水平，推进高水平对外开放，推动高质量发展的重要动力。

（三）主要内容

以 2017 年"复兴号"动车组列车首发为标志，中外合资企业技术创新迈入科技自主创新阶段。在新的发展阶段，加快科技创新是推动高质量发展、实现人民高品质生活、构建新发展格局、顺利开启全面建设社会主义现代化国家新征程的需要[①]。从科技创新价值定位来看，科技创新的重要性越发凸显。我国积极贯彻"自主创新、重点跨越、支撑发展、引领未来"的方针，着力增强国家自主创新能力，加强原始创新、集成创新和引进消化吸收再创新，牢牢把握创新核心环节主动权和关键技术所有权，以期改变我国在关键核心领域技术受制于人的局面；从科技创新路径来看，我国始终坚持走中国特色自主创新的道路没有变，但对于自主创新的方向和领域有了更为深刻的认识。在创新方向上，习近平强调要瞄准世界科技前沿，引领科技发展方向，抢占先机迎难而上，建设世界科技强国[②]。在

---

① 习近平. 在科学家座谈会上的讲话［N］. 人民日报，2020-09-12（002）.

② 习近平. 在省部级主要领导干部学习贯彻党的十八届五中全会精神专题研讨班上的讲话［N］. 人民日报，2016-05-10（002）.

创新领域上，习近平指出"要在基础科技领域作出大的创新，在关键核心技术领域取得大的突破"①"要以关键共性技术、前沿引领技术、现代工程技术、颠覆性技术创新为突破口，敢于走前人没走过的路，努力实现关键核心技术自主可控，把创新主动权、发展主动权牢牢掌握在自己手中"②；从科技创新视野来看，该阶段科技创新的全球视野格局更为开阔，在国际科技创新合作方面，更加强调积极主动、深度参与以及扩大我国在国际上的影响力。习近平强调要积极主动融入全球科技创新网络，提高对外开放水平，深度参与全球科技创新治理，贡献中国智慧，着力推动构建人类命运共同体，全面提高我国科技创新的全球化水平和国际影响力。

该阶段下，中国高铁自主开发出了全套 CTCS-3 级列控系统，牢牢掌握了高铁列车运行控制的核心技术，实现了从技术"跟跑"到"领跑"；国家正式取消对新能源汽车的外资股比限制，中国汽车产业进一步对外开放，中外合资车企已具备和外资车企竞争的实力；以海尔为代表的中国家电业聚焦科技创新，推出了一系列自主研发技术，在国际市场上发出中国声音。中外合资企业科技创新以宽广的全球视野，充分利用国内外资源，结合原始创新、集成创新和引进消化吸收再创新，走出了极具中国特色的自主创新之路。

总结而言，国家以更大力度、更实举措加快推进科技自立自强，企业创新主力军的作用更加凸显，中国本土市场优势和新型举国体制优势扩大。跨国公司提升中国市场的全球战略地位，试图将中国本土特定优势发展为其全球竞争优势，并将中外合资企业定位为其全球战略及创新网络中的领导者。中外合资企业实施"全球化+本土化"战略，进行产业重整和结构性调整，打造了供应端、生产端、销售端和服务端等全价值链体系，从低附加值、非关键零部件、非核心技术逐步转移到较高附加值、关键零部件、核心技术领域，完成了技术升级和格局重塑。部分中外合资企业利用中国本土市场优势开发出了符合中国特定需求的、极具中国特色的、具有全球竞争力的产品；并有力发挥了中国特色社会主义制度集中力量办大

---

① 保持锐意创新勇气蓬勃向上朝气加强深化改革开放措施系统集成 [N]. 人民日报，2016-03-06（001）.

② 习近平．在中国科学院第十九次院士大会、中国工程院第十四次院士大会上的讲话 [N]. 人民日报，2018-05-29（002）.

事的优势，实现了部分原创性引领性科技攻关，以中方为主的科技创新越发凸显。此阶段中外合资企业科技创新特征如下：第一，利用新型举国体制优势进行自主创新；第二，中方技术主导地位越发凸显；第三，逐步实现科技自立自强，科技创新能力显著提升。

第三节
三个阶段的特征及其比较分析

中外合资企业科技创新自改革开放以来的演化历程，嵌入其发展环境的现实背景中，受到中国宏观政策演化逻辑的制约和影响，反映了我国自改革开放以来的创新探索过程，三个阶段呈现不同的特征。

一、三个阶段的特征分析

（一）"以市场换技术"阶段的特征

以 1978 年"合资经营可以办"为标志，中外合资企业科技创新迈入"以市场换技术"阶段。中国汽车工业正是"以市场换技术"建立中外合资企业的先行者，虽然本土的汽车企业并未在该阶段发展起来，但该政策带来了现代化的零部件工业、先进的汽车生产技术和制造能力，快速推动了我国汽车市场的发展。该阶段呈现以下特征：

（1）在技术引进的基础上利用本土市场优势进行模仿创新

在我国"以市场换技术"战略的鼓励下，跨国公司带着资金与先进技术进入中国市场，中外合资企业是跨国公司在华战略的执行者，立足于开发中国本土市场，其技术创新只是在外方产品框架内进行的本土适应性改进（谢伟，2006；孙喜和路风，2015），更多地关注当地市场和客户，重在预测市场变化并满足潜在客户需求，为其开发合适的产品（Chen et al.，2014），使现有产品适应中国市场（Jin et al.，2016），打造出满足中国市场潜在客户需求的产品，力求尽可能多地开发和占领中国市场。不过，中外合资企业也可以通过一些传统的强制性限制措施要求外资向其转让技术，并在此基础上进行模仿创新，提升企业的制造能力。

（2）关键及核心技术由外方掌控

外方希望通过合资经营的方式开发和占领中国市场，但又不愿出让关键及核心技术的掌控权。中方缺少独立研发平台，无法完成技术集成（周煜和聂鸣，2007；周煜等，2008；杨德宏，2010），因此不足以形成具备关键技术与核心技术的自主创新能力（彭纪生和孙文祥，2005；Dunlap et al.，2016）；而跨国公司向合资企业提供的是技术能力的明确"成果"，中方无法获取产品的核心技术，引进的多为边缘技术，而非研发能力（Nam，2011）。

（3）重技术引进，轻消化吸收，技术创新能力弱

中方技术基础薄弱，缺少独立研发平台，不具备自主开发关键核心技术的创新能力。同时，中方因着眼于引进技术的制造方法，忽略消化吸收和体系管理问题，导致"以市场换技术"失败。但由于该政策带来了产业发展的氛围和动力，推动了配套体系建设，从而为我国自主创新奠定了一定的基础。

（二）技术引进消化吸收阶段的特征

以20世纪末我国彩电业制造技术达到世界先进水平，并快速占领海外市场为标志，中外合资企业科技创新迈入技术引进消化吸收再创新阶段。中国彩电业贯彻"引进、消化、开发、创新"八字方针，不断改造引进技术，从模仿、跟随到自主创新，为彩电业乃至家电业的崛起奠定了坚实的基础。该阶段呈现以下特征：

（1）在模仿创新的基础上利用自身比较优势进行自主创新

我国加入WTO后，国内市场进一步打开。基于中国劳动力和自然资源的比较优势，中外合资企业根据市场需求引进消化吸收外方技术，通过模仿创新缩减成本，并利用中国自身资源进行自主创新，呈现模仿创新与自主创新双轨并行的特点。

（2）关键及核心技术开始转移至中方

技术引进消化吸收再创新加速了我国的技术革新，实现了价值创造，但外方只转让了部分非关键技术，并严格控制着关键技术及核心技术。虽然中方缺乏在关键领域研发、品牌营销等高附加值环节的创新能力，但技术引进消化吸收再创新加速了我国的技术革新，实现了价值创造。随着中

方技术投入逐渐增加，其技术领域的话语权也不断增强，部分中方企业开始掌握技术主导权。

（3）对外方技术依赖程度逐渐降低，科技创新能力不断提升

中方在引进国外先进技术的基础上形成了拥有一定自主知识产权的关键核心技术，并不断利用中国本土特定优势进行再创新，科技创新能力不断增强。

（三）科技自主创新阶段的特征

以2017年"复兴号"动车组列车首发为标志，中外合资企业科技创新迈入科技自主创新阶段。中国的高铁产业从技术引进消化吸收，到后来实现全面自主创新，走出了一条具有中国特色的科技自主创新之路，成为响当当的国家名片。该阶段呈现以下特征：

（1）利用新型举国体制优势进行自主创新

科技创新作为企业发展的第一动力，随着国内外环境的不断变化，成为企业发展的重要引擎，是企业开拓新发展格局和通往高质量发展的必经之路。中外合资企业对科技创新的要求不断提高，科技创新的作用也随之提升，其重要性越发凸显；中外合资企业通过利用外方技术提升其科技自主创新能力，并使科技创新起到支撑引领作用。这一阶段，中外合资企业将提升科技自主创新能力作为发展的战略重心，充分利用中国本土特定优势加大创新投入。

（2）中方技术主导地位越发凸显

基础研究是科技创新之源，是科技自立自强的必然要求，是建设国际科技企业的重要基石。而突破"卡脖子技术"是现阶段中外合资企业科技创新的重点工作。要想突破"卡脖子"技术，必须先从基础研究这个源头开始，打造出有利于基础研究的良好科研生态。更加强调走自主创新道路是由我国目前发展阶段的国情所决定的，是实现高水平科技自立自强的要求；为了增强国内大循环的内生动力和可靠性，以"内循环"带动"外循环"，国家政策与方针对中外合资企业加强自主创新、加大基础研究投入提出了更高的要求；中外合资企业也不断提升科技自主创新能力，逐渐在中外合资企业中占据技术主导地位。

（3）逐步实现科技自立自强，科技创新能力显著提升

在这一阶段下，习近平总书记关于科技创新视野的论述从仅关注创新

网络到同时关注创新生态，从强调全球科技创新网络的融入到强调科技创新生态的构建、完善以及如何营造激发科技人才创新的生态系统，视野逐步开阔；而且在加强国际科技创新合作方面更加强调全方位，在全球科技创新治理方面更加强调积极主动和深度参与。此外，习近平总书记关于科技创新视野的论述在强调坚持"引进来"和"走出去"相结合的同时，更加强调要提升我国科技创新的全球化水平和影响力，以更加开放的心态拥抱全球创新，为世界科技发展贡献中国力量，这也是此阶段中外合资企业科技创新的前进目标。这一阶段科技自立自强成为企业通往高质量发展的必经之路，中外合资企业科技创新的视野不断开阔，内容不断丰富与深化，科技创新能力飞速提升。

综上，中外合资企业视角的中国式科技创新阶段分析如表3-1所示。

表3-1 中外合资企业科技创新阶段分析

大阶段	小阶段	时间	现实背景	主要宏观政策	政策内容概述	特征
萌芽阶段	"以市场换技术"思想形成阶段	1978~1982年	国内：成品引进存在弊端；技术基础薄弱；国际：发达国家开拓市场；中国顺应全球化趋势	1. 提出改革开放政策；2. 确立利用外资与先进技术相结合的基本战略；3. 正式提出"中国式现代化"；4. 出台《中华人民共和国中外合资经营企业法》	1. 目标：实现进口替代；2. 发展格局：市场保护下的国内循环；3. 技术主导方：外方；4. 严重缺乏技术创新能力	1. 在技术引进的基础上利用本土市场优势进行模仿创新；2. 关键核心技术由外方掌握；3. 重技术引进，轻消化吸收，科技创新能力弱
	"以市场换技术"方针实施阶段	1982年至20世纪末	国内：外资引进效果不佳；进口需求激增；国际：外资进入动力不足	1. 提出"以市场换技术"政策；2. 实施沿海开发战略，构建"两头在外、大进大出"的国际大循环发展格局	1. 目标：获取国外先进技术；2. 发展格局："两头在外、大进大出"的国际大循环；3. 技术主导方：外方；4. 科技创新能力仍然很低	

大阶段	小阶段	时间	现实背景	主要宏观政策	政策内容概述	特征
探索阶段	技术引进消化吸收再创新阶段	20世纪末至2017年	国内：缺乏核心及关键技术；以市场换技术被质疑；国际：市场从国内扩展到全球	1. 我国加入WTO，修订"外资三法"； 2. 提出建设创新型国家，2020年进入创新型国家行列； 3. 走中国特色自主创新道路，自主创新成为国家发展战略核心； 4. 鼓励技术引进消化吸收再创新； 5. 鼓励企业成为创新主体； 6. 实施创新驱动发展战略，科技创新成为国家发展战略支撑； 7. 进一步扩大开放	1. 目标：提升自主创新能力； 2. 发展格局：外向型经济发展格局形成； 3. 技术主导方：由外向中； 4. 科技创新能力不断提升	1. 在模仿创新的基础上利用自身比较优势进行自主创新； 2. 关键核心技术开始转移至中方； 3. 对外方技术依赖程度逐渐降低，科技创新能力不断提升
发展阶段	科技自主创新阶段	2017年至今	国内：传统的要素和投资驱动动力不足；国家创新机制与环境亟待优化；国际：世界处于百年未有之大变局，中美贸易战爆发；新的科技革命兴起；全球创新版图重构	1. 经济发展由高增长阶段转向高质量发展阶段； 2. 坚定并加快实施创新驱动发展战略，实现高水平科技自立自强； 3. 我国迈入创新型国家行列，并提出2035年进入创新型国家前列； 4. 加快构建"双循环"新发展格局，进一步推进高水平对外开放，积极有效利用外资； 5. 强化企业创新主体地位，到强化企业科技创新主体地位	1. 目标：科技自立自强； 2. 发展格局："双循环"的构建； 3. 技术主导方：中方； 4. 科技创新能力快速提升	1. 利用新型举国体制优势进行自主创新； 2. 中方逐渐掌握关键核心技术； 3. 逐步实现科技自立自强，科技创新能力快速提升

二、三个阶段的比较

第一，沿着外资政策的演化，中外合资企业科技创新模式经历了模仿创新—模仿创新与自主创新相结合—自主创新的演化历程。改革开放初期，我国开始积极引进外资和先进技术，"以市场换技术"政策逐步提出。中外合资企业作为我国引进外资的主要产物，是我国加快技术引进和进步的重要载体。此时，我国以生产新产品、满足市场需要为目的，引进了大量成品设备等"硬件"，从而不同于日本以学习模仿为目的，主要引进专利、图纸、设计方案等"软件"的技术创新路径。20世纪末，基于前期技术引进奠定的坚实技术基础，部分产业飞速发展，通过不断进行技术引进消化吸收再创新取得了自主发展权，并迈向自主创新之路，因此关注引进技术的质量，模仿创新与自主创新相结合是当时产业的主要技术创新模式。但这一模式并未帮助中国像韩国一样实现技术赶超，关键在于韩国在这一模式下充分利用产学研结合，健全法律保障，形成了以企业为开发主体，国家承担基础、先导和战略储备技术开发的国家创新体系，这为我国后阶段实现技术赶超提供了经验。不同于美国对英、德等国科学技术与制度创新的创造性吸收、集成与超越路径，科技自主创新阶段的中外合资企业关注高质量创新，以科技自主创新为主要技术创新模式。例如，中国高铁是完整见证这一演化历程的典型：中国高铁最初与德国建立合资企业，以"复制"为最初的目标；但国内外线路条件不同，必须对外国车型进行适应性改造，因此中国高铁迈向了模仿创新与自主创新相结合的阶段；建设京沪线的线路长度和铁路的长时间连续运行都对列车提出了更苛刻的技术要求，中国高铁由此进行自主开发，最终建立了完整的研发制造体系和产业体系，成为世界高铁的领跑者（路风，2019）。

第二，基于中外双方技术能力的博弈，中外合资企业的关键核心技术由外方主导逐渐过渡到中方主导。在合资经营过程中，中方希望获取外方先进技术，提高自身技术能力；外方希望进入中国市场，增强国际竞争力，关键核心技术的主导权成为这场博弈的关键。在"以市场换技术"阶段，外方看重中国的市场价值，并通过技术封锁占据了技术主导权；在技术引进消化吸收阶段，中国市场的全球价值逐渐显现，外方开始从技术提供者变为创新合作伙伴，中方科技创新能力在嵌入跨国公司全球价值链的生产环节中得到提升，逐步摆脱了外方技术控制，技术主导权开始逐渐由外方转移至中方；在科技自主创新阶段，中国本土特定优势进一步扩大，外方的全球供应链开始转移至中国，中方企业结合中国本土特定优势实现了部分领域的技术突破，完成了技术升级和全价值链体系搭建，从而掌握了技术主导权。例如，中国汽车工业的上海大众、一汽大众等，作为"以市场换技术"的先行者，虽然没有换来核心技术，但通过引进消化吸收再创新得到了先进的工艺技术，构建了先进的供应链体系和管理制度，拥有了一大批高端汽车人才，从而通过着力建设中国本土研发中心，开发新的研发模式与完整的研发体系，实现了从国产化到自主研发的深刻变革。

第三，中外合资企业科技创新的发展是中国宏观政策和技术创新现实背景动态匹配的结果。中外合资企业是同时嵌入在国内和国际大环境中的关键主体，其科技创新发展受到中国宏观政策和国内外科技创新现实背景的双重影响。中国的技术创新过程既有后发国家技术赶超的一般规律，在部分发展阶段既遵循着创新理论的基本规律（苏敬勤和高昕，2021），又有其特殊性——中国具有不同于美国、日本、韩国等的要素禀赋，拥有庞大的市场规模，更有在发展过程中不断根据中国式现代化发展的现实背景来调整政策的举国体制优势，从而走出了一条极具特色的中国式科技创新道路。1978 年，在我国技术基础薄弱，成套技术引进措施难以为继，世界经济全球化趋势加速发展的现实背景下，我国逐步确立了引进外资和先进技术的基本路线，中外合资企业成为外资引进政策下的时代产物。20 世纪末，"以市场换技术"政策弊端逐渐显现，中外合资企业调整了科技创新重点，步入技术引进消化吸收再创新阶段。"入世"后我国快速融入世界经济体系，"以市场换技术"成为鼓励性意见，一系列激励技术引进消化吸收再创新的政策相继出台，推动了技术创新的进一步发展。随着传统要素和投资驱动方式动力不足，创新驱动发展战略给予了技术创新全新的动力，中外合资企业科技创新能力不断提升。2017 年，我国迈向高质量发展新征程，加之百年未有之大变局的国际形势，中外合资企业科技创新步入科技自主创新阶段，科技自主创新能力显著提升。例如，海尔的成功在一定程度上归因于其能把握好科技创新的现实与中国宏观政策的动态匹配。中国海尔通过与德国利勃海尔合资，引进先进的电冰箱工艺技术和生产制造流水线，并享受到了以划拨形式兼并国企、技改贴息政策优惠等政府优待。海尔始终以引进消化—吸收模仿—引智创新为主线，不断突破创新，达成冰箱的自主研发与纯国产，成为世界级品牌。

基于上述分析，可以总结出中外合资企业科技创新演化脉络，如图 3-1 所示。

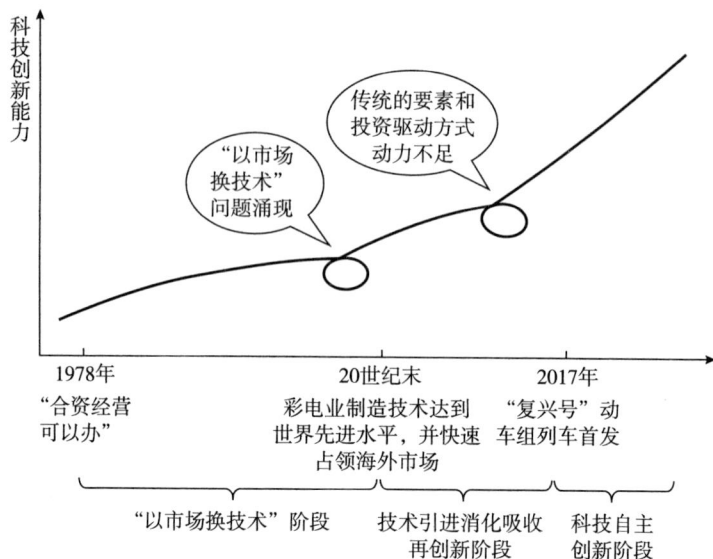

图 3-1　中外合资企业科技创新演化脉络

第四节
主要研究结论、研究贡献与启示

一、研究结论

　　本章详细阐述了中外合资企业科技创新发展脉络，将中外合资企业科技创新分为"以市场换技术"阶段、技术引进消化吸收再创新阶段和科技自主创新阶段，深入考察了中外合资企业科技创新的现实背景和宏观政策的演化逻辑，系统梳理、提炼并对比分析了各演化阶段的内容和特征，得出以下结论：

　　第一，中外合资企业科技创新经历了"以市场换技术"、技术引进消化吸收再创新和科技自主创新三个阶段。在"以市场换技术"阶段，通过"以市场换技术"政策，中外合资企业以本土市场需求为导向，在引进技术的基础上进行模仿创新，科技创新能力弱；在技术引进消化吸收再创新阶段，我国开始重视创新能力的培养与提升，自主创新成为推动现代化建设的核心力量，中国式科技创新以模仿创新和自主创新相结合为主，科技创新能力不断提升；在科技自主创新阶段，党中央提出到2035年实现高水平科技自立自强，进入创新型国家前列的国家发展总体目标，创新成为引领发展的第一动力，中国式科技创新以自主创新为主，科技创新能力显著提升。

第二，中外合资企业科技创新经历了螺旋式的上升路线，有着前进性、曲折性和周期性的特点。改革开放初期，市场的开放、外资与先进技术的进入，"以市场换技术"政策的提出等均促使中外合资企业科技创新初步成长。中外合资企业作为我国引进外资的重要载体，其科技创新步入"以市场换技术"阶段。但由于我国技术基础薄弱，"以市场换技术"政策弊端逐渐显现，阻碍了中外合资企业科技创新的发展，中外合资企业科技创新进入第一个螺旋。随着沿海开放战略、外向型经济政策的推出，以及中国加入WTO，我国积极引进优质外资和先进技术，进一步扩大对外开放，中外合资企业科技创新步入技术引进消化吸收再创新阶段，技术创新环境不断优化，跨越了第一个螺旋。中外合资企业科技创新在引进消化吸收外方技术基础上再创新，为自主创新奠定了坚实的基础，但要素和投资驱动的动力不足使其进入第二个螺旋。为此，国家提出创新驱动发展战略，中外合资企业科技创新有了新的发展动力，跨越了第二个螺旋，步入科技自主创新阶段。随着国家不断提出更强有力的创新发展举措、持续推进的创新发展目标，中外合资企业科技创新开始快速发展。从简单的技术引进到复杂的自主创新，从低级的模仿创新到高水平的科技自主创新，从"以市场换技术"阶段和技术引进消化吸收再创新阶段的量变再到科技自主创新阶段的质变，中外合资企业科技创新在不断肯定和否定的循环之中前行，最终走出了一条极具中国特色的、螺旋式的上升路线。

第三，科技创新现实背景和宏观政策演化逻辑的动态匹配推动了中外合资企业科技创新的阶段转化。不同于西方发达国家的科技创新发展路线，中外合资企业科技创新的发展立足于中国国情，受到科技创新现实背景和宏观政策演化逻辑的双重影响，两者的动态匹配决定了中外合资企业科技创新阶段发展的起源、动力、方向和路径。从科技创新的现实背景来看，国内的市场状况、技术基础、配套硬件与软件设施、现存发展问题等奠定了中外合资企业科技创新的基础。世界形势的变动、国际市场的变化、全球技术创新的发展态势等影响着中外合资企业科技创新的发展重点与方向；从宏观政策的演化逻辑而言，中国特色社会主义道路是中国共产党领导下的道路，在不同的时代背景下，为了解决相应的时代问题，党和国家出台、调整或更替相关政策。国家对科技创新的鼓励与重视为中外合资企业科技创新的发展提供了不竭的动力，指明了发展方向。当今世界百年未有之大变局加速演进，科技创新成为国际战略博弈的主要战场。在全面建设社会主义现代化国家开局起步的关键时期，党中央适时提出"以中国式现代化全面推进中华民族伟大复兴""实现高水平科技自立自强，进入创新型国家前列"的路线与目标，中外合资企业科技创新进入科技自主创新突破阶段。在新阶段，中外合资企业科技创新坚持走中国特色自主创新道路，重视基础研究，利用中国本土化优势开拓创新，集聚力量突破科技难关，不断提升科技自主创新能力，为实现高质量发展，推动中国式现代化向前迈进而奋斗。

二、研究贡献

首先，本书从中国式现代化建设的站位高度来看待创新发展问题，更具有时代性和中国特色。创新在中国式现代化推进过程中起着核心和第一动力的作用，但自 1979 年中国式现代化正式提出以来，缺乏结合中国式现代化来系统探究创新发展问题的研究。本书通过梳理中国式现代化推进发展的时代脉络下的中国特定现实背景和宏观政策演化逻辑，系统划分了中外合资企业科技创新的演化阶段，并分析了各阶段的时代特征。尤其是在全面建设社会主义现代化国家开局起步的关键时期，本书跟踪并总结了科技自主创新阶段的发展规律与逻辑。这些都弥补了现有研究的时代局限，并丰富了中国式现代化的研究内容。

其次，本书以中外合资企业为研究对象，为中国式科技创新研究提供了新的视角。已有关于创新特征的研究多以国家、地区或一般企业为对象，忽略了将引进外资与先进技术相结合的中外合资企业这一特殊主体。中外合资企业是改革开放以来中国式技术创新的重要见证者，本书基于这一视角探究中国科技创新问题，为中国式科技创新提供了新的解释，从而丰富了中国式科技创新的相关研究。

最后，本书深入且系统地探究了中国式科技创新的理论和规律，为我国践行中国式现代化提供了理论参考。现有研究多关注中国创新实践，缺乏对中国式科技创新理论与规律的深入挖掘。本书通过系统研究中外合资企业科技创新阶段演化的特征与规律，总结得出在实现中国式现代化的发展历程中，中外合资企业结合中国的特殊发展情境走出了不同于别国的中国式科技创新路径，为后发国家的技术赶超指明了方向，为世界技术创新贡献了中国力量。

三、研究启示

本书对促进中国式科技创新发展、推动中国式现代化建设和高质量发展具有如下启示与展望：首先，科技创新现实背景和宏观政策演化逻辑的动态匹配决定了中外合资企业科技创新阶段发展的起源、动力、方向和路径。在未来，中国式科技创新仍需紧跟国家发展步伐，加强有效市场与有为政府的有机结合，进一步激发各类市场主体活力。其次，中国式科技创新是以充分利用中国本土特定优势为根本走出的一条区别于美国、日本、韩国等国家，极具中国特色、螺旋式上升的科技创新路径。中国式科技创新的未来发展更应充分利用并推动如新型举国体制、超大规模市场、自身要素禀赋等中国本土特定优势，突破关键核心技术，加快实现科技自立自强，并助力中国式现代化建设。最后，中外合资企业作为我国利用外资与技术创新相结合的产物，见证了中国式科技创新的演化历程，对推动中国式创新发挥了重要的作用。在高质量发展的背景下，中外合资企业更应该合理利用其国内外双重网络嵌入的角色，发挥其在区域创新体系中的作用，为我国科技自主创新做出更大贡献。

第五节
本章小结

本章立足于中外合资企业科技创新开始以来的时间框架，梳理并总结了其演化的阶段特征。研究表明中外合资企业科技创新经历了"以市场换技术"阶段、技术引进消化吸收再创新阶段和科技自主创新阶段,各阶段呈现不同的特征。在科技创新现实背景和宏观政策演化逻辑的动态作用下,中外合资企业的科技创新不断向前迈进,科技创新能力不断提升,科技主导地位逐渐由外方过渡至中方,其科技创新路线呈现螺旋式上升的特点。各阶段特征小结如下:

"以市场换技术"阶段。以1978年"合资经营可以办"为标志,中外合资企业科技创新迈入"以市场换技术"阶段。中外合资作为快速提升中国科技自主创新能力的抓手,起到了一定的效果。该阶段下,中外合资企业是中国对外开放和提升科技创新能力的重要载体,外方在合资企业中占据技术主导地位;中外合资企业以模仿创新为主要创新方式,整体上科技创新能力弱。

技术引进消化吸收阶段。以20世纪末我国彩电业制造技术达到世界先进水平,并快速占领海外市场为标志,中外合资企业科技创新迈入技术引进消化吸收再创新阶段。在"以市场换技术"向自主创新过渡的背景下,"以市场换技术"从国家具有全局意义的指导性政策中逐渐淡出,中方意识到自主科技创新能力提升的重要性,开始进行对外方技术的引进消化吸收再创新,这成为该阶段中外合资企业自主创新能力提升的有效途径。该阶段下,中外合资企业开始注重自我科技创新能力的提升,在引进消化吸收外方技术基础之上进行自主创新,为摆脱外方技术掌控、实现科技自立自强奠定基础;该阶段我国整体上科技创新能力有所提升,但与发达国家相比还有较大差距,外方大体上占据技术主导地位。

科技自主创新阶段。以2017年"复兴号"动车组列车首发为标志,中外合资企业科技创新迈入科技自主创新阶段。此阶段以习近平总书记对于科技自主创新的观点为主要指导思想,在新的发展阶段,加快科技创新刻不容缓,加快科技创新对我国的发展具有重要的战略意义。该阶段下,中外合资企业开始进行科技创新能力的提升、追赶和突破,科技自主创新能力飞速提升,我方逐渐在合资中占据主导地位。

第四章

中外合资企业三种不同发展
变迁路径分析

第一节
问题的提出

自从"以市场换技术"的政策提出以来，中国政府吸引外资来华投资的支持力度越来越大，不少跨国企业利用相关优惠政策，以合资、并购等方式进入中国市场（张梦明，2017）。同时在全球化和我国改革开放不断深化的推进下，跨国公司对华直接投资呈现明显的增长趋势，其中外商投资以中外合作经营企业、中外合资经营企业以及外商独资经营企业三种模式为主。在不同的演变环境中，中外合资企业产权变迁路径随着时间而变化，逐渐发展变迁至"外商独资化""中方独资化""继续保持合资"三种路径。

对于跨国公司而言，在进入我国市场时因面临着对我国政府推行的经济政策不熟悉、文化氛围不适应、完全陌生的人文和经济市场环境以及不可预计的政府进入壁垒等，使合资合作方式成为跨国公司的首选进入模式。同时，跨国公司的对华直接投资从一定程度上给我国经济带了积极影响，例如重视人力资源开发、改善资产质量、改善企业经营状况、促进技术进步、提升产业结构、优化产业组织和增强国际竞争力等。由此得出，在某种意义上，外商投资对我国经济发展起到了推动作用，也对我国产业转型升级和技术进步起到了积极的促进作用。

然而，中国加入 WTO 后，外商对华直接投资的模式由过去主要通过建立合资企业的方式向建立独资企业的方式演变，尤其是在华外资企业对合资企业的"控股化""独资化"倾向日益凸显，从而引起越来越多学者的关注。外资在中国的"独资化"，可以通过三种方式来完成：一是外商绿地投资直接建立独资企业；二是收购与兼并中国公司；三是一种隐蔽的方法——先与中国公司成立一个中外合资或合作公司，再以增资扩股或购买中方股权的方法来达到完全控股的目的。例如，1996 年，中国最大的燃气设备制造商之一"南京玉环"公司与美国 A. O. 史密斯热水器公司合资成立了一家电热设备公司——南京艾欧史密斯热水器有限公司，但经过短短两年零五个月的经营，该公司一直处于亏损状态，在增资过程中中方因资金紧缺最后无奈被迫撤资，致使合资公司正式解体，美国史密斯公司全权占有了合资公司；20 世纪末，我国最大电机厂——大连电机厂和新加坡威斯特公司签署了合资合同，外资公司又一次实现合资—亏损—独资三步走，使大连电机厂的金牌电机产品在中国的市场上销声匿迹；2001 年，中国西域最大的轴承企业，也是国内六大轴承企业中的一员——西北轴承股份有限公司，与德国 FAG 公司合资，合资两年一直处于巨大的损失之中，最终被德方接管，而西北轴承也失去了中国 25％的汽车轴承市场[①]。

在诸多中外合资的实例中，大量被外资并购的案例为我们考察中外合资的产权变化演进提供了事实依据，而那些还在持续合资经营的中外合资企业则为即将走上合资路的我国企业展现出了正面典型代表。在梳理了众多前人研究成果的基础上，结合我国中外合资公司的实际案例，本书深入分析了合资公司的产权演化过程，对中外合资企业发展成为"外资独资化""中方独资化""继续保持合资"进行了大量研究。这些事实与结果为本书奠定了良好的基础，有助于帮助我们理解中外合资企业被外资独资化的底层原因，并对那些经营良好、中外双方都受益的合资企业的发展历程进行经验总结。

第二节
三种发展路径的事实分析

利用中国工业企业数据库，分析 1998～2011 年的中外合资企业占比、产权变迁路径情况，从合资前、合资中、合资后的全过程视角考察中外合资企业发展变迁至"外商独资化""中方独资化""继续保持合资"的事实，并分析其在不同地区和产业上的分布特征。

[①] 李凌.铁路轴承：第一品牌的陨落 [EB/OL].新浪财经，2006-4-28. http：//finance. si-na. com. cn/review/observe/20060428/13472539333. shtml.

一、整体分布

外商直接投资可以合资经营企业、合作经营企业和外商独资企业为主，然而随着中国经济的发展、市场化程度的提高和外商对中国的了解程度加深，中外合资企业的所有权性质也发生了变化，并逐步演化成"外商独资""中方独资""继续保持合资"三种情况。1998~2011年中外合资企业的占比变化趋势如图4-1所示。

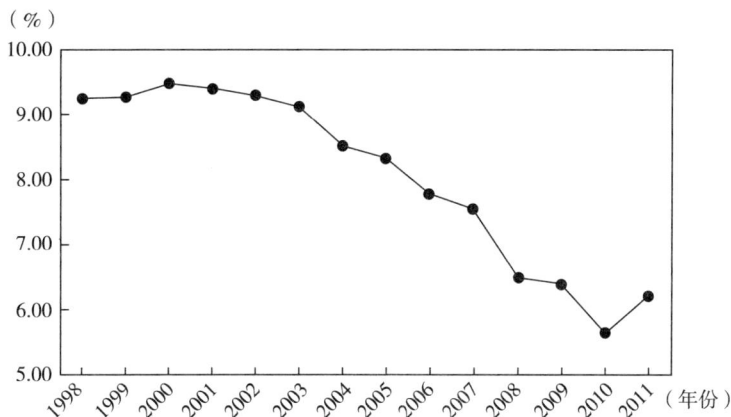

图4-1 1998~2011年中外合资企业占比的变化趋势

数据来源：根据中国工业企业数据库整理。

改革开放以来，由于中国经济的快速发展和庞大的市场规模，外资在华投资持续攀升，而合资企业数量占企业总数的比重整体呈下降趋势。具体而言，在1998~2000年缓慢上升达到9.46%，之后持续下滑，并于2010年下降至5.64%，继而2011年占比又开始增加。

图4-2显示了1998~2011年中外合资企业演变成为"外商独资""中方独资""继续保持合资"三种路径的分布情况。由于数据以1998年为基础，1998年中外合资企业演变后的外方独资率、港澳台独资率、海外独资率（外方独资率与港澳台独资率之和，即外商独资率）和中方独资率均无法呈现。1999~2011年，中外合资企业的外方独资率、港澳台独资率、海外独资率变化趋势基本保持一致，并在2004年上升到最大值，2009年下

降到最小值。除了 2004 年外商独资率高于中方独资率外，在 1999～2011 年期间中方独资率基本一直略高于外商独资率，说明中外合资企业之后演变为"中方独资"的企业数量整体多于演变为"外商独资"的企业数量。但总体来看，不论是外商独资率还是中方独资率，其比率数值都偏小且不超过 6%，说明尽管一些中外合资企业会演变为中方独资企业和外方独资企业，但是绝大部分的中外合资企业仍然继续保持合资，即合资企业占比依旧较高。

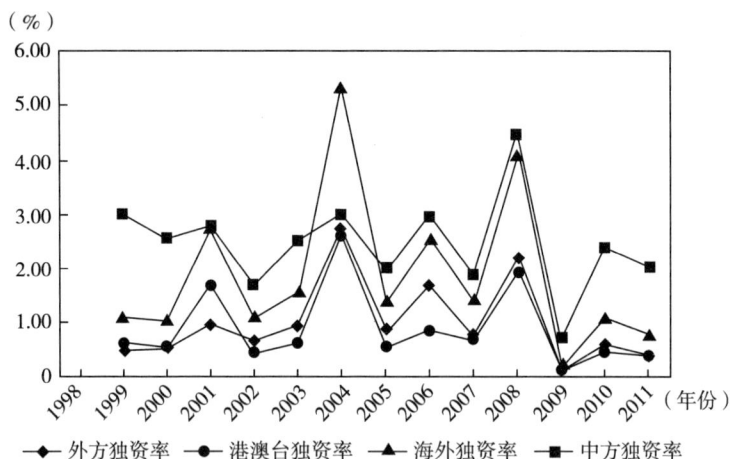

图 4-2　1998～2011 年中外合资企业演变路径分布情况

数据来源：根据中国工业企业数据库整理。

二、地区分布

根据中国工业企业数据库整理，可以得出 1998～2011 年各省域中外合资企业演变为外商独资企业和中方独资企业的情况。根据 1998～2011 年各省份中外合资企业转变为外商独资企业的数量可知，排名前六的是广东、江苏、上海、浙江、福建和山东这些东部沿海地区，而其他省域中外合资企业演变为外商独资企业的数量整体偏少。这说明沿海地区有较高的国际化开放度，吸引外资能力较强，这些地区的中外合资企业也最易被外方企业并购，进而转变为外商独资企业。根据 1998～2011 年各省份中外合资企业转变为中方独资企业的数量来看，排名前六的分别是江苏、浙江、山东、广东、上海和辽宁，而其他省域中外合资企业演变为中方独资企业的数量相比东部沿海地区偏少，但是各地区整体相差不大，分布较为均匀。总体来说，1998~2011 年，东部沿海地区的中外合资企业演变为中方独资企业和外商独资企业的数量相对其他地区更多，并且中西部地区中外合资企业被外商独资化的数量较少，而被中方独资化的较多。

　　图 4-3 显示了 1998~2011 年各地区中外合资企业被外商和中方独资的比率。由图可知，东部地区（北京市、天津市、河北省、辽宁省、上海市、江苏省、浙江省、福建省、广东省、海南省和山东省）的中外合资企业海外（外商）独资率（外方独资率与港澳台独资率之和）和中方独资率不相上下，而中部地区（山西省、内蒙古自治区、河南省、吉林省、黑龙江省、湖北省、湖南省、安徽省、江西省和广西壮族自治区）和西部地区（甘肃省、青海省、西藏自治区、新疆维吾尔自治区、宁夏回族自治区、陕西省、云南省、贵州省、四川省和重庆市）的中外合资企业中方独资率远高于海外独资率，说明中西部地区的中外合资企业被中方独资化的程度较高，东部地区的外商独资化和中方独资化程度基本持平。同时还能看出：东部地区的中外合资企业海外独资率远高于中部地区、西部地区，但合资企业中方独资率却远远低于中部地区、西部地区，说明东部地区的合资企业更易成为外商独资企业。

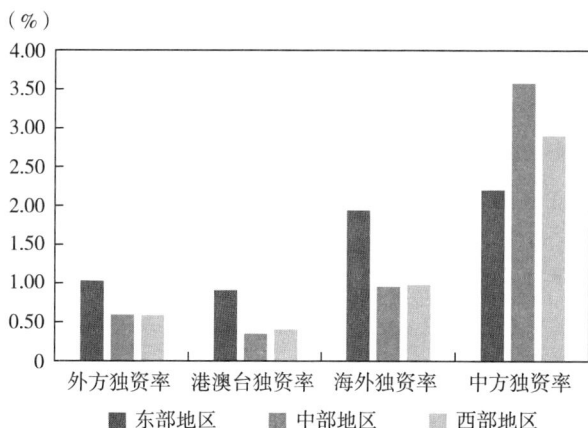

图 4-3　1998~2011 年各地区合资企业的外商独资率和中方独资率

数据来源：根据中国工业企业数据库整理。

三、行业分布

根据国务院发展研究中心 2012 年发布的 103 号文件，用 R&D 强度来划分的行业（包括 R&D 经费与产值之比、R&D 经费与增加值之比），将国内制造业主要分为高技术、中高技术、中低技术和低技术四个行业。图 4-4 显示了 1998~2011 年各行业中外合资企业的外方独资率、港澳台独资率、海外独资率和中方独资率。

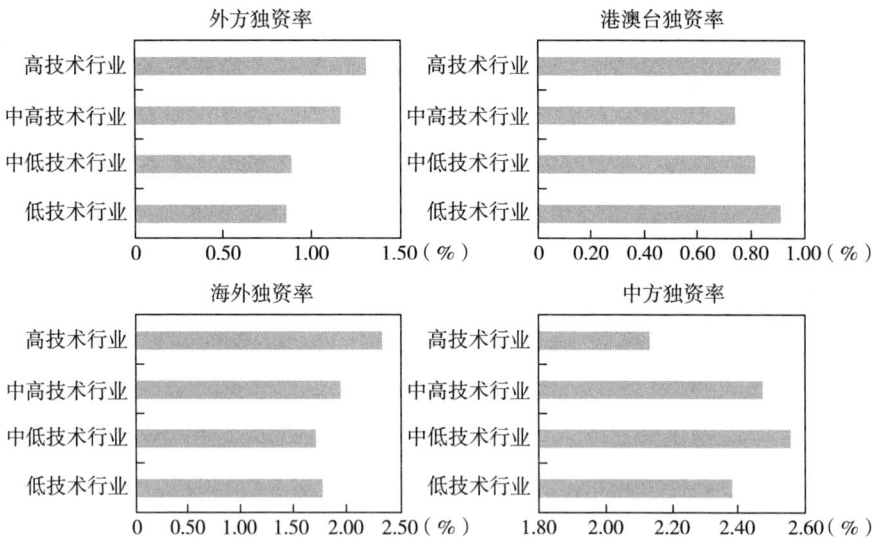

图 4-4　1998~2011 年各行业中外合资企业的外方独资率、港澳台独资率、海外独资率和中方独资率

数据来源：根据中国工业企业数据库整理。

从外方独资率来看，国内属于高技术行业（医药制造业、电子及通信设备制造业、仪器仪表及文化和办公用机械制造业）和中高技术行业（化学原料及化学制品制造业、化学纤维制造业、普通机械制造业、专用设备制造业、交通运输设备制造业和电气机械及器材制造业）的中外合资企业被外方企业并购并转变为外方独资企业的占比较高，而中低技术行业（石油加工及炼焦业、橡胶制品业、塑料制品业、非金属矿物制品业、黑色金属冶炼及压延加工业、有色金属冶炼及压延加工业和金属制品业）和低技术行业（食品加工业、食品制造业、饮料制造业、烟草加工业、纺织业、服装及其他纤维制品制造业、皮革、毛皮、羽绒及其制品业、木材加工及竹、藤、棕、草制品业、家具制造业、造纸及纸制品业、印刷业、记录媒介的复制、文教体育用品制造业和工艺品及其他制造业）的合资企业外方独资率较低。

从港澳台独资率来看，高技术行业和低技术行业的合资企业被港澳台企业独资的比率相比中高技术行业和中低技术行业更高。结合来看，高技术行业和中高技术行业的合资企业被海外企业并购的相对多，而被中方并购的企业以中低技术行业、中高技术行业和低技术行业为主，这说明外商企业十分注重高技术和中高技术行业的掌控权，并积极独资化中高技术行业领域的中外合资企业，而中低技术行业和低技术行业的中外合资企业主要被中方企业并购并独资。

第三节

三种中外合资企业的发展路径典型案例分析

跨国公司的入驻为国内产业带来了大量的有效外资，同时在开放竞争中使国内产业提升和发展了自身竞争力。接下来分别对"外商独资化""中方独资化""继续保持合资"三种中外合资企业的发展演化路径进行典型案例分析。

一、外商独资化：宝洁公司对广州宝洁的股权与非股权控制

宝洁公司（Proctor & Gamble，P&G），是一家美国消费日用品生产商，也是目前全球最大的日用品公司之一。1988年宝洁公司在中国建立合资企业，正式成立广州宝洁有限公司，后来又陆续在其他城市成立了若干公司。经过十几年的经营，宝洁在中国市场取得了巨大的成功，在品牌数量和市场占有率两方面都处于市场领先地位。

宝洁公司在中国的投资进程可以分为以下四个阶段，如图4-5所示。

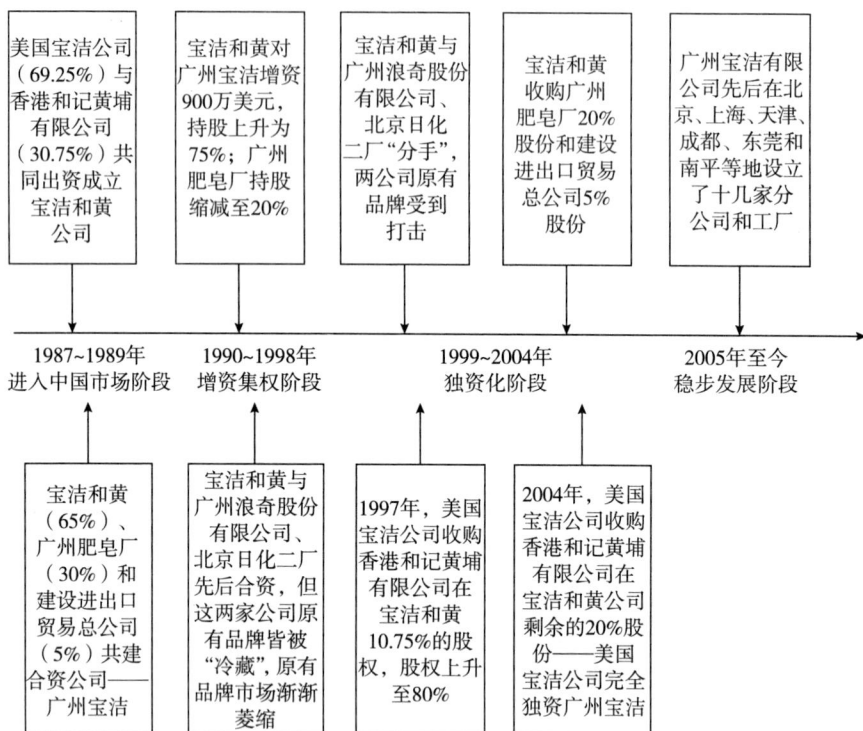

美国宝洁公司（69.25%）与香港和记黄埔有限公司（30.75%）共同出资成立宝洁和黄公司	宝洁和黄对广州宝洁增资900万美元，持股上升为75%；广州肥皂厂持股缩减至20%	宝洁和黄与广州浪奇股份有限公司、北京日化二厂"分手"，两公司原有品牌受到打击	宝洁和黄收购广州肥皂厂20%股份和建设进出口贸易总公司5%股份	广州宝洁有限公司先后在北京、上海、天津、成都、东莞和南平等地设立了十几家分公司和工厂

| 1987~1989年进入中国市场阶段 | 1990~1998年增资集权阶段 | 1999~2004年独资化阶段 | 2005年至今稳步发展阶段 |

| 宝洁和黄（65%）、广州肥皂厂（30%）和建设进出口贸易总公司（5%）共建合资公司——广州宝洁 | 宝洁和黄与广州浪奇股份有限公司、北京日化二厂先后合资，但这两家公司原有品牌皆被"冷藏"，原有品牌市场渐渐萎缩 | 1997年，美国宝洁公司收购香港和记黄埔有限公司在宝洁和黄10.75%的股权，股权上升至80% | 2004年，美国宝洁公司收购香港和记黄埔有限公司在宝洁和黄公司剩余的20%股份——美国宝洁公司完全独资广州宝洁 |

图4-5 宝洁公司在中国投资的进程

（1）进入中国市场阶段（1987~1989年）。1987年宝洁公司到广州肥皂厂调研并选择李嘉诚为合作伙伴。宝洁公司与香港和记黄埔有限公司分别以69.25%和30.75%的股权比例在香港注册P&G-Hutchinson Ltd.（宝洁和记黄埔有限公司，以下简称"宝洁和黄"）。1988年8月，宝洁和黄、广州肥皂厂及广州经济技术开发区建设进出口贸易公司在中国广州组建了第一家合资企业——广州宝洁有限公司（简称"广州宝洁"），这是宝洁公司在中国成立的第一家合资企业，宝洁公司开始真正进入了中国市场。

（2）增资集权阶段（1990~1998年）。1990年，宝洁和黄宣布对广州宝洁增资900万美元，由于广州肥皂厂没有经济实力增资，导致其所持有的股份缩减至20%。1994年，宝洁和黄又进行了两次合资，既是为了扩大规模也是为了减少竞争对手，先是与经营"浪奇""高富力"洗衣液品牌的广州浪奇股份有限公司（以下简称"广州浪奇"）合资，以 3000 万美元组建广州浪奇宝洁有限公司（以下简称"浪奇宝洁"），在合资期间广州浪奇将自己的品牌交给合资公司专属使用；后来与北京日化二厂合资成立北京熊猫宝洁洗涤用品有限公司，其中宝洁和黄控股 65%，北京日化二厂以品牌、厂房参股 35%，同时宝洁和黄支付给"熊猫"品牌 50 年的使用费 1.4 亿元。在两次合资以后，"熊猫""浪奇"两个原有品牌在市场的份额逐步萎缩，品牌价值逐渐减低，而"宝洁"品牌的地位逐步上升（熊卫，2007）。

（3）独资化阶段（1999~2004 年）。1999 年，广州浪奇与广州宝洁签订协议，以人民币 4749 万元购回浪奇宝洁的全部股权，利用该厂厂房继续生产洗衣粉；后来在 2001 年初，宝洁和黄将浪奇宝洁 60% 的股权转让给香港高力公司，宣告宝洁和黄与广州浪奇彻底分手（熊卫，2007）。同时，在 2000 年，北京日化二厂提出终止"熊猫"品牌的使用合同，收回使用长达 6 年的"熊猫"品牌，拿到了 4000 万元的品牌使用费，重新生产洗衣粉。2004 年，宝洁公司以 18 亿美元收购和记黄埔（中国）商贸有限公司所持中国内地合资公司宝洁—和记有限公司余下 20% 的股份。至此，宝洁与其在中方的最后一个合资伙伴分道扬镳，成为一家彻底的外方独资公司，而宝洁也在宣布独资后立即增资 6 亿元扩大所持规模（黄雅慧，2010）。

（4）稳步发展阶段（2005 年至今）。目前，宝洁公司在中国的总部设立于广州，并先后在北京、上海、天津、成都、东莞和南平等地设立了十几家分公司和工厂，员工总数超过 7000 人，在华投资超过了 17 亿美元[①]。

外资企业与中国本土企业合资的过程中，除逐步实现对合资企业的股权控制，还不断使合资企业非股权控制权逐渐丧失。广州宝洁自 1988 年成立以来，借助合作伙伴的资源优势发展态势迅猛；宝洁公司的内部发展也在不知不觉中被外商引导甚至控制。中外合资企业是执行董事会管理下的总经理负责制，董事会被合资双方的母公司的意志驱使，董事长一职也为虚职，并无实权，能够把握企业发展的关键职位仅有总经理一职。广州宝

---

① 资料来源：宝洁官网。

洁的董事长一如大多数的中外合资企业，由中方委派，由广州肥皂厂当时的上级主管单位——广州轻工局时任局长陈光松出任，自然总经理一职落入了跨国公司的设想中，由代表美方的韩化德担任；并在技术、市场、财务等关键岗位上加派外方的人手，尽可能地将关键部门和岗位的控制权把握在自己手中。在产品品牌使用上，广州宝洁并没有继续使用当时由广州肥皂厂以 500 万元作价注入合资企业的国内驰名品牌"洁花"，而是发挥自身管理和技术上的优势，利用广州肥皂厂的销售渠道和网络，大力宣传推出了"宝洁"这一自有品牌，中方产品和品牌从此被雪藏，逐渐消失在消费者的视野，而外商产品借着合资企业的东风走上了康庄大道，品牌也逐步得到了中国内地消费者的认可和接纳，外方也逐渐掌握了合资企业的非股权控制权。结合前面所述的股权控制，跨国公司对合资企业的控制权计划步步为营。除此之外，宝洁公司在合资过程中借助自身高效的学习能力，快速吸收本土化的知识，为尽快替换掉合作伙伴的作用提供了保障。美国宝洁公司通过来自自身的优势资源、战略意图的策略执行，以及外部宏观环境的优化、完善，最终实现了对非股权方面的实质性控制（舒来，2016）。

二、中方独资化：娃哈哈集团在"达娃之争"中的完胜

达能集团，总部设立于法国巴黎，全球拥有近 9 万名员工，是世界著名的食品和饮料集团之一[①]；杭州娃哈哈集团有限公司，成立于 1987 年，前身为杭州市上城区校办企业经销部，公司从 3 个人、14 万元借款起家，现已发展成为全球领先的食品饮料生产企业之一，企业规模和效益连续二十多年处于行业领先地位[②]。

达能和娃哈哈的合作始于 1996 年，当时娃哈哈与达能、香港百富勤公司（以下简称"百富勤"）共同出资建立 5 家公司，生产以"娃哈哈"为商标的包括纯净水、八宝粥等产品，娃哈哈持股 49%。亚洲金融危机之后，百富勤将股权卖给达能，使达能以 51% 的股权跃升为控股股东（如图 4-6 所示）。此后，达能和娃哈哈先后合资成立了 30 多个企业，尽管达能

---

① 资料来源：达能官网。
② 资料来源：娃哈哈官网。

是控股股东，但合资公司的控制权始终由娃哈哈董事长宗庆后掌握。在所有与达能的合资项目里，都由娃哈哈全权经营，达能没有能够派人进入管理层。宗庆后以49%的股份掌握控制权，而达能实际上仅是一个持有51%股份的合资者①。然而2006年，经过10年发展后以"娃哈哈"三个字命名的100多家企业里，除了娃哈哈与达能合资的39家子公司外，更多的是由娃哈哈职工集资持股的非合资公司。这些非合资公司从2000年改制之后开始壮大，截至2007年，非合资公司的规模总数达到61家，总资产达56亿元，其中仅2006年的利润就高达10.4亿元②。非合资公司的发展使达能看到宗庆后手中控制权的巨大价值，可以说非合资公司的发展激发了达能争夺企业控制权的行动（蓝晓芳和孟庆君，2007；李善民和张媛春，2009）。2007年4月，达能提出了以40亿元的价格收购非合资公司51%股

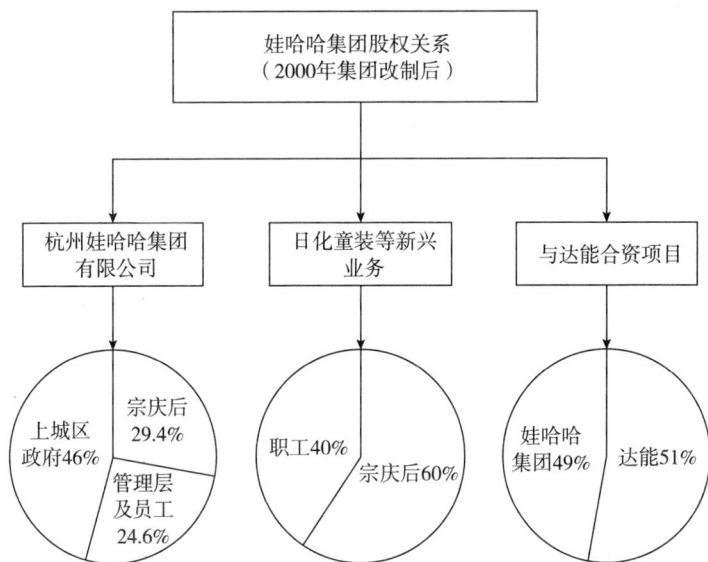

图4-6　并购后娃哈哈集团股权结构③

---

① 钱卫清. 达娃之争对企业经营的启示 [EB/OL]. 新浪财经, 2009-8-13. http：//finance. sina. com. cn/leadership/mroll/20090813/18466613978. shtml.

②③ 陈小莹. 娃哈哈达能事件利益逻辑还原 [EB/OL]. 新浪财经, 2007-4-12. https：//finance. sina. com. cn/roll/20070412/16481333237. shtml.

权的要求，力图通过收购非合资公司夺取娃哈哈的控制权；同年6月，宗庆后致信法国达能总部，宣布辞去娃哈哈与达能合资的39家公司董事长职务。随后双方进行了数十起国内外法律诉讼战，达能要求以约200亿元的价格将其在合资公司的股权出售给娃哈哈，却被娃哈哈拒绝。2009年5月21日，杭州市中级人民法院终审裁定"娃哈哈"商标归属娃哈哈集团，这也预示着达能、娃哈哈"正式离婚"；同年9月30日，长达两年之久的"达娃之争"在一片寂静中达成了和解，达能宣布将其与娃哈哈合资公司中的51%股权出售给娃哈哈，此次转让股权，达能得到大约3亿欧元（约4.371亿美元）的转让款，和解协议执行完毕后，双方终止与纠纷有关的所有法律程序。至此，达能和娃哈哈13年的合作画上句号（李善民和张媛春，2009）。

在娃哈哈的这场胜利中，我们可以总结以下三点：

首先，娃哈哈对销售渠道的控制。历经数次变革，娃哈哈创造了以"联销体"为特征的渠道管理架构，即：总部—省区分公司—特约一级批发商—特约二级批发商—二级批发商—三级批发商—零售终端。"联销体"的渠道管理能够发挥优势的关键在于企业对经销商有很强的控制力。作为董事长的宗庆后每年都要亲自去各地接见各级经销商以了解销售情况。因此，他不仅熟悉各级经销商的状况，更制定了一系列稳定经销商利益的制度，从而加强了对经销商的控制，形成了一套集权式的控制体系。娃哈哈的很多经销商都与娃哈哈保持了十年以上的经销关系，在长期食品饮料市场的合作中，宗庆后凭借优厚的利益诱导和强硬的控制手段与经销商们建立了良好的互信机制。因此，宗庆后对其经销商有着强大的号召力，在其辞任合资公司董事长之后，娃哈哈全国经销商公开声明拒绝与达能合作；除了对已有销售渠道的掌握，宗庆后还着手建立了完全独立于合资公司的销售机构，从2006年11月开始，各地经销商除了继续与合资公司旗下的销售部门签约之外，还需要和杭州娃哈哈食品饮料营销有限公司签订合同。

其次，娃哈哈对研发生产进行控制。经过多年的发展，娃哈哈已经不再依靠单一品牌。事实上，娃哈哈集团及非合资公司手上已经有了众多著名品牌：如营养快线、爽歪歪、乳娃娃、非常、激活、大厨艺等。可以说，宗庆后对于生产的控制权并不依靠达能的金融资本和其控制下的品牌，而其背后有着强大的生产体系，比如宗庆后控制的娃哈哈宏胜集团有限公司，注册资本 8000 万元，厂址就设在娃哈哈的萧山第二生产基地内，也同样生产果蔬饮料、罐（瓶）装纯净水等产品。自从 2003 年成立，在短暂时间内，其账面便有 1 个多亿的未分配利润，并在 2005 年名列杭州市外商投资企业利润总额前 30 强①。可见，研发生产的控制权保障了宗庆后在与达能的对弈中始终有选择强势策略的余地。

最后，娃哈哈还对员工进行有效管理。宗庆后十分注重维护娃哈哈员工的利益。合资企业建立之初，在与达能的"约法四章"中（第一，品牌不变；第二，董事长的位置不变；第三，退休职工待遇不变；第四，45 岁以上职工不许辞退），其中有两条涉及员工利益；非合资公司更是将其个人利益和员工利益绑在一起，非合资公司有近 60% 股份属于宗庆后，还有超过 40% 股份属于娃哈哈职工持股会和个别自然人，每年娃哈哈都会拿出利润的 15% 用于增加员工福利（李维安和张耀伟，2009）。此外，娃哈哈还制定了福利分房的政策，即公司购房，给员工补贴后卖给员工。应该说，宗庆后为娃哈哈的员工创造了随着娃哈哈的发展成就个人的职业生涯和积累财富的机会。与此相反，达能在取得了乐百氏控股权和经营权之后，试图尽快复制母公司的管理制度和方法，大规模展开"架构调整"，裁掉了乐百氏 30% 的销售人员以及 40% 的工厂员工。这不可避免地让老员工失去了原本对企业的归属感，最终导致人才的流失②。

综上所述，娃哈哈集团在与达能的合资经历中，始终强调独立的市场策略、多元化的产品线、对员工利益的重视，以及适应本土市场和文化的重要性，从而成就了其在这场争夺战的成功，并为其他企业提供了宝贵的经验。

三、继续保持合资：捷豹路虎与奇瑞的"幸福婚姻"

奇瑞捷豹路虎汽车有限公司（以下简称"奇瑞捷豹路虎"）成立于 2012 年 11 月，由中国本土的奇瑞汽车股份有限公司（以下简称"奇

---

① 陈小莹. 娃哈哈达能事件利益逻辑还原 [EB/OL]. 新浪财经，2007-4-12. https：//finance. sina. com. cn/roll/20070412/16481333237. shtml.

② 谢扬林，朱昆锋. 乐百氏：一个淡出视线的民族品牌 [EB/OL]. 新浪财经，2006-12-30. http：//finance. sina. com. cn/leadership/case/20061230/02013209821. shtml.

瑞") 和来自英国的捷豹路虎汽车有限公司（以下简称"捷豹路虎"）共同出资组建，股比为 50：50[①]。组建合资企业之前，在华销售的捷豹路虎全部依靠进口；合资后，捷豹路虎在中国市场的销售份额快速增长。

捷豹路虎与奇瑞的合资，说明双方战略目标具有一致性。在与奇瑞合资前，捷豹路虎存在质量危机、发展失衡和多次被收购等状况，为改变这些状况，它开始在全球寻找合作伙伴；与奇瑞的合资可以帮助捷豹路虎实现在中国本土生产，提升其在中国大陆地区高端品牌汽车的市场份额，挑战中国豪华轿车市场的第一梯队品牌——奔驰、宝马、奥迪等。显然，捷豹路虎选择奇瑞，是其扩大产能和增加公司市场份额的重要战略路径。而奇瑞选择与捷豹路虎建立合资企业的出发点主要有两个方面：一方面，经过多年发展，奇瑞虽已具备一定国内市场实力，但其产品较为低端且单一，希望通过与捷豹路虎的合资布局豪华轿车市场；另一方面，奇瑞一直以来是中国排名第一的自主品牌汽车出口商，近年来基本保持了每年 10 万台的出口量，而捷豹路虎成熟的国际化运营经验，将有助于奇瑞未来进行全球化布局，并推进其全球品牌建设和管理架构的搭建[②]。

捷豹路虎与奇瑞的合资，是以捷豹路虎最先进的技术来成就合资企业全球样板工厂。在以往汽车领域的中外合资企业中，外方一般会拿出自己最成熟的而非最先进的技术进行合资。然而，奇瑞捷豹路虎作为捷豹路虎在英国本土之外建立的整车厂和发动机工厂，其生产基地采用了捷豹路虎最先进的工程设备和技术，自动化程度很高；发动机工厂还实现了主要部件缸盖、缸体和曲轴等在中国制造；在环保标准上，该基地也严格按照欧洲标准执行。经过 4 年多的运行，奇瑞捷豹路虎已经成为捷豹路虎的全球样板工厂，产品质量达到欧洲进口车的要求，甚至在某些方面超越了欧洲进口车的技术标准。此外，奇瑞捷豹路虎对于新能源汽车也有自己的规划，并于 2020 年开始为每一款车型提供新能源选项[③]。

捷豹路虎与奇瑞的合资，使双方共享国产车和进口车的销售体系。早期进入中国的跨国车企，往往实行进口品牌和合资品牌走不同销售渠道的方式，而这样的销售体系会产生不小的协调成本。捷豹路虎国产化以后，

---

① 资料来源：奇瑞捷豹路虎官网。

②③ 李东红，周英超. 中外合资企业的升级效应分析——以奇瑞捷豹路虎为例 [J]. 国际经济合作，2018（12）：10-15.

积极推动销售部门的整合，做到了进口车和国产车采用相同的销售渠道，将之前专门从事进口业务的捷豹路虎中国公司和奇瑞捷豹路虎的销售公司放在一起，联合办公。该渠道机构实行"双签制"，即销售中任何和合资公司相关的重要事项，都需要中外双方共同签字才能生效，以平衡两者在决策方面的权利。未来，这两个机构将被融合成为一个机构——成为一个独立法人，统一负责捷豹路虎进口车和国产车的销售业务（李东红和周英超，2018），这和北京奔驰、华晨宝马的做法有着明显差异。

综上所述，促使奇瑞捷豹路虎这一合资企业在本土健康蓬勃发展的原因在于：一是双方股权比例对等、权力相互制衡和一致的合作战略目标；二是奇瑞捷豹路虎还能转移最先进工程设备和高度自动化的技术；三是整合进口车和国产车的销售渠道以降低协调成本等。正是这些"对等的双向奔赴"成就了奇瑞与捷豹路虎的"幸福婚姻"。

第四节
三种中外合资企业发展路径的比较分析

一、中外合资企业继续保持合资是主流续存方式

合资企业在我国的发展经历了平缓增长、高速增长和调整三个阶段。在此过程中，外商在我国进行投资的主要目的在于开拓中国市场和建立在华生产基地（赵景华，2002）。通过对中外合资企业发展路径的可视化分析，可以发现中外合资企业数量虽然在增加，但是合资企业占国内企业总数的比重却逐步下降，且外商独资企业的投资额急剧增加；动态来看，中外合资企业的所有权结构也在逐步发生变化，最终有外商独资、中方独资和继续保持合资三种演变路径，其中中方独资和外商独资的数量都在增加。通过这些现象可以看出，跨国公司在华战略在逐步调整。在刚刚进入中国市场时，由于对东道国政治、经济以及市场环境不熟悉，跨国公司一般采取试探性态度，更愿意采取合资经营模式；而经过多年的合资、合

作，随着外商对中国的相关法律法规、市场以及文化风俗等方面的深入了解，其发展战略便逐步向利润最大化或效益最大化转变；随着中国市场化程度的提高和政策透明化程度的增加，跨国公司更愿意选择独资或者控股，以较低的成本获得中方资源，包括生产设备、销售渠道、人力资源、市场空间等，从而实现其全球整体战略布局和利润攫取。然而，随着中国科技自立自强和创新驱动发展战略的发展现实，中外合资企业科技自主创新从跟跑到并跑，再到领跑的客观事实，跨国公司在华战略又必须在新时代背景下进行调整，在与中国企业合资的过程中共同成长、良性发展，从而继续保持合资成为双方合作共赢的最优解。从可视化分析结果中也可以看出，即使中外合资企业转变为外商独资企业和中方独资企业的数量有所增加，但是两者相对合资企业总数的占比都较低，转变为中方独资企业或外商独资企业的总数相对较少，绝大部分的合资企业仍然以"继续保持合资"的方式续存。"继续保持合资"成为中外合资企业的主流演变路径。

二、核心技术被外方封锁，干扰技术外溢效应

自"合资企业可以办"以来，中方期望在与外方的合资中学习其先进技术。而外方以市场扩张为基本目标，并特别强调合资中的技术控制，从而试图阻碍东道国企业利用这些技术获得利润和竞争优势，以使其能在合资中保持技术优势；外方通过技术控制，有利于实现对合资企业的"阴谋亏损"，以实现外商独资化并最终获得合资企业的全部控制权。因此，对中方企业而言，要想摆脱外方对合资企业的技术控制，关键在于提高自身的技术能力和创新实力，减少对外来技术的依赖。只有加强自主创新，巩固或提升中方在合资企业中的话语权，才能真正实现与外资企业的互利共赢与可持续发展（张梦明，2017）。从广州宝洁逐步被外商独资化的过程来看，美国宝洁公司在产品品牌使用上，并没有继续使用当时由广州肥皂厂以500万元作价注入合资企业的国内驰名品牌"洁花"，而是发挥自身管理和技术上的优势，利用广州肥皂厂的销售渠道和网络，大力宣传推出了宝洁自己的产品和品牌，中方产品和品牌从此被雪藏。由此可见，美国宝洁公司将其先进生产技术牢牢封锁，控制住了广州宝洁的关键核心技术，使中方很难在中外合资企业中获取技术外溢，合资时"以市场换技术"的初衷——可以从合资外方具有的先进产品、工序技术或市场知识中

"免费搭车"的幻想破灭，最终使广州宝洁的中方控制权逐步被外商取代。此外，尽管目前来华投资的许多外商投资企业瞄向了我国高新技术产业，但其技术投资严重不足或主要为成熟技术，而核心技术和关键工艺也基本牢牢控制在自己手中。

三、中方企业科技自主创新能力较弱

一个国家的科学技术能力只能储存在本国企业之中，所以本土企业才是本土技术和管理能力的载体，才是中国进行科学技术学习的组织平台（毛昊等，2009）。因此，即使在合资情况下，中国企业也必须保持自主性，即要保持对技术学习及其过程的控制权。保持这种控制权的关键是绝不放弃自主研发和自主品牌，这样才能保持技术学习的主体地位。从广州宝洁的案例来看，其本质是美国宝洁借用合资企业在中国国内的市场渠道来销售其产品和品牌，因为中方企业的科技自主创新能力较弱，生产技术和产品的品牌效应远低于美国宝洁，从而无法成为广州宝洁关键核心技术的主导人；从奇瑞捷豹路虎的案例中我们也可以发现，全球样板工厂最为先进的核心技术仍旧是捷豹路虎提供的；而奇瑞公司的生产装备，特别是技术装备水平还比较差，市场急需的高技术含量、高附加值的汽车零部件、技术装备和产品严重短缺，合资企业科技创新能力的提升还是得益于对捷豹路虎的技术依赖。

四、"干中学"效应及上下游企业间的联系效应明显

合资企业作为外商在华直接投资的重要方式，外商在进入国内市场的同时，会在当地建立起完备的供应链体系。因此，在这样的产业链供应链体系中，中方企业可以利用中外合资经营模式不断学习与探索外方的关键生产技术，研发先进生产设备，熟悉竞争规则，总结生产和销售经验，从经验中消化吸收知识并转化为技术再创新，将中间技术广泛地应用与转移到其他领域，促进最终产品的创新，扩大制成品的出口，从而不断缩小与外企的差距，提升其"干中学"能力。同时，中外合资经营可以使上下游企业之间的联系效应凸显（范莎，2011）。在奇瑞捷豹路虎的案例中，外商企业捷豹路虎与中国的奇瑞汽车合作，引入了捷豹路虎的最新车型和先进工程技术，并将中国公司建立为标杆工厂。其中，捷豹路虎不仅要对合

资企业输出其最新的产品型号、生产技术和管理理念，还要把与其长期合作的供应商引入中国市场，同时在本地市场筛选优秀的零部件供应商，从而创造了外方企业与中方企业间的后向联系。这种合资模式扩大了捷豹路虎在中国的产能并增加了其市场份额，通过在中国本土生产，捷豹路虎不仅能更好地服务于中国市场，还能提高其在全球市场的竞争力。与此同时，中方企业为合资企业提供了市场营销、半成品、零部件或原材料的加工以及各种服务，这有助于合资企业快速建立完备的生产体系，发展成品市场，并促进本地研发的进步。此外，这种合作还加强了中外合作双方在合资经营模式下的前向联系，促进了双方的互补和共赢（田硕和张少杰，2009）。总的来说，相比外商独资或中方独资，中外合资经营模式下的"干中学"效应及上下游企业间的联系效应更加明显，有利于跨国公司国际网络在中国嵌入，更有利于中外合资企业科技自主创新能力的可持续提升。

第五节
中外合资企业科技自主创新面临的困境

一、消化吸收能力不足

总体而言，合资企业中的中方对外方的技术依赖程度较高，消化吸收转化和再开发的能力较弱，尚未形成通过技术引进、消化吸收再创新来实现模仿创新与整合创新的机制，更难以形成自主创新的动力。这是因为：首先，我国条块分割的管理体制不利于跨部门、跨行业的协作。技术创新的消化吸收活动需要行业间、部门间，以及企业、科研单位、高等院校之间的紧密融通合作，然而我国科技创新活动往往条块化明显，各科技活动部门或机构相互脱节现象严重。例如，负责引进技术的部门可能不参与技术消化工作，而负责科研的部门又对引进的技术不够了解。其次，中国企业在技术消化吸收方面缺乏足够的技术资金支持。消化和吸收国外先进技术通常需要的投资远超过引进的成本，而相关部门设立的专项基金较少。再次，关键设备或零部件的进口，与消化吸收相关的外汇问题也面临一定的挑战。最后，技术人才严重缺乏。随着引进技术水平的提升，技术的复杂性增强，对熟练操作复杂设备的技术人才要求也相应提高，因此很多企业在吸收和消化高水平进口设备技术方面感到力不从心（刘向阳，1987），从而限制了中外合资企业科技自主创新能力的提升，这也是国家一再鼓励降低技术依存度、提高自主创新能力的重要原因。

二、人力资本流失严重

随着知识经济时代的到来，人力资本质量的高低成为企业成功、国家经济发展的关键。"二战"后，西方许多国家愈加发现人力资本的作用是任何物质资本所不能替代的，人力资本的质量高低对经济发展起着决定性作用。当前中外合资企业在科技创新的过程中主要存在两个方面的人力资本流失问题：一方面，本土人力资本外溢严重。外商来华投资所带来的先进科学技术、设备和管理方式需要优秀的人力资本来消化吸收并转化为生产力，因此外商格外注重人力资源，不惜启用高薪策略来吸纳关键环节和重要领域的人才，在管理人员和技术人员的岗位设置方面也特别善于制定科学合理的个人责任机制和绩效管理方案，从而导致东道国本土的人力资本流失严重（周芳，2001）。另一方面，中方引进的国外人力资本相对不足。中方企业对新市场、新模式研究不足，发展战略滞后于形势要求，组织治理结构繁冗、效率低下，资源调配能力不足，这些都会导致其对合资企业的管理不善；加之外资企业意图"亏损"合资企业，并最终通过并购实现外商独资化的阴谋，使其派驻过来的外方管理人员和技术人员相对不足。中外双方的表现使中外合资企业面临着与业务高速发展不相适应的经营管理人才匮乏的问题，削弱了中外合资企业的科技自主创新能力（袁志丽，2014）。

三、核心技术被外方封锁

在全球科技革命迅速发展的背景下，技术已成为经济可持续发展的关键因素，并在全球市场竞争中占据核心地位。然而，技术转移过程中的各种挑战，尤其是跨国公司对技术的控制，使技术水平相对落后的国家在提升自身竞争力方面面临难题。这些国家虽然尝试通过引进外资来学习先进技术，但跨国公司通常不愿轻易分享其技术知识，而是采取各种措施来控制技术转移（Müller and Schnitzer，2006；徐礼伯和陈效林，2014）。具体包括：第一，防止知识外溢。首先，可以通过设置技术转移障碍，比如"黑箱化"策略，即在技术转移过程中故意隐藏核心技术的原理，使合资企业仅能作为核心技术使用者而难以深入理解或二次开发。同时还可以通过混合真伪知识，提高技术转移的复杂化程度，使合资企业难以洞悉技术的真实内涵。其次，为保护其技术，采取知识产权保护策略，将技术细分为受保护的部分和不受保护的部分，进而控制知识转移的内容。最后，通过持续更新技术来保护其知识产权，确保已转移的知识迅速被迭代，不再具有竞争优势。第二，跨国公司利用技术资源的投入和使用来影响合资企业的发展。一方面，通过转移定价来获取超额利润，如规定合资企业只能从跨国公司购买原材料、零部件等，或设置高额的生产许可费和技术服务费。另一方面，在研发过程中实行技术封锁政策，控制合资企业的技术部门职位，限制其参与研发和使用研发成果的权利，有时甚至不在合资企业中设立研发部门，使所有研发活动完全依赖于外方母公司。这些策略大大限制了中外合资企业的科技自主创新能力，也凸显了提高技术自主性和创新能力的重要性。

四、产业链难以保持完整

通常来说，跨国公司在进入新兴国家市场过程中，会选择在东道国建立起供应链体系，但是在新兴国家建立生产高科技产品的供应链并不容易。一些高科技产品所需要的配套零部件等，虽然毛利率很高，但全球市场需求量有限，且生产过程对生产装备、工艺技术、员工素质、管理水平等都提出了较高的要求，新兴国家市场在经济增长的早期阶段往往不具备这样的条件，因而形成了高科技产品及其核心零部件供应商长期聚集在发达国家的格局。以零部件为例，跨国公司为了实现对合资企业的控制，会采用并推行外方要求的采购标准，或者导致合资企业的零部件必须进口由外方公司指定的产品，或者外商直接在东道国市场建立配套的上下游供应公司，借此形成自己的产业势力范围。而要摆脱外方对产业链的控制，中外合资企业中的中方企业需要有意识地培育自身产业链，如在上海大众汽车的合资发展历程中，德国大众提出的零部件等产品要求，既有来自德方的产业配合，也有中方积极在周边自建，或扶持其他企业建立的符合国际水平要求的配套产品公司，这就为实现合资企业的可持续发展提供了来自中方的动力，从而摆脱被跨国公司控制的命运。因此，中方需要加快形成扎根于本土的完整供应链和产业链体系，以防本土产业链、供应链在引进外资的同时被逐渐淘汰。

第六节
本章小结

　　本章聚焦中外合资企业的产权演化，详细分析了其在合资后的路径发展演进过程，对中外合资企业科技自主创新与"外商独资化""中方独资化"或"继续保持合资"的不同发展演化路径进行比较分析，并结合不同路径的广州宝洁、达娃之争和奇瑞捷豹路虎等典型案例分析，发现当前我国中外合资企业科技自主创新面临的困境。基于上述分析，本章得出以下三个结论：

　　第一，中外合资企业的产权存在动态变化的特征。在中外合资企业的合资过程中，外方占股比例基本呈现逐步上升直至成为最大股东或唯一股东的态势。在资料和案例收集整理以及分析的过程中发现，中外合资企业在成立之初往往受到国内政策的限制，跨国公司对国内市场环境不了解，以及受合资双方的股权偏好差异等因素影响，外商的股权占比并不占优势；但随着合资企业的不断发展、国内市场环境的优化、政策制度的逐渐开放，跨国公司母公司对于合资企业的控制诉求越发强烈，全球化战略的意图更加明显，跨国公司利用中方资本实力不足的弱点，通过增资扩股、收购并购等手段实现了股权比例的不断上升，直至全部接手合资企业的控制权。

　　第二，一定要选择合适的合资对象。中外合资企业中，中外双方选择合资的原因是出于各自母公司战略意图的部署和安排，通过国内外的相关研究发现，合资对象的选择将直接决定合资子公司的资源属性和技能属性，影响合资企业的经营管理模式，从而影响合资子公司在东道国的竞争能力。因此，我国企业在跨国公司合资对象的选择上，要运用好自己的主动权，善于最大化利用中方企业的资源优势效用；要认真识别跨国公司的全球发展战略，根据其之前的合资经历了解其战略安排、合资习惯，尤其要识别其独资化的倾向。若该跨国公司在其他国家和地区的合资企业大多经历了短暂合资后的外商独资化，或许这样的跨国公司对于我国企业来说，避而远之为上策。相反，如果该跨国公司是想要获取在某一地区的优势地位，重点是市场扩张，并善于利用自身先进技术开发当地市场，那么有一个当地的合作伙伴共担风险、互利共赢，实现可持续的合资经营发展或许对于双方来说都是一个不错的选择。

第三，我国企业科技自主创新能力亟须提升。大量实例表明，凡是通过引进外资获得成功的企业或行业，其自我发展和创新意识都较强。从实际来看，合资不仅没能让外方真心实意地合作，反而成为外方实施技术控制的"保护色"。为了防止落入"阴谋亏损"的陷阱，合资企业中的中方必须坚持自主创新，保持研发动力，提高技术创新能力，这样才能提高与外企合作竞争的水平。中方在与外方成功建立合资企业后，倾向于依赖外资技术，对自身的自主研发重视不够。然而事实证明，中方企业提升自己的核心竞争力，拥有自己的核心技术、资源和能力才是应对外商独资化风险的根本。但通过自主研发掌握关键的核心技术需要扎实的基础、长期的努力与积累，这是一个系统工程，不是短时间能达成的。中方企业要接受我国创新基础相对薄弱的现实，但也不能望而生畏，或者急于求成，而是应该在自己最擅长或被卡脖子的领域或环节集中精力，制定可行的计划与步骤进行自主创新并取得突破。中外合资企业双方在具有平等控制权的前提下，充分利用合资双方互补的优势资源，共同研发、共担风险，多元交互，形成聚焦本土资源优势利用与开发的、属于合资企业自身的特定优势，从而提升合资企业在跨国公司全球网络中的地位，并成为具有全球竞争优势的中国公司。

中外合资企业科技自主创新能力
综合评价和时空演化

第一节
问题提出

在新时代背景下，科技自立自强成为推动经济高质量发展和建设我国社会主义现代化强国的重要保障，其地位的重要性空前绝后。党的二十大报告指出"以国家战略需求为导向，集聚力量进行原创性引领性科技攻关，坚决打赢关键核心技术攻坚战，加快实施一批具有战略性全局性前瞻性的国家重大科技项目，增强自主创新能力"。基础研究是科技创新的根基与源头，具有前瞻性、原创性，被提升到了国家科技工作的重要位置。企业作为市场经济和创新的主体，需要注重以基础研究为主的科技自主创新能力。新时代要求坚持高水平对外开放，更大力度吸引和利用外资，跨国公司的在华子公司——中外合资企业，是嵌入国内国际双循环网络中进行国际知识流动和技术创新的重要载体（Freeman，1991；Cantwell and Verbeke，2017），也是我国合理利用外资的主要方式，其自身的科技自主创新活动受到了广泛关注。为了解决在科技自主创新中面临的问题，中外合资企业需要进行以中国本土特定优势的开发与利用为基础的原始科技创新活动，有效整合、创新与发展中外双方的资源和能力。

新时代中外合资企业科技自主创新一定要立足于中国本土特定优势，挖掘本土基础科学要素、技术条件与创新资源，还要充分利用好中外合资企业在跨国公司网络体系中的优势。本部分正是基于这样的逻辑来科学、客观地评价中外合资企业的科技自主创新能力，并分析其时空动态演进特征。首先以中外合资企业为研究对象，突出科学引领技术，强调以中国本土化优势开发与利用为导向的基础科学驱动技术创新，构建了中外合资企业科技创新能力评价体系；其次采用熵值法计算得出中外合资企业科技创新能力指数值，并从总体、地区、行业三个维度考察其分布特征；进一步借助核密度估计和 Moran's I 指数空间统计方法揭示中外合资企业科技创新能力的时序和空间演化特征；最后总结出增强合资企业科技创新能力的相关建议，为我国更为合理地利用外资、推动科技创新提供借鉴。

第二节
理论分析

现有大量学者对企业科技创新能力进行了评价研究，但整体还是将"科技创新""技术创新"混淆起来，主要从企业创新过程的各个阶段、创新内外部环境和企业特性等方面考察技术创新的相关维度，而对基于基础研究的原始性创新关注不够。基于此，本部分构建将科学与技术结合，并突出发挥本土特定优势的企业科技创新能力评价体系。

一、企业科技创新能力评价的相关研究

目前，学术界对企业科技创新能力评价指标的构建集中在以下四个方面：

一是创新能力构成要素。不少学者参照傅家骥（1998）对技术创新能力的理解，即企业技术创新能力涵盖研究开发能力、制造能力、营销能力、创新资源投入能力、创新管理能力以及创新倾向六个部分，并在此基础上建立企业技术创新能力指标。后来，许多学者不仅考虑企业自身资源拥有和分配能力、企业理解技术发展的能力和企业内部文化环境和战略管理能力，还考虑对外部行业演进和竞争者的理解能力、企业自主创新和模仿创新数量与速度（叶宝忠，2013）和企业创新活动所需要的支持要素的数量和质量（唐玮，2007）等。

二是企业创新过程。杨宏进（1998）创新性地提出决策—实施—实现三阶段过程模型，从创新投入能力、创新实施能力、创新实现能力和创新管理能力四个维度建立企业技术创新能力评价体系。不少学者在此基础上探索并分析企业创新的动态过程，注意到了创新管理在企业资源投入转化为成果绩效过程中的作用（何建洪和贺昌政，2011）。后来一些学者侧重从企业技术创新活动投入、开展和产出三个方面评价企业的技术创新能力

（宁连举和李萌，2011）；也有学者考虑到企业技术创新活动过程难以测量，因此忽略了创新开展过程，从创新投入和产出两方面来衡量（徐国庆和周明，2022）。

三是创新能力系统。综合考虑内部环境和外部环境因素可以更加全面地体现企业自主创新能力（单泪源等，2009），外部环境因素有力地支持企业的自主创新活动。在创新过程评价的基础上，考虑企业内部、外部环境要素，形成了基于创新能力系统视角的企业创新能力评价体系。该评价体系不仅考虑企业的资源和能力、企业的创新文化、管理创新和制度创新等内部环境因素（史宝康和郭斌，2010），还纳入了企业创新所处的社会环境要素，如科技人才培养机制和知识产权保护机制（陈华等，2014）、本（专）科学生数占总人口比重和有技术开发机构的企业占全部工业企业比重（迟国泰和赵志冲，2018）等。

四是企业异质性特征。有学者针对不同企业特点对企业创新能力进行评价，如创新型企业（汪永飞等，2007）、高新技术企业（杜丹丽和曾小春，2017）、中小型企业（陈华等，2014）、大中型企业（宁连举和李萌，2011）、制造业企业（张晓明，2014）、农业企业（肖叶黎和刘纯阳，2021）、基于产业转型特征的企业（蔡剑等，2021）等一系列异质性特征的企业科技创新能力评价体系。

总体上，企业科技创新能力的评价指标构建涵盖了企业内外部资源与能力、创新过程的各个阶段、创新能力系统和企业的不同特性等多方面因素。这些研究为深入理解和评价企业的科技创新能力提供了全面的视角和方法。

二、新时代中国本土特定优势的特征表现

根据国际商务的传统理论，东道国的区位优势是企业国际化的重要动因，而具有特定优势的子公司是跨国公司海外技术创新活动的重要主体，中外合资企业有必要充分利用中国本土特定优势开展科技创新活动来促进跨国公司的扩张。因此，有必要梳理出新时代背景下中国本土特定优势的具体内容，参考波特钻石模型，这里主要从基础要素条件、需求条件、企业和产业条件、政府政策以及发展潜力五个方面详细阐述。

基础要素条件是支撑投入、生产、分配、销售等整个企业运转过程中必不可少的资源，我国这方面的优势包括：一是劳动力资源的长期相对优

势，如劳动力资源存量和规模丰富、劳动力成本相对较低、劳动力整体素质提升等。二是基础设施优势。我国拥有全球最大的高速铁路和公路网，世界领先的电力基建，众多的机场港口，以及先进的5G、工业互联网、数据中心、智慧交通等新型基础设施。三是资本优势。资本成为中国最富裕的要素之一，我国资本形成总额占全球26%，研发投入紧随其后，达到21.2%，两者的比重都超过了劳动力（江小涓，2019；江小涓和孟丽君，2021）。

市场需求规模和增长潜力会直接影响企业对创新活动的投入和策略，我国在这方面的优势有：一是超大规模市场优势。中国消费规模逐步扩大，消费结构持续升级，在越来越多的行业内成为全球市场消费第一的大国。超大的消费人群规模和快速增长的国内收入意味着中国具有巨大的市场消费潜力，并已成为全球最大、最有潜力的市场。二是多层次多元化消费需求优势。中国地域广阔，地区发展不均衡，人口发展的区域差异大，这使中国的市场需求呈现多元化、多层次的特点，既有对于高品质、个性化产品的需求，也有对于高性价比、物美价廉产品的需求。多元化、多层次的市场需求在为企业创造盈利和生存空间的同时，不断对企业进行技术革新和转型升级提出更高要求。

企业和产业条件是影响核心企业战略决策和生产运营的重要方面，能够直接或间接影响核心企业的最终绩效。我国具有下列企业和产业优势：一是产业体量大、产业链完备。完备的工业体系是实现中国式现代化的重要支撑，也是中国参与全球价值链分工并不断提高国际分工地位的关键。经过将近70年的发展与沉淀，中国已经成为世界第一制造业大国，打造了自主完善的工业体系，具备了庞大而复杂的产业链以及超大规模的制造能力，并不断向高端化、智能化迈进（高洪玮，2023）。二是大规模制造与物流体系形成的供应链网络优势。无论是总量还是业务范围，或者运输成本，我国由大规模制造和物流体系形成的供应链网络优势明显，极大地支撑了我国相关产业的发展。三是以新能源为代表的新兴制造业优势。在全球新兴科技创新运动中，我国基本形成了世界上最先进的核电产业链，健全高效的风电、光伏和动力电池产业链。我国的新兴制造业在规模、成本和技术领先水平上都存在显著的国际竞争优势。

政府政策不仅是影响企业设立与否和生产运营活动等方方面面的关键

因素，而且是支撑企业良好有序开展生产、分配、销售等运营活动的有力保障。总体上，我国政府政策层面具有体制优势和政策优势：一是举国体制优势。举国体制本质上是一种特殊的资源配置与组织形式（路风和何鹏宇，2021），为保证国家战略目标和任务的实现，由政府统筹安排全国所有资源形成高效决策和统一行动，具有能够将有限资源集中、快速地转向实现战略任务方面开展协同攻关的优势。如两弹一星、载人航天、高速铁路、西电东送、深海载人潜水等一系列重大工程的相继成功，都是我国举国体制优势的体现，充分证明了在中国共产党领导下集中力量办大事的社会主义制度的优越性。近年来，随着国际政治经济环境的日益复杂，举国体制是我国应对国内外多重风险挑战、深入推动创新驱动发展战略、加强产业链供应链韧性并实现中国式现代化的法宝。二是政策优势。政府通过科技经费的支出，向市场和社会传递出对科技创新的明确支持信号。这种信号能够引导和激励企业、科研机构以及个人更加积极地投入科技创新活动中，推动新技术的研发和应用，从而促进经济的持续增长和社会的不断进步。不仅如此，政府对科技创新的财政资金投入还能帮助科研机构和企业解决研发过程中的资金瓶颈，降低其创新成本，提高其创新效率。同时，政府可以利用自身的资源优势，为科技创新提供必要的基础设施、人才支持以及政策扶持等，进一步推动科技创新的深入发展。

良好的发展潜力并不一定有助于提升企业的市场竞争力，这取决于核心企业是否能够及时抓住发展潜力带来的发展机会。中国作为一个经济持续增长的大国，各地区的发展潜力和发展机会无疑是巨大的。这些潜力和机会可以从地区经济开放度、地区经济发展水平、地区金融发展水平和地区教育资源水平四个方面来深入剖析：一是就地区经济开放度而言，我国不断深化对外开放，特别是在"一带一路"倡议的推动下，许多地区已经成为国际贸易和投资的重要节点。实际上，中国通过与沿线国家共建"一带一路"，在为沿线国家带去发展机遇的同时，能够为中国企业带来海外工程承包的机遇，并且可以带动我国成套设备等技术密集型产品的出口，提升我国出口结构（隆国强，2016）。这种开放度不仅促进了商品和资本的流动，而且为企业提供了更广阔的市场和更多的合作机会。二是从地区经济发展水平来看，我国多个地区已经形成了各具特色的产业集群，如长三角的高端制造业、珠三角的电子信息产业等。这些高度发达的经济区域为企业提供了完善的产业链和丰富的资源，有助于企业降低生产成本、提高产品质量，从而增强市场竞争力。三是地区金融发展水平也是衡量一个地区发展潜力的重要指标。我国金融市场日益成熟，多地成为金融中心，如上海、深圳等，为企业提供了多元化的融资渠道和创新的金融服务，不仅可以帮助企业解决资金问题，而且能通过金融市场的风险管理和资产配置功能，有效缓解企业的融资约束，提升企业创新研发投资效率（翟淑萍和顾群，2013）。四是地区教育资源水平对于企业的发展同样至关重要。我国高等教育和科研实力在近年来得到了显著提升，多地建立了高水平的大学和研究机构。一方面，受益于科教兴国和人才强国战略，中国的人均受教育年限不断提高，人力资本积累得到了长足发展，劳动力红利逐步向"工程师"红利转变（李三希等，2023）。另一方面，我国通过组建国家实验室加速结合战略科技力量与市场机制，为企业提供了源源不断的人才支持和创新动力，为促进国家科技力量的形成创造了良好的条件，使我国科技创新能力实现大幅跃升。

总体上，中国的本土特定优势对中外合资企业科技创新的影响可以总结为制度和资源两个视角。从制度视角看，政府的服务体系和政策保障机制能够弥补企业自身的不足，推动企业开展跨国并购，从而增强其国际竞争力。从资源视角看，中国的优势包括大规模的低成本生产、市场定位和销售能力以及成熟的产业组织和投资促进体系；同时，人力资本、地区经济的发展、对外开放程度以及金融发展都是创新的支持条件，这些资源优势对于中外合资企业的科技创新具有显著影响。综合考虑制度环境和资源优势，如基础设施建设、就业人口数、政府对研发的支持力度以及地区经济发展水平，能够更全面地体现中国本土环境的特有优势。

第三节
评价指标体系构建

基于上述理论分析，中外合资企业科技自主创新能力评价指标体系不仅要克服以往以应用研究为主的技术创新能力的缺陷，还要纳入以中国本土特定优势资源为基础的创新环境指标。因此，本书基于创新能力系统视角，借鉴陈华等（2014）、迟国泰和赵志冲（2018）的研究成果，总结出影响中外合资企业科技自主创新能力的创新投入能力、创新产出能力和创新支撑环境 3 个一级指标，再根据数据的全面性、可得性和可操作性，综合得出合适的 11 个二级指标和 20 个三级指标，从而形成一个科学完整的中外合资企业科技自主创新能力评价指标体系（如表 5-1 所示）。

表 5-1　新时代中外合资企业科技自主创新能力评价指标体系

一级指标	二级指标	三级指标	权重
创新投入	研发投入规模	研发经费投入量	0.1835
		研发技术人员数量	0.1922
	研发投入结构	基础研究经费投入强度	0.0608
		基础研究人员投入强度	0.0747
	外方技术溢出程度	外方持股比例	0.0456
创新产出	创新成果产出	实质性创新	0.0533
		策略性创新	0.0300
	创新发展效益	企业销售利润率	0.0006
创新支撑环境	政府支持	政府重视程度	0.0227
	需求条件	市场化水平	0.0049
	相关支持产业	协同创新	0.0241
	发展机会	地区经济开放度	0.0311
		地区经济发展水平	0.0256
		地区金融发展水平	0.0265
		地区教育资源水平	0.0125
	生产要素	企业数字化水平	0.0623
		地区基础设施水平	0.0313
	母国支持	制度距离	0.0064
		文化距离	0.1080
		经济距离	0.0039

　　第一，创新投入能力。创新投入主要反映了企业进行创新活动的意愿

和创新资源的使用情况。党的二十大报告强调集聚力量进行原创性引领性科技攻关，基础研究已被提升到了国家科技工作的核心位置，因此有必要重点关注基础研究的投入力度。同时，鉴于中外合资企业主体的特殊性，外方企业也会对合资企业的科技创新活动投入资金和技术。基于这两个特别之处，本部分从研发投入规模、研发投入结构以及外方技术溢出程度三个方面来衡量创新投入能力。研发投入方面主要考虑了经费投入和人才投入两个方面因素的影响，参考辛金国等（2023）的做法，用研发投入总额和研发技术人员数量来反映研发投入规模。由于缺乏衡量企业微观层面的基础研究经费和人员投入的数据，本部分选择采用省域层面的基础研发经费投入强度和基础研究人员投入强度两方面的数据来间接反映研发投入结构指标。外方技术溢出程度主要是为了体现外方企业对合资企业技术外溢程度，可以用外方持股比例来衡量；一般而言，外方持股比例越高，技术外溢程度越高。

第二，创新产出能力。从实践表现来看，创新产出主要涵盖了创新成果产出和创新经营效益两个层面。其中，创新成果产出象征着企业科技自主创新能力的直接产品结果，可以用实质性创新和策略性创新来测量（胡善成和靳来群，2021）；创新经营效益衡量的是企业进行科技自主创新活动产出的新产品或新技术带来的企业价值或经营绩效等成效，可以用企业销售利润率来测量（邓超等，2019）。

第三，创新支撑环境。创新支撑环境是保障企业与外部环境进行友好交流和资源互换的重要因素，也是企业开展科技自主创新活动的强大推动力。中外合资企业作为跨国公司的在华子公司，需要结合跨国公司所在母国和东道国环境特征来评价子公司创新环境。因此，一方面借鉴波特钻石模型，从生产要素、需求条件、相关支持产业、机会、政府支持五个方面分析具有中国本土特定优势的东道国创新支撑环境。参考王小鲁等（2016）、何郁冰和伍静（2019）、吴非等（2021）、熊焰和杨博旭（2022）等学者的研究成果，选取企业数字化水平和地区基础设施水平来更加全面地衡量生产要素，反映企业在本土资源环境上进行科技创新所需的基础条件；用各地区市场化指数来表现市场化水平并测量需求条件；选用各地区研究与开发机构和高校科技经费筹集中企业资金所占的比重去衡量协同创新，进一步反映相关支持产业的作用；用地区经济开放度、地区经济发展水平、地区金融发展水平和地区教育资源水平四个方面来反映发展机会的强度；采用各地区政府科技经费支出占地方财政支出的比例来彰显政府对科技创新的重视程度。另一方面，用跨国公司母国与中国之间的制度距离（周楠和杨竹，2023）、文化距离（綦建红和杨丽，2012）和经济距离（Dong et al.，2019）来衡量母国环境对合资企业本土创新活动的影响情况。从中国实际情况来看，国家之间的经济距离越大，母国经济发展程度越高，科学技术和文化知识越会具有明显的先进性，越可以有效拉动其在华合资企业的科技创新发展；而文化距离和制度距离越大，合资企业双方在思维模式、文化习惯和价值观立场等方面差异性越大，越会使中外双方在决策企业发展方向、投资意向、技术创新和人才管理等方面存在更多矛盾，从而导致中外合资企业越难以充分发挥本土优势创新资源进行科技创新。

第四节
研究方法与数据说明

一、熵值法

熵值法（Entropy Method）是一种多指标综合评价方法（张国俊，2020），其基本思想是通过计算各指标的熵值（信息熵）来反映其不确定性和随机性，然后将这些信息综合起来，以评价各个方案或对象的优劣。熵值越大，表示指标信息的不确定性越高，反之则越低。本书将采用熵值法计算出中外合资企业科技自主创新能力指标的权重系数，之后根据指标的具体数值和权重系数测算出各维度的评价值和综合评价值。

首先，对各个指标的数据进行标准化处理，将其转化为无量纲的相对值，以便进行比较和综合；其次，对每个指标的数据计算熵值，熵值的计算公式为：

$$e_j = -k \sum_{i=1}^{m} P_{ij} \ln(P_{ij}) \tag{5-1}$$

其中，e_j 是第 j 个指标的熵值，P_{ij} 是第 j 个指标第 i 个方案的相对权重；根据各个指标的熵值，计算其权重：

$$w_{ij} = (1 - e_{ij}) \sum_{i=1}^{m} P_{ij}\ln(P_{ij}) \tag{5-2}$$

其中，w_{ij} 是指标权重，e_{ij} 表示指标熵值，m 表示方案的数量；进行指标层得分计算：

$$X_i = \sum w_{ij} \times x_{ij} \tag{5-3}$$

其中，X_i 为指标得分，w_{ij} 为指标权重系数；进行准则层得分计算：

$$T_i = \sum W_i \times X_i \tag{5-4}$$

其中，T_i 为准则层得分，W_i 为指标权重。

最后，计算系统层得分：

$$Z_i = \sum M_i \times T_i \tag{5-5}$$

其中，Z_i 为系统层得分，M_i 是指标权重。

以上步骤意在将各个指标的熵值与其权重相乘再求和，得到最终的评价结果。

二、核密度估计

本书采用核密度估计来描述东部、中部、西部和东北部四大区域的中外合资企业科技自主创新能力的分布动态演化，核密度估计是一种用来估计概率密度函数的非参数检验方法。核密度是一种用光滑、连续的密度曲线来刻画随机变量的概率密度，其函数表达公式有很多种类型，本书选取应用较为广泛的 Gaussian 核函数，利用函数图中的重心位置、形状、峰波数量和延展性等信息，对四大区域的中外合资企业科技自主创新能力的分布演化特征进行刻画和描述。

三、探索性空间数据分析

探索性空间数据分析（ESDA）是一种空间数据驱动分析方法，通过挖掘空间因素之间的内在关系，从而揭示出事物在空间分布格局中的作用机理（李国平和王春杨，2012）。本书试通过探索性空间数据分析，挖掘中外合资企业科技自主创新能力的地理数据，探究其空间数据的宏观区域分布格局，将中外合资企业科技自主创新能力分级可视化。在进行空间相关性分析时，需测算出 Moran's I 指数，探究我国省级研究单元上中外合资企业科技自主创新能力是否存在全局空间自相关和局部空间自相关。

（一）全局空间自相关

全局空间自相关指数 Moran's I 公式为：

$$I = \frac{\sum\limits_{i=1}^{n} \sum\limits_{j=1}^{n} w_{ij}(t_i - \bar{t})(t_j - \bar{t})}{S^2 \sum\limits_{i=1}^{n} \sum\limits_{j=1}^{n} w_{ij}} \tag{5-6}$$

其中，S^2 为方差，t_i 和 t_j 表示省份 i 和省份 j 的中外合资企业科技自主创新能力综合评价水平的均值，n 表示省份总数，w_{ij} 表示空间权重矩阵，这里为了使测算结果更加有效，采用地理距离和经济距离相嵌套的空间经济距离权重矩阵。$I \in [-1, 1]$，当 $I > 0$ 时，表示空间正相关；当 $I < 0$ 时，表示空间负相关；当 $I = 0$ 时，表示空间随机分布。对于 Moran's I 指数的显著性水平可利用 Z 统计量检验，若 $|Z| > 1.96$，说明通过至少 5% 的显著性水平检验。

（二）局部空间自相关

对于某个省级研究单元而言，其 Local Moran's I 指数公式为：

$$Local\ Moran's\ I_i = \frac{\alpha_i}{S^2} \sum_{j \neq i}^{n} w_{ij}\alpha_j \tag{5-7}$$

其中的变量含义：$\alpha_i = t_i - \bar{t}$，$S^2 = \dfrac{\sum (t_i - \bar{t})^2}{n}$，$\alpha_j$ 也相似。

四、数据说明

党的十八大以来，科技创新成为我国创新发展的重心，并得以不断深化。2012 年，党的十八大首次提出创新驱动发展战略，强调要坚持走中国特色创新道路，并将科技创新提至国家发展全局的核心地位；2017 年，党的十九大再次强调发展必须是科学发展，要坚定实施创新驱动发展战略，强调创新是引领发展的第一动力，是建设现代化经济体系的战略支撑，并提出到 2035 年，我国科技实力将大幅跃升，跻身创新型国家前列；2022 年，党的二十大提出要加快实施创新驱动发展战略，再次提出坚持创新在我国现代化建设全局中的核心地位；首次提出强化企业科技创新主体地位。

因此，本书选取巨潮资讯网 2012~2021 年持续经营的、外方股权占比在 5%~95% 的上市中外合资企业为研究对象，但由于 2012~2014 年大部分企业相关数据缺失严重，考虑到数据的可得性，剔除数据异常的企业，并与 WIND 数据库、国泰安（CSMAR）数据库、中国研究数据服务平台（CNRDS）数据库、EPS 数据库、国家统计局、WGI 数据库、Hofstede 官网、世界银行、《中国科技统计年鉴》、各省份统计年鉴、上市公司年度报告以及手工整理的其他数据进行匹配，最终得到 2015~2021 年 231 家企业作为研究样本。

第五节
中外合资企业科技自主创新能力评价分析

一、中外合资企业科技自主创新能力指标权重分析

通过熵值法计算出表 5-1 中的 2015~2021 年中外合资企业科技自主创新能力评价的指标权重系数。其中，根据中外合资企业科技自主创新能力三级指标层的权重值进行一级指标权重系数的求和计算，得出其权重系数由高至低排序依次为创新投入（0.5568）>创新支撑环境（0.3593）>创新产出（0.0839），这表明企业的创新投入和支撑环境均是影响中外合资企业科技自主创新能力的重要因素，中国在培育创新研发环境方面表现出强劲的竞争实力；从二级指标来看，权重系数较高的有研发投入规模、结构、母国支持、发展机会和生产要素，说明企业的创新总体投入量，特别是基础研究投入占比对中外合资企业科技自主创新能力有重要影响，同时中国本土经济、教育、基础设施和科技的发展，以及外资所在国对合资企业的支持作用都对其创新能力提升起到了促进作用；从三级指标来看，研发经费和人员数量、基础研究经费和人员投入强度、文化距离、企业数字化水平等因素均对合资企业科技自主创新能力产生较高影响程度，侧面细

化了二级指标对其的作用着力点。

二、中外合资企业科技自主创新能力结果分析

（一）中外合资企业科技自主创新能力的总体特征分布

为更清晰地分析中外合资企业科技自主创新能力指数值的时空演化特征，在对指标数据进行标准化的基础上，运用熵值法测算 2015~2021 年中外合资企业科技自主创新能力的评价指数值（如表 5-2 所示）。可以看出，中外合资企业科技自主创新能力指数值总体上呈现稳定持续上升态势，综合评价值由 2015 年的 0.1828 提高至 2021 年的 0.2274，说明中外合资企业的科技自主创新发展变化趋势良好，创新能力进一步提升。

表 5-2　中外合资企业科技自主创新能力指数评价结果

企业证券代码	创新投入			创新产出			创新支撑环境			综合评价值		
	2015 年	2018 年	2021 年	2015 年	2018 年	2021 年	2015 年	2018 年	2021 年	2015 年	2018 年	2021 年
000005	0.0126	0.0141	0.0233	0.0135	0.0196	0.0154	0.1192	0.1126	0.1173	0.1555	0.1565	0.1661
000017	0.0058	0.0085	0.0194	0.0003	0.0028	0.0190	0.1044	0.1200	0.1173	0.1206	0.1414	0.1659
000021	0.0104	0.0136	0.0248	0.0298	0.0302	0.0377	0.1118	0.1470	0.1517	0.1621	0.2010	0.2243
000039	0.0615	0.0662	0.0852	0.0501	0.0540	0.0535	0.1216	0.1423	0.1476	0.2433	0.2725	0.2964
000055	0.0127	0.0145	0.0258	0.0242	0.0207	0.0143	0.1044	0.1126	0.1345	0.1513	0.1580	0.1846
000063	0.2470	0.2129	0.3162	0.0758	0.0709	0.0663	0.1494	0.1571	0.1582	0.4822	0.4509	0.5508
000157	0.0491	0.0446	0.0912	0.0667	0.0517	0.0559	0.0830	0.0951	0.1138	0.2088	0.2014	0.2709
000338	0.0641	0.1032	0.1372	0.0563	0.0598	0.0708	0.0742	0.0940	0.1221	0.2046	0.2671	0.3402
000488	0.0240	0.0376	0.0448	0.0208	0.0157	0.0263	0.0742	0.0792	0.0939	0.1290	0.1426	0.1750
000513	0.0271	0.0310	0.0511	0.0312	0.0360	0.0389	0.1236	0.1298	0.1396	0.1920	0.2070	0.2396
...	...	...	...	...	...	...	...	...	...	...	...	...
603939	0.0233	0.0257	0.0353	0.0003	0.0003	0.0074	0.0806	0.0907	0.1053	0.1142	0.1268	0.1580
603993	0.0140	0.0136	0.0174	0.0062	0.0252	0.0188	0.0583	0.0647	0.0819	0.0885	0.1136	0.1282
603997	0.0124	0.0133	0.0144	0.0097	0.0252	0.0178	0.0916	0.1043	0.1255	0.1237	0.1529	0.1678
平均值	0.0404	0.0445	0.0541	0.0221	0.0266	0.0242	0.1103	0.1212	0.1340	0.1828	0.2023	0.2274

从增幅看，2015~2016 年指标值缓慢增长，这可能是因为国内传统行业存在过剩产能、企业杠杆率高、国际市场面临欧债危机、新兴市场经济

疲软等一系列不确定性问题，政府开始实施供给侧结构性改革和金融去杠杆化政策以鼓励企业进行创新和技术升级，从而使一些产业和企业进行短期调整；2017～2019 年指标值显著增长，这是基于 2017 年中国经济由高速增长转向高质量发展，在强调经济增长的同时，更加注重发展的质量、效益和可持续性。国家坚定实施创新驱动发展战略，加快科技创新，着力增强国家自主创新能力，积极健全创新激励政策体系、创造良好营商环境、激发市场主体活力、建立现代化产业体系、加大基础科技领域和关键核心领域的投入，加强原始创新，对企业的资金、补贴给予一定的政策和红利扶持。这一系列举措促进了本土特色创新资源以及环境的形成，大量合资企业以面向国家重大需求、促进科技自主创新为战略方向，在引进消化吸收国外先进技术等创新资源的同时，兼重发挥中国本土特定优势的原始创新，有力促进了其科技自主创新能力的提升；2020 年指标值增速明显放缓，主要是因为新冠疫情的暴发对全球社会和经济造成了巨大影响，这不仅改变了我国科技创新环境，增加了科技创新成本与风险，还使全球供应链和产业链出现紊乱，严重阻碍了在华合资企业利用本土创新要素提升科技自主创新能力；到 2021 年指标值出现反弹，这得益于我国科学统筹疫情防控，稳定经济社会发展，国内创新环境不断向好，合资企业重新焕发自主创新生机。总体来看，中外合资企业科技自主创新能力仍有较大提升空间，未来应持续培育良好的本土创新环境，积极聚集高质量创新资源，以本土特定优势驱动企业科技自主创新。

从各维度来看，中外合资企业科技自主创新能力指标值提升幅度存在一定的差异性。具体而言，创新投入和创新产出的增幅较大，从 2015 年的 0.0404 和 0.0221 分别上升到 2021 年的 0.0541 和 0.0242，年均分别增长 4.98% 和 4.75%；创新支撑环境增幅较小，由 2015 年的 0.1103 增长到 2021 年的 0.1340，年均增长为 3.30%。结合实际来看，中外合资企业创新投入呈现积极趋势，说明其重视并加大对创新研发经费和人员的规模投入，致力于在技术创新、产品研发和生产工艺等方面取得突破。基础研究和原创性创新也是合资企业创新投入的重心，通过与国内外高校、科研机构的合作，建立专注于新产品研发、新技术应用等领域的创新中心，加强产学研合作关系，以推动合资企业的科技创新。随着创新投入的持续加强，合资企业在创新产出的规模和质量上都实现了显著增长，这不仅体现在专利申请数量的增加，而且包括技术标准的制定、创新产品的市场推广以及新技术的商业应用。这些成果的实现，不仅提高了合资企业自身的市场竞争力，而且为中国的产业升级和技术进步做出了重要贡献。党的十八大以来，我国把科技创新摆在国家发展全局的核心位置，围绕创新链持续优化创新要素布局，完善科技成果转化机制，营造了良好的产业创新生态和公平竞争的创新环境，创新支撑环境水平得以快速提升。

（二）中外合资企业科技自主创新能力的地区特征分布

从东部、中部、西部和东北的地区分布情况来看（如图 5-1 所示），各地区中外合资企业科技自主创新能力水平总体上持续上升。其中，我国东部地区的中外合资企业科技创新能力最强，均值介于 0.1795 ~ 0.2317，可见，东部地区依靠其旺盛的市场活力、强大的产业基础、发达的经济和创新要素聚集，有效推动了合资企业的科技创新；东北地区在 2017 ~ 2019 年与中、西部地区的差距逐步拉大，之后开始持平。这一时期，东北地区采取措施推动产业结构升级和新兴产业发展，旨在通过转型和创新改变传统经济增长模式，加之地方创新环境的优化，从而提升了合资企业的科技创新能力。从年均增速来看，东部地区、中部地区、东北地区和西部地区分别为 3.09%、5.21%、3.70%、4.35%，其中中部地区增速最快，可能由于近年来中部地区借助政策红利着力打造国家重要人才中心和创新高地，积极建立区域科技创新中心，构建一流科技创新环境和产业生态，持续加大对基础研究投入，创新发展潜力十足，加快了合资企业科技创新能力的提升。

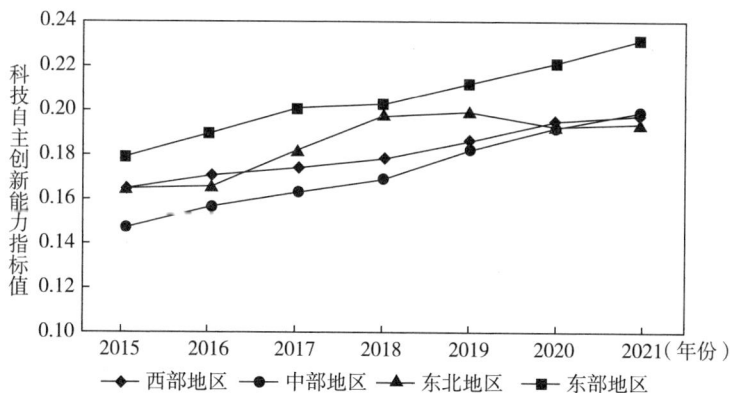

图5-1　各地区中外合资企业科技自主创新能力指标值

（三）中外合资企业科技自主创新能力的行业特征分布

根据表 5-3 可见，各行业中外合资企业科技自主创新能力整体得以提升，建筑业总体上保持领先地位，其次是采矿业，然后是信息传输、软件和信息技术服务业，农、林、牧、渔业和水利、环境和公共设施管理业则一直处于低值段，排名较后，其他行业排名仅有小幅度波动，总体变化不大。从增幅来看，建筑业增幅最大，由 2015 年的 0.3783 上升到 2021 年的 0.4926，增幅为 30.22%，这是因为建筑业通常吸引较大规模的外资投资，尤其是在城市化和基础设施建设方面。由于中国丰富的自然资源和市场需求，外资通常也大量投资在煤炭、石油、天然气、金属矿产等采矿行业，建筑业和采矿业的合资企业通过外方引进和转移获取先进技术，并利用中国本土资源进行创新。而农、林、牧、渔业和水利、环境和公共设施管理业与国家的经济、社会、环境利益密切相关，都受到一定程度的国家管控，外资投入相对较少，其科技创新动力不足。

三、中外合资企业科技自主创新能力的时序演化特征

（一）全域时序演化特征

从全局视角刻画中外合资企业科技创新能力的时序演化特征（如图 5-2 所示）可知：其一，核密度曲线的重心位置在 2015~2018 年和 2018~2021 年两个时段都出现了向右迁移，表明研究期间内中外合资企业的科技创新能力呈现不断提升的演化特征，与前文的客观事实相一致。其二，核密度曲线图的宽度在逐渐扩大、主峰波高度出现降低，说明在此期间中外合资企业科技创新能力差距逐渐变大。研究期内，由于中国本土各地区之间创新资源、创新环境和外资企业技术溢出效应的差异性，导致中外合资企业间的科技创新能力差异明显。其三，在曲线两侧拖尾方面，2015~2018 年曲线的左侧拖尾出现了延伸，2018~2021 年曲线左侧拖尾尚不突出，反映此期间低值区域的中外合资企业科技创新能力不断提升，但占企业总数比重有所降低。此外，曲线右侧拖尾呈现延伸、抬高趋势，反映此期间高水平的中外合资企业科技创新能力和企业占比不断上升。总体而言，全域视角下中外合资企业科技创新能力的演化趋势不断向好，但还是要关注其差异性，尤其要重视低值区间的企业情况。

表5-3　各行业中外合资企业科技自主创新能力指标数值和排名

行业	2015年 数值	2015年 排名	2016年 数值	2016年 排名	2017年 数值	2017年 排名	2018年 数值	2018年 排名	2019年 数值	2019年 排名	2020年 数值	2020年 排名	2021年 数值	2021年 排名
采矿业	0.2358	2	0.2355	2	0.2430	2	0.2550	2	0.2625	2	0.2770	2	0.2899	2
电力、热力、燃气及水生产和供应业	0.1891	5	0.1974	5	0.2009	4	0.2093	4	0.2203	4	0.2349	4	0.2377	4
房地产业	0.1708	7	0.1773	7	0.1945	6	0.1824	8	0.1916	8	0.2202	5	0.2186	6
建筑业	0.3783	1	0.4039	1	0.4094	1	0.4322	1	0.4602	1	0.4746	1	0.4926	1
交通运输、仓储和邮政业	0.1630	10	0.1717	8	0.1838	8	0.1862	7	0.1975	7	0.2068	7	0.2067	8
金融业	0.1660	9	0.1638	10	0.1762	9	0.1821	9	0.1902	9	0.1965	10	0.2063	9
农、林、牧、渔业	0.1402	12	0.1391	12	0.1407	12	0.1454	12	0.1577	11	0.1762	11	0.1811	11
批发和零售业	0.1673	8	0.1692	9	0.1760	10	0.1788	10	0.1877	10	0.1976	9	0.2009	10
水利、环境和公共设施管理业	0.1406	11	0.1450	11	0.1416	11	0.1454	11	0.1513	12	0.1515	12	0.1605	12
信息传输、软件和信息技术服务业	0.2012	3	0.2117	3	0.2197	3	0.2276	3	0.2352	3	0.2382	3	0.2450	3
制造业	0.1792	6	0.1855	6	0.1935	7	0.1985	5	0.2080	5	0.2156	6	0.2232	5
租赁和商务服务业	0.1915	4	0.2037	4	0.1970	5	0.1982	6	0.2014	6	0.2036	8	0.2092	7

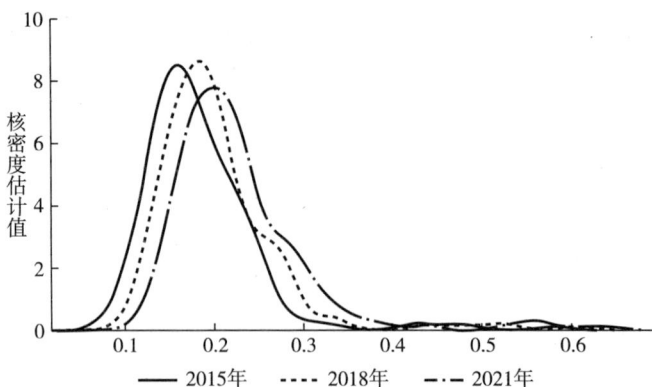

图 5-2 全域视角下中外合资企业科技自主创新能力的时序演化特征

（二）局域时序演化特征

从我国四大区域中外合资企业科技自主创新能力的时序演化特征可知（如图 5-3 所示）：

其一，从重心位置看，2015～2021 年东部、中部、东北和西部四大区域的核密度曲线重心均向右移动，说明局域视角下四大区域的中外合资企业科技创新能力的演化方向与全域视角下保持一致，创新能力均不断上升。

其二，从主峰波的高度看，东部地区和东北部地区的主峰波高度在 2015～2018 年稍上升，而在 2018～2021 年下降，表明两地区各自的合资企业科技创新能力差异先缩小后扩大；中部地区的核密度曲线主峰波高度逐步下降，反映出该地区的差异在扩大；西部地区核密度曲线的主峰波高度在 2015～2018 年基本保持不变，之后略微上升，表明该地区差异在保持一段时间的稳定后不断缩小。结合实际来看，2015～2018 年，东部地区凭借其创新资源、高水平对外开放、发达经济和庞大市场需求吸引大量外资，而东北地区则通过产业结构升级和新兴产业发展来吸引外资。两地区利用外资的先进技术和管理经验、加大本土创新投入，以及不断发展创新环境，使得合资企业的科技创新能力差距缩小。然而在 2018～1021 年，全球经济不确定性和外部环境变化等因素影响了中国本土创新环境，制约了合资企业的本土化科技创新。中部地区因创新政策和科技资源不足（如高级

— 112 —

人才流失、研发经费不足），导致合资企业科技创新能力差异不明显。西部地区虽起初因经济发展水平和对外开放程度较低而吸引外资不足，但随着"西部大开发"战略实施力度的加大，大量外资投资于西部，促进了西部产业结构的优化升级和教育科技的发展，提高了当地人才培养水平，从而使该地区合资企业的科技创新能力差异逐步缩小。

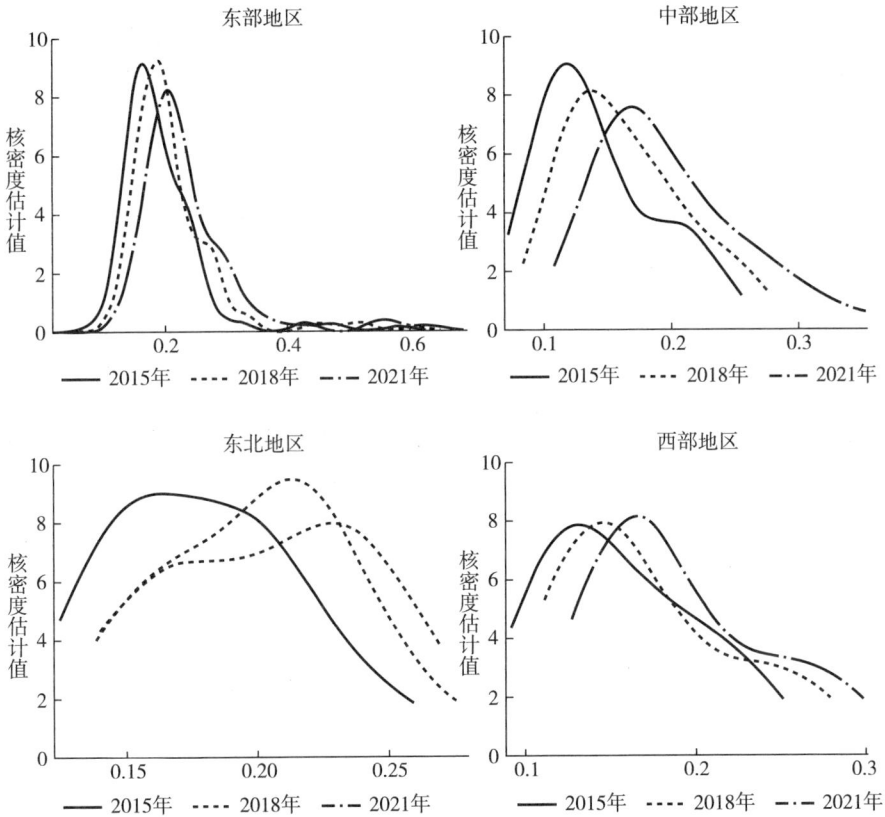

图 5-3　局域视角下中外合资企业科技自主创新能力的时序演化特征

其三，从核密度曲线的拖尾看，四个地区核密度曲线的右侧拖尾均出现抬高和延伸，反映高值区域的中外合资企业科技创新能力和企业数量占比均有所上升；并且核密度曲线的左侧拖尾逐渐缩短，说明低值区域的中外合资企业科技创新能力得以提升，低值区域企业占比略微减少。总体来看，局域视角下中外合资企业科技创新能力的时序演化特征是不同时期和地区特征共同作用的结果。

四、中外合资企业科技自主创新能力的省域空间格局演化特征

(一) 全局空间格局的演化特征

依据全局 Moran's I 指数的公式，借助 STATA 18.0 软件计算出 2015~2021 年省级研究单元上中外合资企业科技自主创新能力的全局 Moran's I 值和 Z 统计量值（如图 5-4 所示）。计算结果发现：2015 年全局 Moran's I 值为正，2016~2019 年全局 Moran's I 值整体上均为负值，并呈现扩大态势，这表明在研究期间内中外合资企业科技自主创新能力在省级尺度空间上的分散性不断增强，具有"高—低（低—高）"集聚特征，即中外合资企业科技自主创新能力水平相似的省域往往在空间上较远的位置出现，而相邻的省域之间的中外合资企业科技自主创新能力水平差异较大。同时全局 Moran's I 指数均不显著，这恰恰表明中外合资企业科技自主创新能力在省级尺度空间上的分散性不稳定。

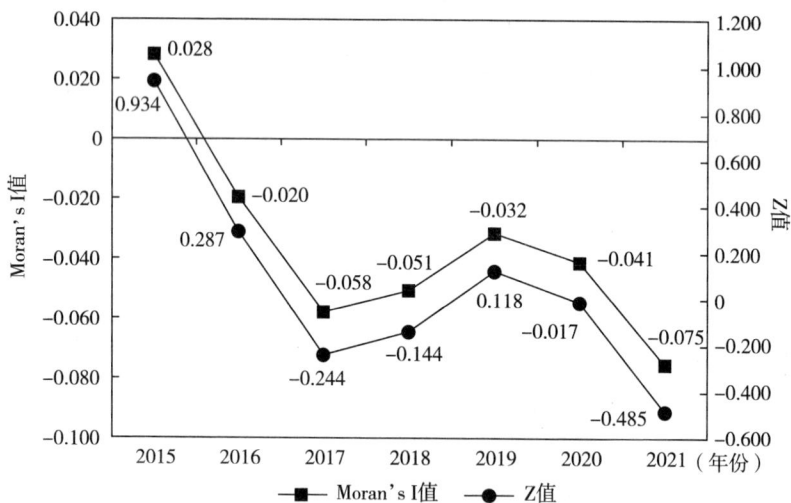

图 5-4　省级研究单元的中外合资企业科技自主创新能力全局演化特征

结合实际情况来看，在 2015~2021 年，中外合资企业科技自主创新能

力在各省的空间分散性显著增强，这主要归因于几个关键因素：首先，我国区域协同发展政策积极促进各地区经济的均衡发展，特别是对中西部地区发展的支持，为合资企业提供了新的投资机会和市场潜力。其次，随着我国经济结构的转型和市场需求的多样化，合资企业为了更好地适应本地市场和利用各地区的本土资源优势，如低成本劳动力、丰富的原材料，以及当地优势产业集群等，开始布局跨地域的研发和创新活动。同时，技术进步和创新生态系统的日益成熟，尤其是高等教育和研发机构的聚集与融合，催生了不同地区科技创新热点的形成。政策环境的优化，包括知识产权保护的加强、税收优惠政策的加持，以及对外资的进一步开放，鼓励了合资企业在更广泛的地区进行科技创新。最后，基础设施的改善，特别是在交通网和通信网的升级，使合资企业能够在更广泛的地区进行高效的业务运营和创新活动。此外，人才流动性的增加和培训机会的增多，为合资企业在多个地区招聘和培训专业人才、支持其创新活动提供了便利。

（二）局部空间格局的演化特征

根据 Moran's I 指数散点图分布情况，可将位于第 1 象限和第 3 象限的省份分别界定为"高—高（HH）"和"低—低（LL）"聚集类型，其局部 Moran's I 均大于 0；位于第 2 象限和第 4 象限的省份则分别属于"低—高（LH）"和"高—低（HL）"聚集类型，其局部 Moran's I 均小于 0。综合来看，中外合资企业科技自主创新能力的省级局部空间特点如下（如图 5-5 所示）：首先，HH 型是指本省份和相邻省份的中外合资企业科技自主创新能力都处于高水平，空间格局呈现高水平聚集现象。2015～2021 年 HH 型的省份数量从 6 个减少到 4 个，占总省份的比重从 23.08% 减少到 15.38%，说明高聚集空间状态在消散。其次，LL 型是指本省份和相邻省份的中外合资企业科技自主创新能力都处于低水平，空间格局呈现低水平聚集现象。2015～2021 年 LL 型的省份数量在波动中略微减少，从 9 个降到 8 个。再次，HL 型是指本省份的中外合资企业科技自主创新能力较高，而相邻省份则处于低水平，出现了一种空间非均衡状态——高低聚集状态。HL 型省份数量呈现先上升后下降的特征，并在 2015～2021 年整体上升 1 个，涨幅 16.67%。最后，LH 型是指本省份的中外合资企业科技自主创新能力较低，而相邻省份较高，是一种低高聚集状态的空间非均衡状态。在 2015～2021 年，LH 型的省份数量由 5 个缓慢增加到 7 个，增加 40%。总体来看，LH 型和 HL 型非平衡空间聚集状态在不断扩大。

（个）

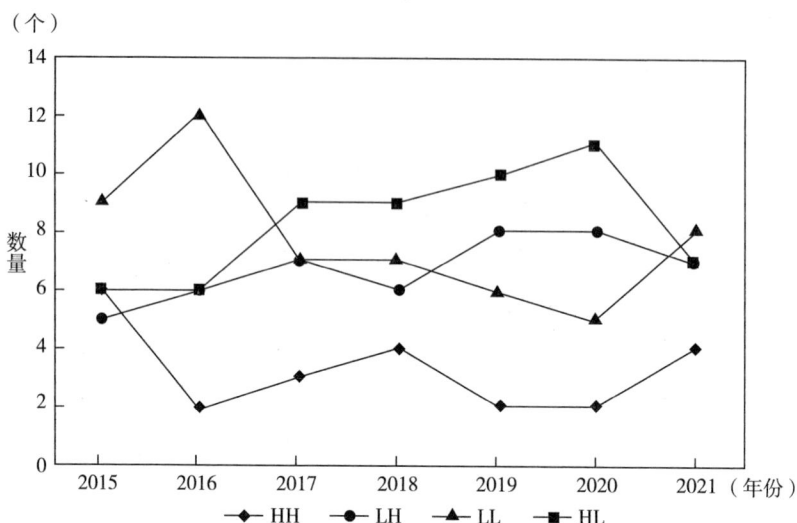

图 5-5　省级研究单元的中外合资企业科技自主创新能力局域空间的演化特征

进一步利用 Arc GIS 软件刻画出 2015~2021 年省级研究单元中外合资科技自主创新能力四种聚集类型的空间布局。可以大致看出其空间聚集类型的演化路径：

第一，HH 型逐步演化为 HL 型，典型省份是浙江。主要原因在于浙江省独特的经济结构、地理优势、政策支持和企业创新文化。首先，浙江省作为中国东部沿海的经济重镇，拥有更加成熟和多元化的工业基础，特别是在轻工业、机械制造和电子信息等高新技术领域。其次，浙江省政府对科技创新的支持力度大，提供了一系列优惠政策和资金支持，吸引了大量外资和高科技人才。再次，浙江省地理位置优越，接近国际市场，便利的交通和物流对于这一特殊类型的企业——中外合资企业的发展尤为重要。最后，浙江省的企业文化倾向于创新和风险承担，这种文化氛围促进了科技创新和企业家精神的发展。而相比之下，周边一些省份，如福建可能在某些方面存在劣势，如工业基础不够多元化、政策支持和资金投入相对较少、地理位置和交通条件不如浙江省便利，以及企业创新文化相对不够浓厚等，这些因素都可能使浙江产生虹吸效应，从而使浙江省与邻近省份在中外合资企业科技自主创新能力上的差异日渐扩大。

第二，LH 型逐渐演变为 LL 型，代表省份是黑龙江。主要原因在于：首先黑龙江省作为东北地区的重要组成部分，受到传统工业结构的影响，尽管政府积极促进产业结构的转型和升级，并且大力推广新兴产业的发展，但因相关政策缺乏长期连续性，从而影响了产业发展的稳定性和可预测性，这导致其经济转型和科技创新相对滞后。其次，黑龙江省地理位置优势不突出，离经济更发达的东部沿海地区较远，限制了其与国内外市场的互动和技术交流。再次，相比其他省份，黑龙江省在吸引外资、人才政策支持和创新激励方面优势不明显，这在一定程度上制约了合资企业的科技自主创新能力。最后，周边省份也面临类似的挑战，如工业结构单一、技术基础薄弱、缺乏足够的政策激励等，这些因素的共同作用导致黑龙江省及其周围邻近省份的中外合资企业在科技自主创新能力上的差异越来越小，且整体水平偏低。

第三，LL 型演化为 HL 型，代表省份是河北。这主要归因于河北省近年来在经济结构调整和创新驱动策略上的积极努力。随着京津冀协同发展战略的深入实施，河北省得以更好地利用其地理优势，与经济发达的北京和天津进行产业链上的有效对接和资源共享，外资带来的技术溢出效应变得更明显。此外，河北省政府在加大科技创新政策支持力度、改善投资环境、加强基础设施建设以及推动人才引进和培养方面取得了显著成效。这些措施显著提升了河北省合资企业的创新能力。

第四，HL 型逐步演化为 HH 型，代表省份是湖北。主要由三个因素共同推动：首先，湖北省及其邻近省份（中部地区）均积极响应国家关于创新驱动发展的战略，通过增加科技创新投入、优化创新环境、改善基础设施建设等措施，促进科技自主创新能力的提升。其次，随着长江经济带区域协同融通的强化，中部地区区域协调发展的深入推进，湖北省与邻近地区在产业发展、人才流动、技术交流等方面的合作更加紧密，有助于共享资源和经验，进而推动各自的科技自主创新能力发展。最后，湖北省自身拥有较强的教育和科研基础，加之中部地区拥有较为完整的工业体系和丰富的自然资源，产业集群效应明显，产业链创新链深度融合，这些条件都促进了合资企业围绕本土特定优势进行以基础研究为重心的科技创新活动，使整个区域内和区域间的科技自主创新能力呈现良好的增长态势。

第六节
本章小结

一、研究结论

本章运用熵值法对中外合资企业科技自主创新能力进行综合评价，探讨 2015~2021 年不同地区和不同行业的综合评价动态变化，并利用核密度估计和 Moran's I 指数空间统计方法剖析其时空演化特征，得到以下结论：

第一，我国本土创新研发环境竞争力逐渐增强。一级指标中创新投入和创新支撑环境是决定合资企业科技自主创新能力的关键因素；二级指标中企业整体创新投入的规模和结构，尤其是基础研究投入占比，对科技自主创新能力有重要影响，我国本土经济、教育、基础设施和科技的发展，以及外资的母国支持，对提升中外合资企业科技创新能力起到促进作用；三级指标中研发投入经费和人员数量、基础研究中的经费和人员投入强度等因素对合资企业科技自主创新能力的影响较大。

第二，中外合资企业的科技创新能力在总体上、各地区和各行业均得到提升。总体来看，创新投入提升速度最为显著。从地区分布来看，我国东部地区的中外合资企业科技自主创新能力一直处于前列；从增速来看，中部地区和西部地区提升较快；从行业分布来看，建筑业、采矿业和信息传输、软件和信息技术服务业的科技创新能力排在前列，其中建筑业增速最快，而农、林、牧、渔业及水利、环境和公共设施管理业始终处于低值段。

第三，从全域时序演化特征来看，中外合资企业科技自主创新能力整体上逐年提升，低水平中外合资企业在减少，高水平企业逐年增加，但企业之间的差异逐步扩大。从局部时序演化特征来看，我国东部、中部、西部和东北四大区域的中外合资企业科技自主创新能力均有所提升，东部地区和东北地区的差异呈现先缩小后扩大的特征，中部地区差异逐步扩大，

— 118 —

而西部地区先持平后缩小；四个地区高水平中外合资企业数量均逐年增加，低水平企业数量均明显较少，且四个地区高值区域和低值区域的中外合资企业科技自主创新能力均得到提升。

第四，从全局空间演化特征来看，各省的中外合资企业科技自主创新能力在空间上存在不稳定的分散趋势，具有高—低（低—高）空间非平衡聚集特征，即本省和邻近省份的中外合资企业科技自主创新能力差异较大。从局部空间演化特征来看，高—低型和低—高型省份数量总体上增加，而高—高型和低—低型总体减少，大部分省份处于空间非均衡聚集状态。从各类型的演化路径来看，大致可判断出高—高型和低—低型演化为高—低型，低—高型演化为低—低型，高—低型演化为高—高型。

二、建议

针对上述结论，本书对新时代下如何提升中外合资企业的科技自主创新能力提出以下建议：

第一，聚焦基础科学研究和原始创新，优化企业创新投入结构，着力打造中外合资企业科技创新的新动能。为了成为科技创新的主导力量，中外合资企业应专注于基础科学研究和原始创新，并且要加大在资金和人才方面的投入，调整研发投资的结构，特别是要把研发的焦点转移到基础科学领域；通过在科学研究上的突破来推动技术创新，并以创造原创性科技成果为目标，最终促进合资企业科技自主创新能力提升。同时，企业要加强与高校和科研院所的产学研合作，这样不仅可以降低企业进行基础研究的风险和成本，还能加速科技成果的转化和应用。通过加大投资、优化资源配置和加强与学术机构的合作，企业能够在科技创新的道路上取得更大的进展和成功。综上所述，中外合资企业的科技创新，特别是在基础科学研究和原始创新领域的投入，对于提升其自主创新能力和长期竞争力至关重要。

第二，重点关注并充分利用我国本土特定优势，探索中外合资企业科技创新能力提升的新资源。虽然跨国公司母国的条件和资源有利于提升中外合资企业以基础研究为重点的科技创新能力，但是这并不足以完全支持其海外子公司创新过程中的所有需求。因此，为了实现高水平的科技创新，中外合资企业需要深入挖掘并有效利用中国本土特定优势，如超大规模市场、丰富的人才资源、充足的资本投入、先进的数字技术、健全的基础设施和完备的产业链、与本土企业和研究机构的合作以及举国体制等优势。为促进将本土特定优势有效地转化为企业竞争优势，政府需努力营造一个市场化、法治化和国际化的营商环境，确保公平、透明，同时完善整个产业链、供应链、创新链的体系结构并促进其融合发展，有效激发企业的创新潜力，促进企业科技创新能力提升。此外，政府还需要加大对科技研发的投入，强化科技人才的培养，并建立科技成果的转化机制。与此同时，中外合资企业自身需积极融入区域创新体系，加快构建本土创新生态系统，通过利用本土的科技资源、人才和管理经验，并结合自身的生态位，更好地整合和赋能其创新生态系统，从而进行融通创新。基于此，中外合资企业不仅能在中国的本土市场取得科技创新能力提升，还能在跨国公司的全球创新网络中实现其定位的转型和升级。因此，一个综合的、多元化的创新策略，结合了国际资源和本地优势，对于提升中外合资企业的科技创新能力是至关重要的。

第三，推动区域协调发展，形成"齐前进"的中外合资企业科技创新新格局。相比中部地区和东部地区在高水平对外开放和吸纳高质量外资的优势而言，东北地区和西部地区合资企业创新能力固然存在差距。因此，东北地区需凭借其在基础研究和原创性创新方面的良好基础；西部地区需加强科学投入，从而一方面吸引高水平外资，另一方面加强与东部地区、中部地区的协调发展，以提升其合资企业的科技创新能力。此外，有必要通过建立和完善本土创新资源合作流动机制，加速资源、市场、教育、资本和技术等本土优势资源的双向流动，促进产业链、创新链和供应链的深度融合，加强区域间的信息交流和技术共享，以进一步增强跨区域的创新生态系统融通发展，从而解决那些创新资源较为匮乏和质量不高的省份的问题，有效地缩小区域间的发展差距，实现不同地区中外合资企业科技创新能力的均衡发展和全面提升。通过这种"先进带后进"的模式，可以辐射并带动周边省份中外合资企业在科技创新方面的发展，从而创造出一种空间的"同群效应"，形成局部带动整体的协同发展新格局。需要注意的是，在这个过程中，应更多地关注创新政策的本土化应用，确保各地区根据自身的特点和优势制定和实施创新策略。

中外合资企业科技自主创新
能力提升路径研究

第五章通过对新时代中外合资企业科技自主创新能力评价指标体系的分析，构建了以创新投入、创新产出以及创新支撑环境为一级指标的评价体系，并发现创新投入和创新支撑环境是决定中外合资企业科技自主创新能力的关键因素。本章则通过系统综述法整合相关文献，提取与中外合资企业及科技创新能力相关关键词，以上述指标为标尺，探究现有文献对于中外合资企业科技自主创新能力提升的路径及其演化的逻辑，构建了中外合资企业科技自主创新能力提升的环境—行动—结果综合框架，以试图解决以下三个问题：中外合资企业科技自主创新能力提升路径有哪些？中外合资企业为提升科技自主创新能力所采取的行动以及其影响因素是什么？路径选择的结果效应怎样？

第一节
问题提出

本书原计划以中国工业数据库及大量成功案例为基础，采取大数据分析方法对中外合资企业科技自主创新能力提升路径进行研究，该方法需经过大量实地调查采集信息和数据分析。因此，经审慎考虑，决定将原定大数据分析方法改为文献计量法，通过科学运用系统综述法，对 2000 年至 2023 年 3 月 31 日中外合资企业科技自主创新能力提升路径相关的文献进行分析。

目前，已有大量文献对通信设备、汽车、家电等制造业的中外合资企业科技自主创新能力相关问题进行了研究，总体呈现以下特点：从研究方法来看，大多文献通过案例研究方法（Nam，2011；谢伟，2006；郭振军和汪建成，2006；范黎波等，2008；吴先明和梅诗晔，2016；Helveston et al.，2019；白让让，2022）探讨了中外合资企业科技创新过程相关的主题，但缺乏对其提升过程的系统梳理和全面揭示；从研究内容上来看，这些研究关注于科技自主创新的典型模式（冯德连，2007；周煜等，2008；王江等，2009；吴晓波等，2010；杨德宏，2010；朱方伟等，2013；Zheng et al.，2018），或简单陈述创新能力提升的路径过程（彭纪生和孙文祥，2005；郭振军和汪建成，2006；周煜和聂鸣，2007；Li and Zhou，2008；李健等，2010；Nam，2011；Sun and Lee，2013），或讨论其影响因素及政府作用等（赵增耀，2007；冯德连，2007；谢祥等，2012；万威和龙小宁，2023），但是对于中外合资企业科技自主创新能力提升路径的选择及其背后的逻辑遵循缺乏深入的诠释和整合性分析，未能构建一个中外合资企业科技自主创新能力提升路径的综合框架。

基于此，首先，本书利用系统综述法（Systematic Literature Review，SLR）对该领域的研究进行系统梳理，同时以创新投入、创新产出、创新支撑环境为标尺衡量中外合资企业的科技自主创新能力，相比传统的文献综述法和单一的创新能力指标而言，能更客观全面地揭示中外合资企业科技自主创新能力提升这一复杂过程。其次，本书围绕中外合资企业科技自主创新能力提升路径的内外部环境，中外合资企业科技自主创新能力提升采取的行动以及路径选择的结果效应，进一步整合和深化研究成果，提出中外合资企业科技自主创新能力提升的环境—行动—结果综合框架，一方面，有利于明晰中外合资企业从"以市场换技术"到科技自主创新能力提升的过程，揭示其科技自主创新能力提升的背后逻辑，消除"以市场换技术"等对于科技自主创新能力提升的认识误区；另一方面，有助于为中外合资企业冲破外方的核心技术封锁、提升科技自主创新能力道路指明正确的方向。最后，本书总结了现有研究启示，拓展了中外合资企业科技自主创新能力提升路径的研究空间。

第二节
研究方法与数据来源

为了全面回顾中外合资企业科技自主创新路径的相关研究，同时为了避免主观性和个人偏见，本书并未选取传统的文献综述方法，而是采用系统综述法（Tranfield et al.，2003）。系统综述法是研究者以不同的数据库为来源，借助信息检索与分析技术，使用标准化程序对文献进行识别、筛选与整合的方法。该方法基于精确的研究问题，采用严格的纳入标准和排除标准，是针对某一专题或研究领域进行全面准确评价研究结果的研究方法，具有客观性、创新性、标准化等优点。

　　同时，为了保证研究主题的完整性，本书用中外合资企业以及相关替代词进行检索，由于中外合资企业是外商在华直接投资采用最多的方式，因此，将"外商直接投资"也纳入梳理范围。最终，本书以"合资""合资企业""国际合资企业""中外合资企业""外商直接投资""跨国公司""技术创新""自主创新""创新"为主题在中国知网进行主题检索，为保证中文文献的质量，重点检索中国知网数据库收录的 CSSCI 来源期刊中的经济与管理科学类别中的文献；关于英文文献的获取，以 TS =（International Joint Venture OR IJV OR Joint Venture * OR Chinese–Foreigner Joint Venture * OR Sino–foreign Joint Venture * OR Multinational Companies * OR Multinational Corporation * OR MNE OR MNC）AND TS =（Innovat * OR Technology Innovat * OR Independent Innovat *）为检索式在 Web of Science 核心合集数据库中进行检索，将文献类型限定为 Article，语种为 English，检索时间限定为 2000 年至 2023 年 3 月 31 日，为了提高检索的精确性，将学科类别限定在 *Management or Economics or Business*。

第三节
数据分析过程

　　本书采用系统综述法对中外合资企业科技自主创新能力提升路径进行研究，具体分为两步进行：第一步，文献检索与筛选；第二步，数据分析。

一、文献检索与筛选

本书首先进行文献检索，根据前述检索词和期刊来源要求，共获取1334篇中文文献和2123篇英文文献。其次再分两步对文献进行筛选：第一步，制定文献排除标准，以更精准、更高效地筛选文献；第二步，根据所制定的排除标准，对文献进行初筛与次筛。

所制定的4项文献排除标准如下：一是只与合资企业相关、只与科技自主创新相关或与两者都不相关的文献。二是与合资企业科技自主创新相关，但是没有谈及创新路径的文献。三是研究对象是中外合资企业，所以，不是中外合资企业以及在国外市场的合资企业不在纳入范围之内。四是书评、社论、综述类文献等。

首先，根据以上文献排除标准，通过浏览文献标题、摘要和关键词进行初步筛选，此阶段剔除中文文献1112篇，纳入222篇；剔除英文文献1810篇，纳入313篇。其次，根据文献排除标准，通过仔细阅读全文内容进行二次筛选，此阶段剔除中文文献175篇，纳入47篇；剔除英文文献290篇，纳入23篇。通过上述过程，最后基于精选的47篇中文文献和23篇英文文献进行数据分析（如图6-1所示）。

二、数据分析

利用Excel提取文献的以下主题：作者年份、期刊、研究问题、科技自主创新路径、影响因素，对所有文献都基于设定的主题由第一作者进行编码，从不同年份的发文量和文献在不同等级的期刊上发表的频率两个角度进行数据分析。从不同年份的发文量来看（如图6-2所示），对这些主题的研究整体呈现上升趋势，文献数量在2003年开始增长，在2008年和2009年达到了6篇，表明学术界对于这一主题的兴趣明显增加，并逐渐重视。

从文献在不同等级期刊上发表的频率看，在49种期刊中（中文期刊37种，英文期刊12种），中文期刊排名最高的是《管理世界》《科技进步与对策》《科学学研究》（各3篇）；英文期刊排名第一的是 Journal of International Business Studies（共4篇）（如表6-1所示）。

建立SLR研究问题

•中外合资企业技术创新能力提升路径有哪些?
•中外合资企业技术创新能力提升采取的行动以及其影响因素是什么?
•路径选择的结果效应怎样?

设定包含标准

检索边界

•Web of Science
核心合集数据库
•中国知网

检索词

•TS=（ "Joint，Venture*OR International
Joint Venture "OR" Chinese-Foreigner
Joint Venture Enterprise OR
Sino-foreign Joint Venture OR Strategic
Alliance OR Multinational companies" ）
And Ts=（ Innovation OR Technology
Innovation OR The Independent
Innovation ）
•"合资"或"合资企业"或"战略联盟"
或"外商直接投资"或"跨国公司"或
"进入模式"和"技术创新"或"自主
创新"或"创新"

检索时间

截至2023年
3月31日

确定排除标准

•只与合资企业相关、只与科技自主创新相
关或与两者都不相关的文献
•与合资企业科技自主创新相关,但是没有
谈及创新路径的文献
•不是中外合资或不是在华中外合资企业不
在纳入范围之内
•书评、社论、综述类文献等

数据分析
对70篇文献编码

结果报告

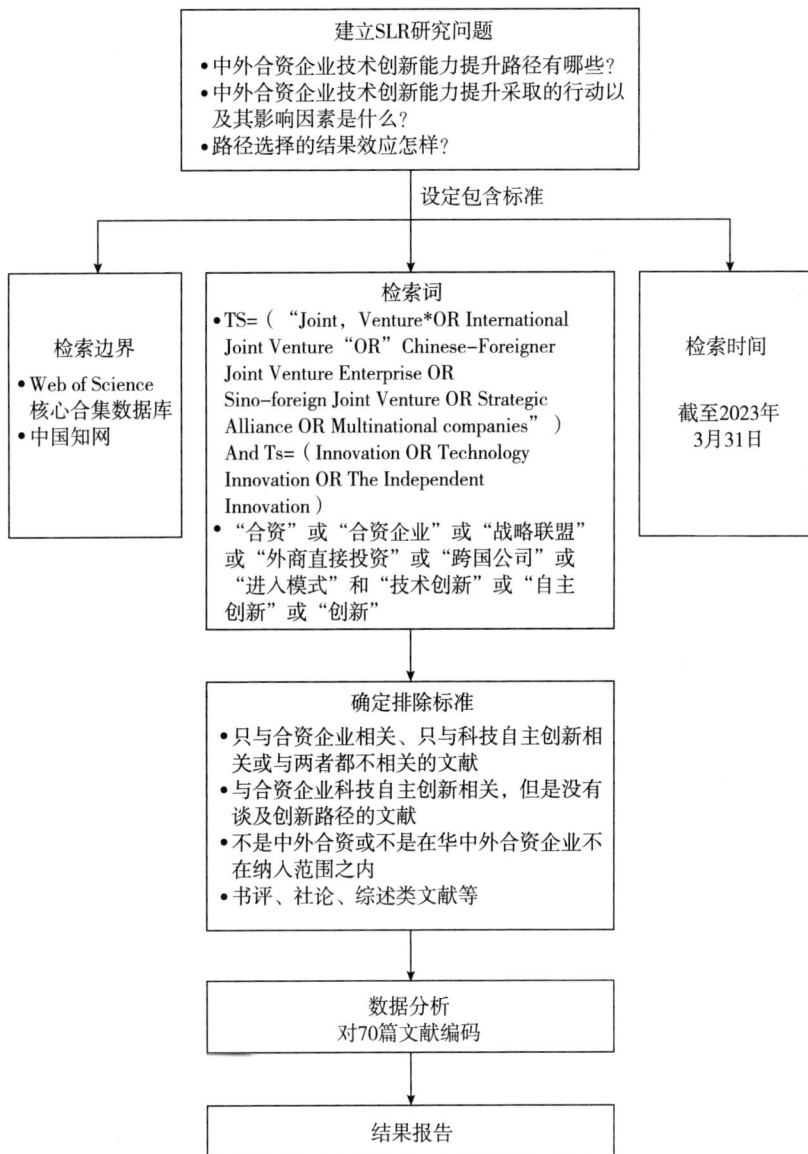

图 6-1　系统文献综述过程

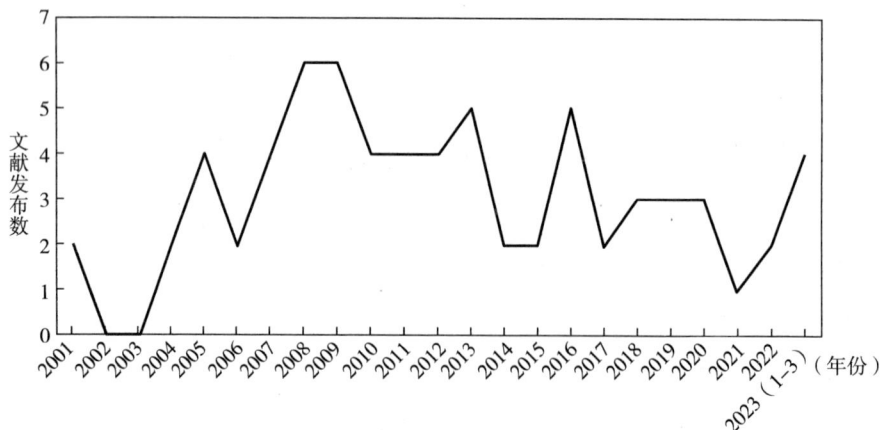

图 6-2　文献发表年份分布

表 6-1　相关文献在期刊上发表的频率

期刊名称	频率
Journal of International Business Studies	4
《管理世界》；《科技进步与对策》；《科学学研究》；*Journal of International Marketing*；*Research Policy*	3
《科学学与科学技术管理》；《科研管理》；《研究与发展管理》；《中国软科学》；*International Business Review*；*Journal of World Business*；*Strategic Management Journal*；*Technology Analysis & Strategic Management*	2
《财贸经济》；《当代经济科学》；《管理工程学报》；《国际经济合作》；《技术经济》；《江淮论坛》；《经济地理》；《经济管理》；《经济纵横》；《科技管理研究》；《科技与管理》；《南开经济研究》；《企业经济》；《清华大学学报（哲学社会科学版）》；《商业经济与管理》；《上海经济研究》；《世界经济研究》；《武汉大学学报（哲学社会科学版）》；《西部论坛》；《现代经济探讨》；《学术月刊》；《浙江大学学报（人文社会科学版）》；《中国科技论坛》；《重庆大学学报（社会科学版）》；《自然辩证法研究》；《产业经济评论》；《经济评论》；《山西财经大学学报》；《北京工商大学学报（社会科学版）》；《经济问题》；*Industrial and Corporate Change*；*International Journal of Industrial Organization*；*Journal of International Management*；*Journal of Product Innovation Management*；*Journal of Multinational Financial Management*	1

第四节
中外合资企业科技自主创新能力提升的三条路径

　　路径是实现目标的具体方法以及过程，出于研究问题和研究目的的不同，学者们基于不同的视角对中外合资企业科技自主创新能力提升的路径做出了不同的描述。通过文献梳理（如表6-2所示），本书对中外合资企业科技自主创新能力提升的路径进行了概括和划分，归纳起来，当下中外合资企业科技自主创新能力提升路径主要有三条（如图6-3所示）：一是基于开发本土市场视角的市场导向型路径："以市场换技术"—消化吸收—改造创新—自主开发本土化技术；二是基于技术更新视角的技术导向型路径："以市场换技术"—联合研发—合作创新—开放式自主创新；三是基于技术引领和全球战略布局视角的战略导向型路径："以市场换技术"—研发创新—自主开发核心技术。不同导向的科技自主创新能力提升路径具有不同的特点，对于科技自主创新能力提升的效果也会有所不同：市场导向型的路径更多提升的是中外合资企业的制造能力；技术导向型的路径提升了企业的设计能力；战略导向型路径提升了企业的自主研发能力。

表6-2　中外合资企业科技自主创新能力提升路径

路径类型	频次	引用
市场导向型路径	27	许治和师萍（2005）；彭纪生和孙文祥（2005）；谢伟（2006）；郭振军和汪建成（2006）；周煜和聂鸣（2007）；赵增耀（2007）；冯德连（2007）；范黎波等（2008）；周煜等（2008）；黄烨菁（2008）；赵增耀（2009）；土江等（2009）；Zhao和Anant（2009）；杨德宏（2010）；艾少伟和苗长虹（2011）；江诗松等（2011）；Nam（2011）；洪茹燕（2012）；黄锦华（2013）；Chen等（2014）；罗顺均（2015）；孙喜和路风（2015）；Jin等（2016）；徐宁（2017）；杨燕（2020）；Sun等（2021）；Hu（2023）

路径类型	频次	引用
技术导向型路径	27	Sinha（2001）；刘自新（2004）；郭振军和汪建成（2006）；周煜和聂鸣（2007）；冯德连（2007）；詹长春（2007）；范黎波等（2008）；詹也（2008）；黄烨菁（2008）；詹长春（2008）；赵增耀（2009）；唐丽娜和萧延高（2009）；Li 和 Kozhikode（2009）；Fang 和 Zou（2010）；张化尧等（2012）；李晶晶和杨震宁（2012）；朱方伟等（2013）；Yao 等（2013）；Chen 等（2014）；罗顺均（2015）；孙林杰等（2016）；Jin 等（2016）；Chen 等（2017）；Zheng 等（2018）；郑飞虎等（2019）；Sun 等（2021）；Chen 等（2020）
战略导向型路径	17	彭纪生和孙文祥（2005）；郭振军和汪建成（2006）；赵增耀（2007）；冯德连（2007）；詹长春（2007）；范黎波等（2008）；詹也（2008）；黄烨菁（2008）；詹长春（2008）；赵增耀（2009）；唐丽娜和萧延高（2009）；王江等（2009）；涂颖清和陈文（2011）；Nam（2011）；谢祥等（2012）；罗顺均（2015）；吴先明和梅诗晔（2016）

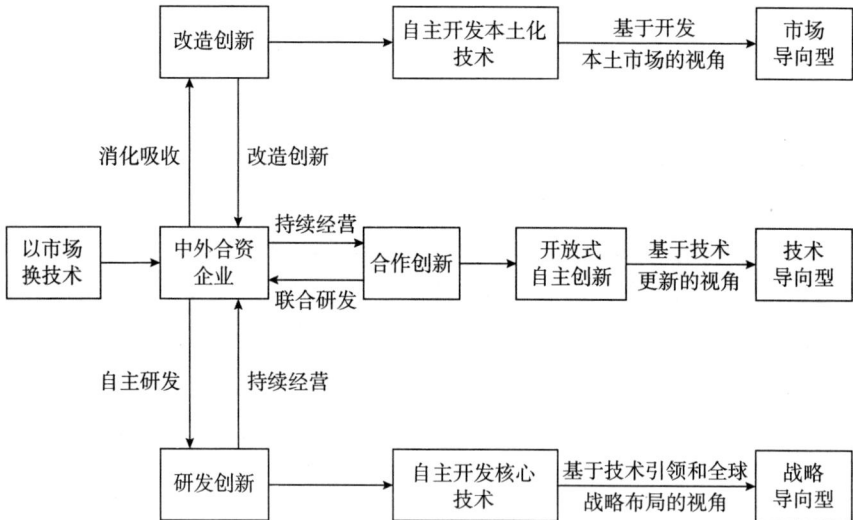

图 6-3　中外合资企业科技自主创新能力提升路径

一、基于开发本土市场视角的市场导向型路径

市场导向型路径是指在"以市场换技术"背景下，中外合资企业引进外国先进技术，通过技术外溢产生的扩散效应不断转型升级，逐渐掌握了基本原理及相关技术（妥燕方和孔令池，2023），从而在技术积累的基础

上形成了自己的研发能力，能够对引进技术进行本土化改进创新的过程（王江等，2009）。市场导向型的路径是一种"当地适应"型创新，其创新的本质是适应性的（谢伟，2006；艾少伟和苗长虹，2011），是在引进消化外方技术的基础上根据中国市场的特点以及中国用户的特定需求，进行本土化的改造，开发出符合中国市场、针对中国用户的产品，以此来适应中国消费者的口味（谢伟，2006；郭振军和汪建成，2006；周煜和聂鸣，2007；周煜等，2008；Zhao and Anand，2009；杨德宏，2010；Nam，2011；杨燕，2020；Sun et al.，2020）。但在本土市场需求日益变化和技术赶超心态的内在驱使下，外方技术已然不能满足国内市场需求，于是中方通过持续投入，进行本土技术开发（范黎波等，2008）。

合资初期，合资企业中外双方因分别持有市场和技术优势不谋而合，大多数中外合资企业是由拥有先进技术的外方以及在当地市场拥有更多经验和网络的中方企业组成（Hu，2023）。外方看重的是中国巨大的潜在市场和廉价的劳动力，而中方追求的是外方的资金和先进技术（Sinha，2001；赵增耀，2007；范黎波等，2008；白让让，2022）。Zheng 等（2018）用产品生命周期理论解释了"以市场换技术"的可能，因为跨国公司的成熟技术在发达国家失去了竞争优势，但其在发展中国家仍可能扮演先进技术的角色。在"以市场换技术"背景下，跨国公司将在发达国家已经失去竞争优势的技术转移到发展中国家，为其寻求新的市场，从而进一步追求特殊利润。与此同时，由于本土合资伙伴与跨国公司存在较大技术差距，且创新能力不足，从而使通过吸收外方的转移技术来提升企业创新能力成为可能。在外方技术转移过程中，中外合资企业通过消化吸收外方技术，并通过根据中国市场的特点进行改造创新来提升本土企业的技术研发能力，从而能够逐步自主开发和生产（杨德宏，2010；涂颖清和陈文，2011），进而能够实现从价值链低端向高端的升级（周煜和聂鸣，2007）。

该路径具有以下特点：第一，该路径以外方技术为基础，以本土市场开发为目标，只是在合资企业外方产品框架内进行的本土适应性改进（谢伟，2006；孙喜和路风，2015），更多关注的是当地市场和客户，重在预测市场变化并满足潜在客户需求，为其开发合适的产品（Chen et al.，2014），使现有产品适应中国市场（Jin et al.，2016）。第二，关键核心技术仍由外方掌握，其所转让的技术大多为落后技术，中方企业缺少独立研发平台、配套产业和人力资源（白让让，2022），无法完成技术集成（周煜和聂鸣，2007；周煜等，2008；杨德宏，2010），也不足以形成具备关键技术与核心技术的自主创新能力（彭纪生和孙文祥，2005；Dunlap et al.，2016），跨国公司向合资企业提供的是技术能力的具体"成果"，而不是技术能力本身（Nam，2011）。第三，该路径下的中外合资企业是跨国公司在华战略的执行者，立足于开发中国本土市场。第四，该路径下的科技自主创新缺乏主动性、超前性以及对合资外方的技术存在依赖性，甚至会受到技术壁垒、市场壁垒、法律制度等方面的制约（冯德连，2007）。

合资外方通过技术转移，提供技术或管理培训等方式为中方合资伙伴进行生产现场中的"干中学"提供了机会（谢伟，2006；江诗松等，2011），这些举措在一定程度上提高了中外合资企业的生产制造能力。但是，中外合资企业在创新能力方面仍严重不足，表现为尚未建立研发机构、缺乏有组织的研发活动。该路径下，中方企业虽然提高了自身制造能力，但是掌握的技术仍旧是零散的，没有形成技术知识体系，很难进行自主研发，无法掌握自主知识产权。因此，为了实现中外合资企业从跨国公司在华执行者向战略领导者的转变，避免成为跨国公司的附庸，合资企业中方需要在合资的基础上进行自主开发，在合资企业中方母公司框架内建立本土研发机构，利用合资企业的技术溢出提升技术能力（许治和师萍，2005）。

二、基于技术更新视角的技术导向型路径

技术导向型路径是指在引进消化吸收的基础上，通过项目合作、技术合作（李晶晶和杨震宁，2012；罗顺均，2015）、人才引进（唐丽娜和萧延高，2009）等多种方式获取、整合国内外技术资源，利用合资双方的互补知识和资源，进行组合集成（Chen et al.，2020），从而实现合作创新的开放式创新路径（Fang and Zou，2010；Yao 等，2013；Jin et al.，2016）。该路径重视开展与跨国公司的技术合作，借助跨国公司的研发优势，利用其资金、人才和技术等资源提升合资企业的科技自主创新能力。具体来说，中外合资企业通过消化、吸收、再创新缩小与跨国公司的技术差距，创造条件与跨国公司合作成立研发机构，并开始承担部分研究工作，逐步

融入跨国公司的创新链，从而使企业能够融入全球技术开发的主流趋势（刘自新，2004）。当中外合资企业拥有独立自主研发平台，中方技术人员可以整合现有技术进行系统集成和联合开发时，中方技术人员就可以快速学到外方先进的系统集成技术，把技术知识和经验转化为组织内生的技术能力，最终形成自身的科技自主创新能力（郭振军和汪建成，2006；周煜和聂鸣，2007；黄烨菁，2008）。

随着中国改革开放的深入推进、国内消费市场的活跃，以及跨国公司开放式创新战略的深入实施，中国企业的科技自主创新能力不断提高，中外合资企业在本土适应性开发以及新产品开发和设计等方面拥有了更多的话语权，且能够推出基于合资企业的自主创新品牌（郑飞虎等，2019）。开放式创新背景为"以市场换技术"创造了新的机会，一方面，跨国公司在此背景下将积极地对外进行技术转让；另一方面，中国作为东道国市场具有强大的吸引力，主要表现为通过与跨国公司进行合作并吸收其成熟技术，跨国公司则通过开发技术平台来进行技术转让或进行合作研发（Zheng et al.，2018）。

由此可见，技术导向型路径具有以下特点：第一，该路径下的中方通过"在研发中学"积极参与产品开发；第二，重视与跨国公司的技术合作，并开始承担一部分研究工作；第三，拥有进行系统集成和联合开发的技术平台，可以借助跨国公司的研发优势以及合资双方的互补知识和能力实现科技自主创新能力提升；第四，注重对最新技术的获取、吸收和利用，倾向于投入大量资源进行研发，不断更新技术并积极应用新技术，关注技术进步，强调技术领先产品的开发。该路径下的中外合资企业可以通过技术升级来迭代其竞争优势，能够主动适应甚至塑造新兴市场的技术趋势（Chen et al.，2014）。在这种开放式创新路径下，中方带着自身优势，主动寻找合作伙伴，并通过这种国际合作逐渐积累了核心技术（张化尧等，2012）。

基于技术更新视角的技术导向型路径是提高中外合资企业技术研发能力的一条重要路径，有利于帮助其产业链升级，如通过与技术能力略强于自己的企业展开合资有利于快速获取知识，在双方围绕合作项目展开生产和技术互动中，可以逐步获取较为先进的技术知识（罗顺均，2015）。当合资企业选择将合资作为引进消化吸收的知识沉淀与集成平台方式时，可通过多种获取渠道进行关键技术知识的转移；这种自主开发实验平台有利于建立技术体系，提升技术能力，为企业的知识集成和自主创新创造条件（朱方伟等，2013）。该路径下，通过外方的技术援助和技术人员培训，结合不断的学习和工作实践，中外合资企业逐渐掌握了成熟的技术，拥有了相对独立并具特色的研发团队，设立实验工厂来应对研发工作和客户需求，并通过聘用外方退休技术人员培养中方研发人员，通过项目交流提升合资企业的开发能力（范黎波等，2008）。

在这一路径下的中外合资企业设计能力和研发能力都在一定程度上得以提升，企业通过技术更新增强了整体的创新能力，并有利于实施科技自主创新，开发技术领先产品，实现"以技术推动实现市场增长"（Chen et al.，2014）。此外，合作创新虽然可以达到优化创新资源组合、提高资源利用率、共担创新风险、缩短创新周期的目的，但其创新成果也是共享的，企业没有自主知识产权（冯德连，2007）。

三、基于技术引领和全球战略布局视角的战略导向型路径

战略导向型路径是指在"以市场换技术"背景下，中外合资企业已经完全掌握了外方的关键技术，企业通过研发创新来自主开发核心技术（谢祥等，2012；Jiang et al.，2016），以提升企业科技自主创新能力。具体来说，跨国公司在华建立研发中心，而中外合资企业可以通过不断引进人才和持续的研发投入来增强自身研发能力，并基于本土化优势开发出更多具有核心技术和自主知识产权的产品。目前，跨国公司在华研发中心开始具备全球战略布局的视角，不仅是关注对跨国公司内部相对成熟技术的中国本土化改造，而且开始关注如何利用中国的动态要素结构优势来提升中国在跨国公司全球网络中的地位，并将中国的研发资源优势纳入全球研发战略中，为创新价值链服务，实现整体利益最大化（黄烨菁，2008）。总而言之，中外合资企业要想获得持续的竞争优势和科技自主创新能力的提升，需拥有核心技术、创新能力以及自主知识产权并进行持续的研发投入，其中，持续的研发投入和积极获取外部研发资源是企业突破关键技术、实现原始创新的有效途径（吴先明和梅诗晔，2016）。

1997 年，国家出台了《鼓励设立中外合作合资研发中心办法》。此后，

跨国公司在华投资战略作出重大调整，跨国公司开始全面推进在华研发中心建设，且随着跨国公司在华市场竞争的加剧，跨国公司更重视通过本土导向的研发活动来提升市场竞争力。此外，创新驱动发展战略对提高外资利用水平和加强本地技术投入等方面的工作做了整体性战略部署（黄烨菁，2008）。在此背景下，通用公司等一大批跨国公司在华设立全球研发网络和本地市场导向的研发中心（谢伟，2006；唐丽娜和萧延高，2009）。为了更好地进行自主研发，通过在华设立研发中心，中外合资企业开始基于自己的技术研发平台进行自主研发，促成产品不断开发升级，逐渐摆脱了对外方技术的依赖，逐步成为国内市场的引导者（郭振军和汪建成，2006）。

可以看出，战略导向型的路径具有以下特点：首先，该路径下的中外合资企业出于全球战略布局的视角，不仅在战略上服从跨国公司的全球战略要求，而且基于当地市场发展自身核心竞争力，在此基础上形成自身的全球竞争优势（范黎波等，2008）。其次，中外合资企业的外方已经开始将中方视为关键战略合作伙伴（Nam，2011），并将其纳入全球研发资源网络（黄烨菁，2008）；跨国公司在华设立研发中心已成为一种趋势，中外合资企业从专注本土市场开发向国际市场开拓转变，已经具有了全球战略布局的视角。最后，该路径基于合资双方优势互补，强调在独立自主基础上的平等合作，且能够独立研发并拥有自主品牌。

这一路径下，中方具有自主创新的意识，并善于利用中国的市场和政策，通过引进外方先进技术形成自主研发能力。同时始终坚持以中方为主导，以项目为平台，与跨国公司共同进行技术研发，尽可能在短时间内形成自主创新能力。该路径下，中方可以很好地利用跨国公司高起点的研发能力，并以市场为筹码，将主导控制权牢牢掌握在自己手中，最终达到国际先进水平的自主创新能力，做到真正的"以市场换技术"，而不只是简单引进、模仿跟随（郭振军和汪建成，2006）。该路径下的中外合资双方能力互补，拥有平等的合作条件，均可通过不断引进人才和持续的研发投入，逐步形成自主研发能力，通过发挥本土优势，突破关键技术，为原始创新提供有力支撑（吴先明和梅诗晔，2016）。当公司已经具备技术能力时，最大限度减少对跨国公司的依赖变得尤为重要。例如：海尔和北京雪花分别与三菱和美国惠而浦成立合资公司，其中海尔通过研发投入发展自主技术能力和创新能力，而北京雪花则主要依靠外方合作伙伴，最终海尔的科技自主创新能力不断增强，而北京雪花形成了技术依赖。从这两个案例可以发现本土企业在与外国公司合资时发展独立能力的重要性（Li and Zhou，2008）。

第五节

中外合资企业科技自主创新能力
提升路径的综合框架

中外合资企业科技自主创新能力提升的外在表现为其采取的相关创新投入（行动）及取得的创新产出（结果），而其创新投入（行动）选择取决于中外合资企业的创新支撑环境（内外部环境以及具有重大影响的相关情境因素），而其实际创新产出（结果）则由其所采取的创新投入（行动）以及企业所面临的创新支撑环境共同决定。总结来看，中外合资企业科技自主创新能力提升的实现路径为：不同的创新支撑环境（内外环境）驱动导致中外合资企业采取不同创新投入（行动），从而导致最终创新产出（结果）的不同。基于此，本书构建环境—行动—结果（即，创新支撑环境—创新投入—创新产出）的中外合资企业科技自主创新能力提升综合模型（如图6-4所示）。

首先，通过探究影响中外合资企业行动选择的环境因素来明晰中外合资企业科技自主创新能力提升的路径及其逻辑遵循，以此说明中外合资企业的技术引进与技术转移是政府、市场以及跨国公司等相关利益主体复杂博弈的结果，技术的可获得性以及转移的效果反过来也会影响相关主体的博弈行为。其次，本书从科技自主创新路径选择和企业研发投入两个方面分析实现中外合资企业科技自主创新能力提升所采取的行动。最后，选择不同路径及研发投入导致企业最终产生的结果效应也不尽相同。从科技自主创新能力提升的角度来看，中外合资企业的科技自主创新能力提升路径并不是一成不变的，而是随着内外部环境因素以及企业自身的技术积累动态变化的；企业内部环境因素会影响技术转移的效果，而外部环境因素会影响技术的可获得性。

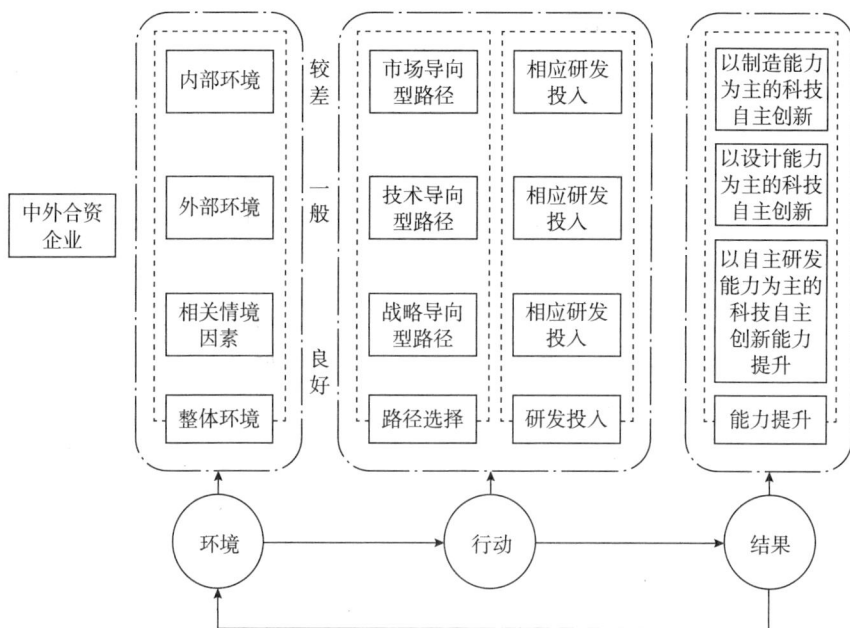

图 6-4　中外合资企业科技自主创新能力提升路径的综合框架

一、环境分析：创新支撑环境因素

中外合资企业作为跨国公司在华设立的子公司，展现出了独特的双重网络特性。它们不仅立足于国内本土的特定优势，还紧密嵌入跨国公司的全球商业网络中，获取国际市场的信息和资源。这种双重网络特性使中外合资企业在全球化和本土化的双重背景下，具备了独特的竞争优势。因此，要深入分析中外合资企业的成功要素和发展动力，不能仅局限于其本土特定优势或海外创新网络，而应考虑两者的结合，本土优势帮助中外合资企业深入了解并适应国内市场环境，实现真正的本土化创新；而海外创新网络能为企业提供更广阔的视野和更多的机会，帮助其在全球市场中脱颖而出。基于此，本书将从国内国际双重视角出发，全面分析包括企业内部环境、东道国和母国双重嵌入的外部环境、其他相关情境的创新支撑环境对中外合资企业科技自主创新路径选择、研发投入等行动的影响（如表6-3所示）。

表6-3　影响中外合资企业科技自主创新能力提升的创新支撑环境要素

	因素	频次	引用
企业内部环境	企业能力	29	Lane 和 Labatkin（2001）；刘自新（2004）；周煜和聂鸣（2007）；赵增耀（2007）；冯德连（2007）；詹长春（2007）；詹也（2008）；周煜等（2008）；詹长春（2008）；赵增耀（2009）；唐丽娜和萧延高（2009）；Fang 和 Zou（2010）；艾少伟和苗长虹（2011）；张化尧等（2012）；洪茹燕（2012）；黄锦华（2013）；朱方伟等（2013）；罗顺均（2015）；吴先明和梅诗晔（2016）；孙林杰等（2016）；郑飞虎等（2019）；杨燕（2020）；Li 和 Zhou（2008）；Zhao 和 Anand（2009）；Mahmood 和 Zheng（2009）；Yao 等（2013）；Chen 等（2017）；Zheng 等（2018）；Howell（2018）
	企业资源禀赋	7	郭振军和汪建成（2006）；冯德连（2007）；詹也（2008）；詹长春（2008）；赵晓庆（2013）；李蕾等（2018）；白让让（2022）
	技术	13	陈松和冯国安（2004）；孙文祥和彭纪生（2005）；赵增耀（2007）；谢祥等（2012）；赵晓庆（2013）；黄江明和赵宁（2014）；徐宁（2017）；郑飞虎等（2019）；杨燕（2020）；Li 和 Zhou（2008）；Chen 等（2020）；Nam（2011）；妥燕方和孔令池（2023）
	合资伙伴间的依赖程度	3	Jin 等（2016）；Le 等（2019）；Sun 等（2021）
	企业家因素	5	许治和师萍（2005）；范黎波等（2008）；朱方伟等（2013）；Chen 等（2014）；杨燕（2020）
	创新的动机和意愿	4	冷民（2005）；洪茹燕（2012）；Chen 等（2017）；Nam（2011）
母国支持	跨国公司的技术控制	14	冷民（2005）；赵增耀（2007）；周煜等（2008）；詹长春（2008）；赵增耀（2009）；杨德宏（2010）；赵晓庆（2013）；罗顺均（2015）；吴先明和梅诗晔（2016）；徐宁（2017）；Chen 等（2017）；Zheng 等（2018）；刘斌斌和李梅羲子（2022）；何明珂（2023）
	知识产权限制	4	冯德连（2007）；范黎波等（2008）；洪茹燕（2012）；Bruno 等（2021）
	跨国公司战略意图	8	刘自新（2004）；孙文祥和彭纪生（2005）；彭纪生和孙文祥（2005）；谢伟（2006）；范黎波等（2008）；黄烨菁（2008）；江诗松等（2011）；Sun 等（2021）
	技术支持	4	朱方伟等（2013）；徐宁（2017）；Sun 等（2021）；Zheng 等（2018）

续表

	因素	频次	引用
东道国政府	相关支持产业	2	Zheng 等（2018）；妥燕方和孔令池（2023）
	政府支持	13	彭纪生和孙文祥（2005）；谢伟（2006）；黄烨菁（2008）；Li 和 Zhou（2008）；Zheng 等（2018）；Sun 等（2021）；刘自新（2004）；孙文祥和彭纪生（2005）；赵晓庆（2013）；徐宁（2017）；Sinha（2001）；Nam（2011）；万威和龙小宁（2023）
	相关法律法规（知识产权保护）	5	刘自新（2004）；赵增耀（2007）；李晶晶和杨震宁（2012）；Mahmood 和 Zheng（2009）；Zheng 等（2018）
东道国市场	东道国市场的吸引力结构	2	黄锦华（2013）；Zheng 等（2018）
	需求水平	7	刘自新（2004）；谢伟（2006）；赵增耀（2007）；黄烨菁（2008）；詹长春（2008）；Mahmood 和 Zheng（2009）；Nam（2011）
其他相关情境因素	中国加入WTO	5	刘自新（2004）；郑飞虎等（2019）；Zheng 等（2018）；万威和龙小宁（2023）；Hu（2023）
	双方贸易关系	2	杨燕（2020）；何明珂（2023）
	金融危机	1	郑飞虎等（2019）

通过总结发现（如图6-5所示），影响中外合资企业科技自主创新能力提升的创新支撑环境因素可以大体分为内部环境、外部环境及其他相关情境因素三类。

（一）内部环境因素

通过文献梳理归纳，中外合资企业所处的内部环境主要包括企业能力、企业资源禀赋、技术、合资伙伴间的依赖程度、企业家因素以及企业创新的动机和意愿六个方面。其中，企业能力主要包括企业的学习能力、技术吸收能力、整合能力以及创新能力；技术因素主要包括技术差距和技术属性；企业家因素主要是指企业家抱负水平（许治和师萍，2005）、企业家对于风险和不确定的容忍度（Chen et al.，2014）、企业高层管理者的眼光和智慧（范黎波等，2008）、企业家危机意识与创新精神（杨燕，2020）等。

第一，企业能力是企业进行创新活动的重要基础。现有相关文献对吸收能力的探讨颇多，吸收能力是企业评估、接收并利用外部知识的能力

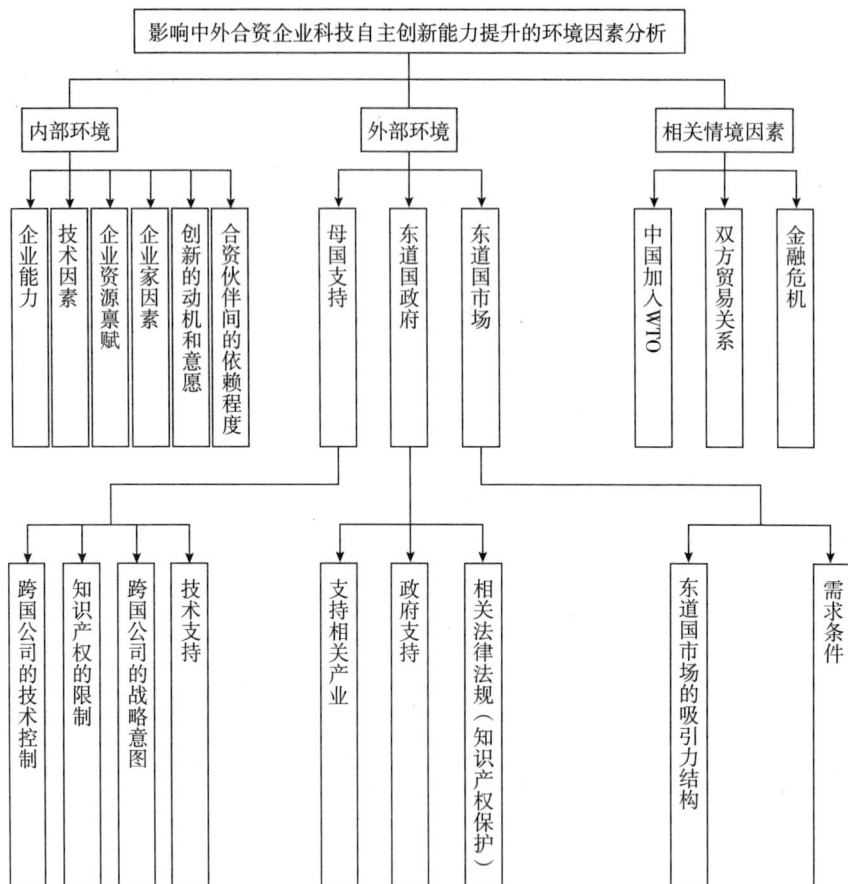

图 6-5 中外合资企业创新支撑环境因素

（杨燕，2020），也是合资企业获取和应用外国母公司知识的主要制约因素（Lane and Lubatkin，2001），在合资企业获取外国母公司知识技术过程中发挥着重要作用。吸收能力对合资企业技术学习的影响受到了国内外学者的广泛关注，他们探讨了其对合资企业获取和应用外方母公司知识、开展学习和培养技术能力，以及溢出效应的发挥等方面的影响。研究表明，吸收能力弱，不利于合资企业开展技术学习和培养技术能力（詹长春，2008），具体而言，吸收能力越强，越有助于吸收跨国公司转移的技术，因为具有较强吸收能力的企业与外部网络建立联结的可能性越大，并且能够进行有效的知识交流和互动学习（洪茹燕，2012）；吸收能力越弱，会越容易产生技术依赖，因为即使跨国公司愿意将新知识转移给本土合资伙伴，本土合资伙伴若不能很好地消化吸收，也不能进行真正的自主创新（Li and Zhou，2008）。此外，外资溢出效应的发挥也很大程度上取决于企业自身的吸收能力（赵增耀，2009；艾少伟和苗长虹，2011；郑飞虎等，2019），如果没有适当水平的吸收能力，参与国际合资企业的学习益处可能非常有限（Li and Zhou，2008）。除吸收能力外，有文献发现：企业的学习能力（Li and Zhou，2008）、技术整合能力（Mahmood and Zheng，2009）以及创新能力（周煜等，2008）是后发企业能否赶上技术前沿的重要因素，较好地应用这些能力将有利于中外合资企业利用国内外资源进行重组和联合研发。

第二，企业自身所拥有的资源，如技术人才和管理队伍（郭振军和汪建成，2006）、企业的资金实力（冯德连，2007；赵晓庆，2013）、核心技术（詹长春，2008）会影响企业的路径选择，企业的资源越丰富，越利于企业进行研发创新。当跨国公司将前沿技术转移至东道国时，由于本土企业缺乏相应配套资源及产业，技术溢出效应将会被大大削弱（白让让，2022）。但在资金缺乏、自主开发又存在较大不确定性的情况下（赵晓庆，2013），选择市场导向型的路径能使企业尽快发展壮大。

第三，技术差距和技术属性是跨国公司是否进行前沿技术转移的重要影响因素，影响着后发企业在技术追赶过程中对所学技术的选择（杨燕，2020），因此对中外合资企业科技自主创新能力提升的路径选择会产生重要影响。现有研究大多认为，当中方企业与跨国公司的技术差距较大时，中外合资企业的技术创新活动离不开跨国企业的指导和帮助，但是跨国公司缺乏进行前沿技术转移的意愿（赵增耀，2007；徐宁，2017）。一方面，当技术差距过大时，跨国公司仅通过对其一般性技术或者淘汰的技术进行转移也能适应东道国的技术状况和市场需求；另一方面，当技术差距较大时，不利于吸收外国知识，而技术差距较小的本土企业更有能力吸收外国知识（Li and Zhou，2008）。在技术属性方面，技术的复杂性、隐含性、不确定性、累计性（陈松和冯国安，2004）以及技术相似性（Chen et al.，2020）会影响中外合资企业科技自主创新能力提升的路径选择。一般而言，对于技术追赶型企业来说，受技术特性以及自身技术能力的影响，引进的首先是成熟技术甚至是淘汰技术（陈松和冯国安，2004）；而当技术积累到一定程度时，企业本身的技术基础能够较好地消化吸收合资外方的技术（谢祥等，2012），且当企业具备一定的研发能力时，便可以选择研发创新，自主开发核心技术。此外，技术相似性强调的是合资企业和合资母公司之间的知识协同作用，当技术相似性较高时，合资企业可以更好地利用和整合母公司的知识（Chen et al.，2020），激发新的想法，实现合作创新。

第四，在企业家因素上，现有研究主要探讨了企业家的抱负水平、危机意识与创新精神、风险容忍度（Chen et al.，2014）以及管理者眼光和智慧（范黎波等，2008）等方面。已有研究发现，企业家精神与企业家创新行为相关，并直接引领企业的技术发展方向（杨燕，2020）；企业家抱负水平、企业家危机意识以及企业家创新精神会影响企业学习战略的选择（许治和师萍，2005）；技术型公司的高层管理人员高度支持新创意，且对不确定性和风险具有高容忍度，有利于塑造企业员工价值和培养创新文化（Chen et al.，2014）。

第五，创新的动机和意愿以及合资伙伴间的依赖程度也会影响路径的选择。为了实现技术追赶，中外合资企业科技自主创新能力薄弱的一个重要原因是，合资企业的中方本身缺乏强烈的内部技术开发动机（Nam，2011）。因此，本土企业需要拥有强大的创新意愿和动力，创新意愿不同，公司的创新选择也不同（Le et al.，2019）。合资伙伴依赖程度则通过影响资源的交换和共享来影响路径选择，合作伙伴之间的依赖程度越高，越利于合资双方整合现有技术资源，实现合作创新（Jin et al.，2016；Le et al.，2019；Sun et al.，2021）。

（二）外部环境因素

中外合资企业作为跨国公司在华子公司，一方面嵌入东道国环境之中，另一方面嵌入跨国公司所在的国际环境网络体系之中，因而受东道国和国际环境双重嵌入的影响。因此，中外合资企业的外部环境主要由东道国政府、母国以及所在地市场动态博弈所影响，通过东道国政府、跨国公司在东道国市场的博弈来影响技术的可获得性。博弈主体利益诉求的不同会导致中外合资企业科技自主创新能力提升路径选择的不同。

首先，在母国支持下，跨国公司通过技术控制、战略意图、知识产权限制以及技术支持四方面影响中方企业对海外先进技术溢出的吸收效果，进而影响中外合资企业科技自主创新能力提升路径的选择。跨国公司对技术的控制权决定了"以市场换技术"目的的成功与否，跨国公司作为技术的控制方，考虑到获利性、安全性以及被合资企业中方学习模仿和泄露的风险，常将基础性研发项目掌握在跨国公司总部，而非将先进技术转移至合资企业（赵增耀，2007；周煜和聂鸣，2007；黄烨菁，2008），从而使得研发外溢效应较弱（黄烨菁，2008），加上中外合资企业缺乏独立研究平台（周煜等，2008），因此合资企业难以获得核心技术（赵增耀，2009；吴先明和梅诗晔，2016），只能进行本土化的适应性改造创新。但也有学者研究表明，外方的技术封锁是合资企业采取自主开发模式、实现技术突破的重要驱动因素（朱方伟等，2013），因为当技术易获取时，企业较易进行模仿创新；反之，当技术专有程度较高时，企业就会考虑进行自主创新或者合作创新（冯德连，2007）。对于跨国公司的战略意图，现有文献总结起来主要有以下两种观点：一种观点是，跨国公司为了接近不同市场、不同的竞争对手，利用其外部研发资源而实施的研发全球化战略为本土企业与跨国公司的战略合作创造了契机（刘自新，2004），从而为中外合资企业进行合作创新的开放式创新路径创造了条件；另一种观点是，对于合资企业而言，跨国公司的全球化战略仅发展了其制造能力而不是创新能力，通过内部学习就可以满足，容易造成对外方的技术依赖（江诗松等，2011），最终抑制其技术创新，甚至陷入"中等收入陷阱"（刘斌斌和李梅羲子，2022）。其实，由于跨国公司为维护在网络中的地位、权力和利益，因而合资企业在国内的运作从本质上来说是一个"封闭式"的生态系统（洪茹燕，2012）。跨国公司一方面会通过转让成熟技术来限制核心技术转移和重大创新，另一方面会阻碍合资方产生新的设计能力。另外，跨国公司的知识产权限制（冯德连，2007；范黎波等，2008；洪茹燕，2012；Bruno et al.，2021）和技术支持（朱方伟等，2013；Sun and Deng，2020）也会影响中外合资企业科技自主创新能力提升的路径选择。在开放式创新背景下，跨国公司转移的技术不仅包括成熟技术，还包括大量闲置技术（郑飞虎等，2019），当跨国公司积极进行技术转让时，可充分利用跨国公司的研发技术（Zheng et al.，2018），为"以市场换技术"创造新的机会。

其次，从东道国政府来看，政府支持、相关法律法规的制定以及政府所支持的行业都会影响中外合资企业科技自主创新提升路径的选择。政府支持主要通过相关政策的帮扶以及限制来对中外合资企业科技自主创新提供有利环境，如鼓励跨国公司建立研发中心（黄烨菁，2008）以及对外资持股的限制，体现了为帮助本土企业谋求技术主动权从而建立主导地位的目标。政府的积极支持有利于企业技术追赶的成功（Nam，2011）；合资企业自主研发的成功关键在于拥有一套协调一致的扶持和限制政策，来鼓励企业通过合资向自主开发转变（赵晓庆，2013）。当政府政策向完全自由化转变时，跨国公司可以在华设立全资子公司，可能会导致模仿创新的失败（Sinha，2001）。因此，东道国政府在制定和调整其政策时采用动态的观点很重要，一方面有利于吸收跨国公司的技术转移，另一方面减少技术依赖的趋势（Li and Zhou，2008）。同时，政府的相关法律法规会规制企业的行为（杨燕，2020），进而影响企业科技自主创新能力提升的路径选择以及后续的研发投入。比如，对于知识产权的保护是企业取得创新成功的重要因素（李晶晶和杨震宁，2012），对于核心技术强有力的知识产权保护一方面能够鼓励外国合资伙伴进行技术转移，另一方面可以增加当地企业进行研发投资的动力（Mahmood and Zheng，2009；徐宁，2017）。另外，东道国政府对于相关产业的支持也会影响中外合资企业"以市场换技术"方针实施的成功与否（Zheng et al.，2018）。

最后，从东道国市场角度来看，东道国的市场需求水平（谢伟，2006）、东道国市场吸引力（Zheng et al.，2018）以及东道国市场资源禀赋（白让让，2022；刘斌斌和李梅羲子，2022）都会影响跨国公司的技术转移和对企业的研发投入。跨国公司之间相互竞争、本国民营企业崛起等因素导致市场竞争加剧，从而导致跨国公司增加研发投入来加强其在中国的市场地位（赵增耀，2007；Nam，2011），从而影响企业的路径选择。也有学者指出市场竞争环境不完善会限制竞争效应的发挥（詹长春，2008）。

（三）其他相关情境因素

其他相关情境因素是指对中外合资企业科技自主创新行为有重大影响的不确定事件。比如，中国加入世贸组织、金融危机爆发、双方贸易关系的突变等有可能为科技创新带来新的发展机遇或动力，如果中外合资企业能够很好地把握，对于突破技术依赖、实现科技自主创新能力提升以及战略角色的转变是十分有利的。中国加入世贸组织，意味着中国从"政策导向的开发"向"制度开放"的过渡（Zheng et al.，2018），跨国公司开始转向开放式创新，为我国本土企业与跨国公司形成研究开发的战略合作创造了契机，中国企业可借助跨国公司技术转移来帮助其提高技术实力（刘自新，2004），从而逐渐拥有更多关于新产品选择、本土适应性开发等话语权，并不断推出基于合资企业的自主创新品牌（郑飞虎等，2019）。2008 年金融危机的爆发给西方企业造成了巨大冲击，为了维持自身生存，一大部分跨国公司开始对外出售资产与技术，这为中方企业在开放式创新背景下积极引进外资，进行创新提供了重要契机，从而有利于开展技术整合（郑飞虎等，2019）。此外，双方贸易关系如中美贸易摩擦爆发，发达国家严格控制关键核心技术，中方企业面临"卡脖子"难题（何明珂，2023），这些都促使中国企业致力于自主技术的研发和创新（杨燕，2020）。

二、行动分析：路径选择和研发投入

中外合资企业科技自主创新能力提升所采取的行动包括路径选择和研发投入两个方面。其中中外合资企业的路径选择又受到创新支撑环境的综合影响，并决定了后续研发投入的方向和强度。

（一）路径选择

中外合资企业科技自主创新能力提升的路径选择取决于企业所面临的内外部创新支撑环境。在企业不同发展阶段，随着外部创新环境的变化，以及企业自身技术能力的累积，在坚持开放创新的理念指导下，中外合资企业可以选择不同的创新路径，如起初可以进行模仿或改造创新，逐步开展合作研发，到技术力量成熟时可以进行自主研发。根据对以往文献的梳理，可以基于三种不同导向对中外合资企业科技自主创新能力提升路径进行以下概括和划分："以市场换技术"—消化吸收—改造创新—自主开发本土化技术的市场导向型路径，这种路径常见于合资初期；"以市场换技术"—联合研发—开放式创新的技术导向型路径，主要适用于拥有一定技术基础和较强的吸收整合能力的中外合资企业；在"以市场换技术"背景下，通过研发创新，自主开发核心技术的战略导向型路径，该路径通常适用于具有强烈创新意识且具有研发能力的中外合资企业。

（二）研发投入

中外合资企业在通过消化吸收外方先进技术实现科技自主创新能力提升的过程中，通常需要对引进技术进行本土化的改造和提升，进而需要大批的技术研发和管理队伍以及持续的研发投入（赵增耀，2007；Li and Zhou，2008；涂颖清和陈文，2011；朱方伟等，2013；吴先明和梅诗晔，2016）。研发投入通常是指为技术研发所投入的人力、财力、物力等（范黎波等，2008；洪茹燕，2012；朱方伟等，2013），一般用引进、消化、吸收、创新的投入比来测量（郭振军和汪建成，2006），当中外合资企业中方增强研发投入，使单位产品研发成本增加时，有可能减少对外方的技术依赖（涂颖清和陈文，2011）。但 Sun 和 Deng（2020）发现，跨国公司与本地国有企业组建的合资企业，研发投资要多于与私营企业的合资企业，可以看出研发投资具有政治动机和象征性管理，以确保与东道国之间持续的资源交换。基于中外合资企业科技自主创新能力提升路径选择的不同，企业对于研发投入的方向和强度也会不同。在市场导向型路径下，中外合资企业的研发投入很少，且重在为了改造创新适应中国本土市场（赵增耀，2007；Sun and Deng，2020）；在技术导向型路径下，中外合资企业的研发资源投入主要是用于技术升级、新产品开发和技术进步上（Chen et al.，2014）；在战略导向型的路径下，研发投入重在关键核心技术的开发（谢祥等，2012；朱方伟等，2013）。

三、结果效应：科技自主创新能力提升

科技自主创新能力提升是实现中外合资企业市场拓展、技术升级以及战略地位转变的重要驱动力，从中外合资企业来看，科技自主创新能力提升的过程，不是单纯地获取技术知识，而是一个复杂的学习过程，这个过程主要体现为技术能力的不断提升。可以将这一过程分为两大阶段：第一阶段是制造能力的提高，第二阶段是技术能力的提升，其中技术能力主要包括设计能力、自主研发能力等（彭纪生和孙文祥，2005）。"以市场换技术"并不等于科技自主创新能力的提升，更重要的还是依靠企业自身的努力（郭振军和汪建成，2006），主要体现在科技能力的提升。

从"以市场换技术"到科技自主创新能力提升这一演化过程中，中外合资企业面临的内外部创新环境以及在此基础上的路径选择和研发投入都对科技自主创新能力提升的效果起着至关重要的作用。科技自主创新能力提升更多的是依靠技术导向型和战略导向型路径，如在市场导向型路径下，中外合资企业仍停留在模仿阶段，中方的技术资源充其量用于适应性开发，中外合资企业少量的研发投入也只是用来进行适应性的改造创新，以提升其制造能力；技术导向型路径主要是中外合资公司通过开展与跨国公司的技术合作，借助跨国公司在研发上的优势，利用其资金、人才以及技术等资源，能够与跨国公司在同一平台上对话，以承担部分研究工作和资源贡献等方式参与跨国公司主导的重大研发活动，能够使企业融入全球技术开发的主流趋势，提升企业以设计能力为主导的科技自主创新能力（刘自新，2004）；在战略导向型路径下，中外合资企业通常所面临的整体环境较好，且企业具有创新精神，其研发投入不仅包括针对中国消费者需求的技术引进和产品开发，更重要的是将研发资源纳入其全球研发战略中，服务于创新价值链（黄烨菁，2008），更多地提升了中外合资企业的自主研发能力。

综上所述，中外合资企业科技自主创新能力提升是一个不断演化的复杂过程，其能力提升效果受到路径选择和研发投入的直接影响，而路径选择以及后续的研发投入又受到企业内外部环境的综合影响。同时，创新支撑环境因素的存在意味着科技自主创新能力提升路径和结果之间可能具有非线性关系。

第六节
本章小结

本章节通过系统综述法总结分析了 2000 年至 2023 年 3 月 31 日的相关文献，深入探究中外合资企业科技自主创新能力提升路径及其影响机制。研究结果表明：

第一，中外合资企业需要综合考虑企业内外部创新环境以及其他相关情境因素来选择合适的科技自主创新能力提升路径。企业内外部环境以及其他相关情境因素构成了中外合资企业科技自主创新能力提升的创新环境与时代背景，企业科技自主创新能力提升路径的选择取决于当时所处的创新环境，中外合资企业需要综合考虑其内外部环境因素来进行路径选择和后续的研发投入。

第二，中外合资企业科技自主创新能力提升路径是一个动态的过程。企业内外部环境及情境因素在时间上是动态变化的，这些因素会影响科技自主创新能力提升所采取的行动，即路径选择和研发投入，继而这一行动会影响科技自主创新能力提升，而中外合资企业科技自主创新能力的提升也会反过来改变企业的内外部环境，进而影响后续的路径选择和研发投入。企业的内外部环境、所采取的行动不同会形成市场导向型、技术导向型和战略导向型三条提升路径，路径过程是动态变化的。

第三，市场导向型、技术导向型、战略导向型三种不同的路径对于中外合资企业科技自主创新能力提升的效果是不同的，战略导向型路径才是中外合资企业实现科技自主创新能力提升的可持续发展之路。市场导向型路径专注于改造创新以适应本土市场，更多的是提升了企业的制造能力；基于技术更新视角下的技术导向型路径提升了企业的研发设计能力；战略导向型路径提升了企业的自主研发能力，使企业能自主开发核心技术，摆脱对外方技术的依赖，实现从战略执行者向战略领导者的角色转变。

第四，在"以市场换技术"背景下，中外合资企业科技自主创新能力提升的关键在于企业自身在技术引进过程中，是否注重培育企业自身技术基础和技术能力，以及是否拥有足够的研发投入。"以市场换技术"并不等于科技自主创新能力的提升，中外合资企业的路径选择以及后续的研发投入在其中起着十分重要的作用，必要的研发投入是实现中外合资企业科技自主创新能力提升的关键环节，直接决定了科技自主创新能力的提升效果。

第五，政府与企业要通力合作，利用开放式创新尽快提高中外合资企业的科技自主创新能力。中外合资企业科技自主创新能力提升绝不是一个简单依靠市场机制自我实现的过程，而是需要合资中方突破跨国公司技术封锁，选择合适的科技自主创新能力提升路径，并需要相应的研发投入才能实现，同时需要政府制定灵活策略来帮助其实现。从企业角度来说，中外合资企业需要努力提升自身能力，拥有坚定的创新意愿和动力，不断缩小与跨国公司的技术差距，更多地依靠自主开发核心技术来实现科技自主创新能力提升，摆脱技术依赖。从政府角度来看，一是出台相关法律法规，如完善知识产权保护制度，为创新创造良好的制度法律环境，为科技自主创新能力提升提供制度保障；二是出台有利于中外合资企业发展的政策，搭建良好的合作平台，从而吸引跨国公司进行先进技术的转移，促使中外合资企业形成相应的人才和技术优势，提升科技自主创新能力；三是创造有效的营商环境，为中外合资企业科技自主创新能力提升提供良好的市场化、法治化和国际化环境。

第七章

环境嵌入视角下的中外合资企业
科技自主创新机制研究

从上一章的中外合资企业科技自主创新能力提升的环境—行动—结果综合框架中我们得知，创新能力结果的差异性取决于创新路径选择的多样性和研发投入的差异性，而这又源于创新支撑环境的复杂性。而中外合资企业所嵌入的环境尤为复杂，具有独特的双重网络特性，一方面嵌入东道国本土的环境之中，另一方面还紧密嵌入跨国公司所在的国际环境之中，本土特定优势与跨国公司海外扩张的优势使中外合资企业具备了独特的竞争优势与科技自主创新逻辑。因此，本章将致力于基于网络嵌入理论和资源编排理论，深入分析双重环境嵌入视角下，不同角色的中外合资企业进行科技自主创新的机制，并在此基础上进行中外合资企业科技自主创新的角色跃升分析和阐述，从而进一步深化本书结论的理论内涵与实践指导意义。

第一节
问题提出

2012 年党的十八大报告正式提出创新驱动发展战略后，我国不断加大科技自主创新力度，在一些战略关键领域取得重大的突破和成果。2022 年党的二十大提出 2035 年进入创新型国家前列的国家发展总体目标。可见，科技创新是形成我国高质量发展的新动能和新机制的关键所在。然而国际上逆全球化现象愈演愈烈，脱离国际依赖、走中国式科技自主创新道路成为中国企业能够在国际上占据国际竞争优势地位的关键。2019 年《国务院关于进一步做好利用外资工作的意见》指出，外资在我国经济发展中发挥了独特且重要的作用，推动高质量发展、推进现代化建设必须始终高度重视利用外资。中外合资企业作为一种吸收跨国公司先进的技术和管理经验以推动我国企业"走出去"的重要载体（刘建丽，2019），对中国企业的技术革新和管理创新发挥了关键促进作用。除此之外，作为跨国企业在华子公司，中外合资企业通过在中国本土和国际两个环境中执行双元战略，嵌入国内国际双循环，能够"依托国内超大规模市场优势，以国内大循环吸引全球资源要素，增强国内国际两个市场两种资源联动效应"。同时，基于本书对中外合资企业科技自主创新能力的综合评价结果来看，从地区分布和行业分布来看，不同地区和行业的中外合资企业的科技自主创新能力存在显著差异性；且从全域时序演化特征来看，中外合资企业之间差异逐步扩大。故中外合资企业间存在显著的主体差异性，这就有必要对其异质科技自主创新机制进行分析探讨。由此，立足我国科技创新发展目标，深入探究中外合资企业如何基于多元双重网络嵌入以实现科技自主创新能力的提升，对于促进构建我国国家和区域创新系统、抢占国际竞争的有利地位，具有重要讨论意义。

目前，已有学者对中外合资企业的科技自主创新能力构建进行了一定的研究。一方面，科技自主创新机制的相关文献识别了资源、知识和能力三种视角的科技自主创新机制模式，尽管现有研究已经取得了较为丰富的成果，但科技自主创新是一个综合复杂的过程，鲜有文献完整阐述资源、知识和能力三者的演化过程。另一方面，中国企业如何利用双循环资源提升自身的科技创新能力一直是创新领域的热点议题，研究焦点也从后发企业科技自主创新水平或技术能力的提升拓展至组织柔性、动态能力、网络平衡和资源杠杆等因素对科技自主创新的作用，并取得了一系列丰富的成果。

然而，现有相关文献存在三个方面的局限性：第一，未从新时代机会情境视角关注中外合资企业科技自主创新机制的构建。进入新时代，中外合资企业能够具体利用以及如何利用哪些双重网络优势嵌入资源仍是一个"黑箱"。第二，尽管双重环境嵌入能够为中外合资企业提供科技自主创新所需要的知识、资源和机会，但是企业作为具有独立意识的社会主体，资源基础和组织结构的不同以及自身对知识获取的战略导向，在一定程度上会影响其能否更好地以及如何对外部资源进行准确的搜寻和定位，故中外合资企业实际上存在着多条科技自主创新路径，但现有文献未能区分这一点。第三，尽管学界对技术自主创新的影响因素、机制等已经取得了较为丰富的成果，但鲜有学者区分科学和技术，关注企业科技自主创新能力的构建。

基于本书中外合资企业科技自主创新能力提升的环境—行动—结果综合框架，内外部环境对于中外合资企业科技自主创新能力提升具有重要影响，不同的内外环境驱动导致中外合资企业采取不同行动，不同的行动又导致最终自主创新能力结果的不同。在此框架下，"本地蜂鸣—全球通道"理论（Bathelt and Henn，2014）和资源编排理论为打开中外合资企业利用双重网络优势嵌入资源进行科技自主创新机制的"黑箱"，提供了全新的理论视角。"本地蜂鸣—全球通道"理论指出中国本土环境和国际环境相互关联和作用共同促进创新。创新的产生既是中国本土环境不断向国际扩张的过程，也是国际环境不断向中国本土深入的过程，是区域与全球网络双向发展的结果（周麟等，2023）。除此之外，资源编排理论主张企业是资源的集合体，强调"通过开放式创新与知识传递获取战略性网络资源，构建创新能力"，能够有效整合知识、资源和能力三个视角来阐述企业科技自主创新机制。基于此，本章基于双重环境嵌入和子公司角色作为总的分析框架，探究在双重环境中的多元角色——中外合资企业的科技自主创新过程。

因此，本章将聚焦以下三个问题：一是中外合资企业如何通过双重环境嵌入获取中国本土网络和国际环境资源和能力，以及具体能够获得中国本土网络和国际环境的何种优势？二是基于不同的角色，中外合资企业如何构建异质的科技自主创新机制？三是不同角色的中外合资企业如何实现双重环境嵌入的优势获取及利用最大化？中外合资企业未来如何实现科技自主创新能力的跃升？解决上述三个问题，有利于我们打开新时代中国本土网络特定优势的内涵，补充中外合资企业在科技自主创新中的子公司角色视角，并从基于多元双重环境嵌入的角度提出中外合资企业的角色跃升模型，能够为中外合资企业的科技自主创新能力构建提供理论指导。

第二节
理论分析

一、中外合资企业科技自主创新相关研究

以往的研究将科技自主创新定义为引进、消化、吸收外方先进技术，

并培养自身的科技创新能力，实现自主研发核心技术的创新追赶范式。后续研究进一步细分了关于科技创新的内涵，指出科技创新是基于科学和技术的创新（李欣融等，2022），且开始研究新时代科技自主创新的具体情境、资源和能力构建等。

新时代在给中外合资企业带来了新的机会的同时也带来了挑战，现有研究关注到了这一时代情境，研究了当前情境下"地方—全球"的核心技术创新优势构建机制相关问题。有学者对当前国际形势下的开放机会给予了关注：全球生产网络为自主产品开发平台建立提供了十分有利的机会，后发企业可以利用"全球—地方"组织安排获取异质性互补资源，并以全球化人才为战略支撑实现自主开发平台的"定义→形成→递进"渐次构建（周麟等，2023）。有学者在研究海工企业的时候发现，对于拥有相当的装备制造产业基础、资金人才资源和国际化运营经验的海工企业而言，国际市场、全球创新资源的获取推动海工企业的市场、技术、制度和能力等多重因素持续互动演进，进而实现了快速赶超和追赶（郭艳婷等，2023）。与机会伴生的是挑战，西方发达国家的资源封锁和"卡脖子"问题是学者们关注的焦点：在海外技术封锁持续加剧的背景下，中国跨国企业可以选择基于母国资源连接的聚焦内部海外技术封锁突破的路径和基于海外资源连接的由外向内打破海外技术封锁的路径（许晖等，2022）；在核心技术"卡脖子"困境下，具有锚定既有中等技术的"追赶者"身份和进行超越性技术研发的"超越者"双重身份的后发企业，能够利用跨越式整合协奏和阶段性整合协奏实现"卡脖子"技术的突破（牛璐等，2024）。此外，现有文献还关注到自主创新、科学创新和技术创新等问题。围绕企业自主创新，现有研究得出品牌构建（马晓云，2010）、合资自主开发模式（朱方伟等，2013）和自主创新能力演化（许庆瑞等，2013）是以技术创新引进为起点的企业进行自主创新的核心机制；对于科学创新，现有学者进行了针对"沉睡专利"的唤醒（聂力兵等，2024）和智能行业技术标准制定竞争（成琼文等，2023）等需要原始科学研发支撑的领域研究；围绕以技术引进为起点企业的技术创新，已有研究的关注焦点从二次创新的静态提升过程（吴晓波等，2009）转向二次创新与组织学习、网络嵌入的动态演进（彭新敏等，2011）。

综上所述，现有研究已经对后发企业、新兴科创企业、大型复杂产品企业、自主开发平台等多种科技自主创新主体进行了创新机制相关的研究和探讨，但如何构建集成国际高端技术、推动外循环的外资主体在华的科技自主创新机制，却鲜有文献关注（刘鑫和顾雪芹，2022）。除此之外，现有文献对企业科技自主创新的内涵和影响因素都展开了较为深入的探讨，较好地回答了"什么因素会影响科技自主创新"这个问题。但是，这些研究极少关注在科技自主创新过程中知识、资源和能力三者的整合，以及与外界的互动机制，未对科技自主创新形成一个完整的分析框架。

二、中外合资企业双重环境嵌入相关研究

已有文献对环境嵌入的研究多是基于网络嵌入的视角。网络嵌入能够通过获取社会资本以促进企业技术创新和自主创新（林筠等，2011），但仅在进取者战略导向强和嵌入性知识存量多的企业中；社会资本能够提升企业自主创新能力（王淑敏和王涛，2017）。不仅如此，社会资本能够帮助企业跨越技术创新成本锁定、知识转换锁定、市场锁定和技术标准锁定，提升企业的绩效（杨震宁等，2013）。进一步地，林筠等（2011）将社会资本区分为结构维和认知维两个维度来探讨其对企业自主创新的影响。此外，结合网络嵌入理论和资源连接理论，有学者开始探讨在中国和国际双重网络下如何重构资源获取以充分利用国内国际两种资源打破国际技术封锁（许晖等，2022）。这些研究都是基于企业嵌入所处环境中获取资源和资本来促进创新的相关研究，显然，基于网络嵌入视角来分析环境嵌入的问题已成为研究的一般范式。

现有研究还关注到了网络嵌入中所遇到的三大失衡点：一是网络开放与闭合的矛盾平衡，企业通过网络开放获得知识，同时面临知识泄露的悖论（应瑛等，2018）；二是企业在网络中进行创新活动的探索性活动和开发性活动的矛盾（王凤彬等，2012）；三是网络嵌入对企业创新所带来的积极影响和负面影响的矛盾：网络嵌入在为企业带来积极效益的同时，会对企业生产率产生资源诅咒效应，即网络的互惠排他性、嵌入惰性、机会主义行为等均可能侵蚀企业的网络嵌入利益（李德辉等，2017），知识网络和合作网络的过度结构嵌入会为企业创新带来负面影响（杨博旭等，2019）。

综上所述，企业在网络嵌入中存在着多个矛盾点，现有研究虽然已经

关注到价值独占机制（应瑛等，2018）、异质网络治理模式和双元创新战略的平衡（杨博旭等，2019），但却鲜有研究注意到国内国际双重网络嵌入的动态平衡（杨震宁等，2021），故本章从网络嵌入平衡视角来研究中外合资企业的科技自主创新机制具有重要的研究意义。

三、中外合资企业角色与定位相关研究

子公司角色由总部授权、子公司自主创业和东道国环境共同作用形成，并导致不同的双重网络嵌入优势获取和科技自主创新能力构建（Alain et al.，2018）。在子公司角色研究中，Bartlett 和 Ghoshal（1986）、Dunning（1988）的划分影响最为深远。Bartlett 和 Ghoshal（1986）根据东道国环境的战略重要性和子公司的能力差异，将海外子公司划分为"战略领导者""贡献者""执行者""黑洞"四种角色；Dunning 根据跨国企业投资动机的不同，将海外子公司划分成市场寻求型、效率寻求型、自然资源寻求型以及战略资产寻求型四种类型的角色。后续研究基于这两类经典的分类对子公司角色理论进行了发展，总结出了系统性的子公司角色分类框架和数字时代背景下的子公司角色（张昆贤等，2022）。

然而，从科技创新视角来看，现有文献无法对中外合资企业在新时代的科技创新能力构建做出有效的解释，因此，基于中国情境和科技自主创新特点划分子公司角色能够弥补现有理论的空缺，具有重要的研究意义。除此之外，现有文献忽略了在中国的外资企业存在发展不平衡的情况，即在中国本土存在不同创新阶段、创新定位和创新目标的企业，但未有文献区分此并探讨不同角色的异质科技自主创新机制。资源编排理论将企业视作资源的集合体，主张通过开放式创新与知识传递获取战略性网络资源持续构建创新能力，被学者们广泛用于基础科学和核心技术领域研究，能很好地解释不同角色内部的科技创新能力构建。

综上所述，尽管已有研究对中外合资企业的科技自主创新话题领域做出了一定的贡献，并证实了双重网络嵌入对中外合资企业创新能力提升的重要性，然而现有文献大多从跨国企业海外子公司视角去讨论，忽视了中国本土特定情境的重要性，并且未将中外合资企业科技自主创新的知识、资源和能力纳入一个系统、完整的框架内进行研究分析。中外合资企业存在不同的双重网络嵌入优势利用和科技自主创新机制，从而能够产生不同

的效应。因此，基于多元双重网络嵌入对中外合资企业的科技自主创新进行分析具有重要研究价值。

第三节
平衡双重环境嵌入的中国本土和
国际环境网络优势获取机制

中外合资企业同时嵌入中国本土环境和国际环境的网络体系中，且两个网络相互联系、相互作用，存在着动态演化的过程，本书借鉴朱棣等（2023）和许晖等（2022）关于黏合型社会资本和桥接型社会资本的相关研究，区分中外合资企业不同的嵌入方式，将动态平衡双重环境嵌入分为桥接—黏合双重环境平衡嵌入和黏合—桥接双重环境平衡嵌入。中外合资企业通过双重环境平衡嵌入获取中国本土优势和国际优势；且因嵌入方式的不同，中外合资企业存在着不同程度的双重优势获取。

一、国际环境和中国本土环境的网络嵌入行动

一方面，以母公司为核心，包括其所在国际环境所形成的国际网络，是中外合资企业发展的关键驱动因素。跨国公司总部和其他子公司及它们所在的环境要素共同形成中外合资企业的国际网络。通过嵌入国际网络，中外合资企业能够与国际网络内的成员开展合作，提升科学和技术研发能力。除此之外，国际网络嵌入能为中外合资企业提供外方先进技术和经验以及国际发展的平台，助推中外合资企业构建本土自主科技创新能力。另一方面，由于制度异质性的存在，外资向中国本土市场进行能力输出面临重重阻碍；且中国本土缺乏原始的技术积累，外方转移的先进技术可能难以与本土市场需求相契合（许晖和单宇，2018）。故中外合资企业必然要在中国本土与当地组织，通过合作联盟和知识交流与共享建立正式或非正式的关系，并且嵌入中国本土网络之中。

（一）国际环境的网络嵌入行动

网络嵌入分为关系嵌入和结构嵌入。从关系嵌入维度来看，中外合资企业以正式制度的形式与外方母公司建立紧密的信任与合作关系，与跨国企业网络体系中的成员逐步建立业务、操作及战略上的二元联系，并在国际环境中借助跨国公司的全球网络来利用和控制外部资源。随着在国际环境中关系嵌入的深化，跨国公司总部不仅以物质资本支持中外合资企业参与创新活动，还会提供无形的管理帮助。中外合资企业能够通过跨国公司的全球网络体系获取非位置约束的企业特定优势，同时可以实现中国本土特定优势向跨国公司的反向转移。根据子公司角色理论，跨国公司基于寻求市场、追求效率、获取自然资源以及提升战略资产等战略动机设立海外子公司，不同角色下的中外合资企业具有异质的国际环境关系嵌入，与国际环境中的组织间进行不同的资源互动。

从结构嵌入维度来看，通过结构洞和中心性，中外合资企业在国际环境的网络体系内建立松散而多样的联系，以有效利用和控制组织边界外的环境资源。在国际环境的网络体系中，占据结构洞的通常是具有在特定功能领域或业务领域做出卓越贡献的"卓越中心"，处于"卓越中心"的焦点子公司接受来自跨国企业的核心资源转移，并能够通过其他子公司吸收各地的东道国特定优势（张昆贤等，2022）。在成立初期，中外合资企业通过"卓越中心"获取外方隐性知识和特定资源，实现能力构建，甚至通过自身的特定优势构建跃升为国际网络体系中的"卓越中心"，接收来自全球的多样化资源以及跨国企业母国的核心优势。

（二）中国本土环境的网络嵌入行动

从关系嵌入维度来看，为了能够在中国本土顺利开展经营活动、获取有价值的资源，中外合资企业必须与本土企业、政府、大学与科研机构、顾客、供应商等建立以信任、承诺、互惠为特征的两者间的、便于获取精确信息的紧密关系纽带（Lee et al.，2020）。通过与当地组织建立紧密的二元关系，中外合资企业能够获取当地信任并快速适应当地，从而在本土形成高度的关系嵌入，获得异质性的战略稀缺资源（Davy et al.，2021；许晖等，2022）。在中外合资企业成立初期，中方母公司与中国本土组织建立的商业与知识合作经验是中外合资企业在本土构建关系嵌入的重要信任来源。同时，在"松散关联"的中国制度情境下，不同地区和不同层级的政府之间、政府与企业之间紧密互动，可以帮助中外合资企业通过政府关系嵌入带动与本土其他组织的关系嵌入来规避风险，以快速适应本土制度环境。此外，政府还可以引领中外合资企业开发资源供给渠道，进而带动与供应商、中间商等基层市场行为主体关系的建立，打造在本土关系网络中的强链接。与此同时，基于资源互补的需求，中外合资企业得以获取外方母公司的先进技术、管理经验与资源，良好的技术实力与抗风险能力使中外合资企业在本土网络中获得较高的信誉，促进关系嵌入的形成与深入。通过与本土组织的紧密关系嵌入，中外合资企业能够及时获得本土市场的精确信息以及用以进行科学和技术研发活动的特定资源。由此，本土市场和制度环境的改善帮助中外合资企业规避市场风险，关系嵌入进一步深化。

从结构嵌入维度来看，中外合资企业在中国本土环境的结构嵌入由关系嵌入带动，通过关系嵌入的强链接带动其占据中国本土网络的"桥"位置，成为中国本土网络体系中不可或缺的一环。结构嵌入强调子公司在网络中的整体地位，注重双重环境中的网络嵌入数量维度。中外合资企业在中国本土环境中的结构嵌入由东道国市场网络的边缘地带跃迁至东道国市场网络中结构洞的"桥"位置。初期，中外合资企业与中国本土市场其他行为主体的连接广度有限，市场主体之间互动连接相对较弱，使其在中国本土市场运营受到重重阻碍。随着本土关系嵌入的深化，中外合资企业快速发展，在中国的新型举国体制下，有为政府和有效市场的有机结合，使政府、市场、社会组织等多元主体进行充分的策略博弈和信息交换。由此，中外合资企业逐渐占据网络结构中的"桥"位置，从而获得中国本土产业集群间的技术溢出效应和技术服务平台的资源与技术信息共享，得以实现本土结构嵌入。结构桥是控制不同信息交换路径的"桥梁"，处于结构桥的中外合资企业可获得异质多样的信息以促进其技术发展，通过"桥"位置联结的网络能够准确捕捉到中国制度环境、市场环境的变化，并且成员接触频率高、不存在冗余信息。中外合资企业通过占据"桥"位置能够实现在中国本土市场环境中的深度扎根，获取中国本土特定优势。

二、异质双重环境的网络嵌入平衡

"平衡"通常描述的是两个互相对立统一的研究对象之间的关联和互动效应（杨震宁等，2021），如探索式创新和利用式创新之间的平衡（王凤彬等，2012）、知识的广度和深度两个维度之间的平衡（Jin et al.，2015）等。中国本土环境嵌入和国际环境嵌入同样存在平衡问题。

从成本效益的角度来看，维护环境资源需要投入一定的精力和维系成本，企业在保持净收益的前提下，需要衡量两种环境嵌入的成本投入，从而使双重环境的嵌入存在对立性。然而，中国本土环境嵌入和国际环境嵌入能够为企业带来不同的资源和优势，且作用于企业创新的机制不同，嵌入中国本土环境需要更多地通过利用式学习对创新产生作用，而嵌入国际环境则更多地需要通过探索式学习对创新产生作用（Marin and Bell，2010），两种环境的网络嵌入相辅相成、协同作用，从而使双重环境的网络嵌入存在统一性。

从竞合的角度来看，合作和竞争的动态演变也会影响中外合资企业的中国本土环境和国际环境的网络效益，导致战略资源的倾斜，进而影响双重环境的网络嵌入平衡。网络中的成员既因为共同的利益形成合作关系，又会因利益分歧而转化成竞争关系，即企业与网络成员间存在动态博弈关系（Fernandez et al.，2014）。合作与竞争关系对双重环境的网络效益存在复杂的调节作用（杨震宁和赵红，2020），合作关系增进网络间的信任，扩大资源来源，在前期正向影响创新的广度和深度，但同时会形成路径依赖，使网络成员的资源同质化，降低网络整体效益（郭建杰等，2019）；竞争关系初始阻碍关键知识的流动，存在知识窃取以及资源争夺等现象，阻碍网络资本的形成，但也会有利于打破已有的路径依赖，提升网络整体效益。

创新能力越高，企业的中国本土环境和国际环境的网络嵌入间更趋于平衡；反之，则会陷入双重环境网络嵌入的失衡情况，对中外合资企业的科技自主创新产生阻碍作用，故本部分假定中外合资企业在达成双重环境的网络嵌入平衡时才有利于其创新优势获取。可以进一步将中国本土环境和国际环境的网络嵌入平衡区分为综合平衡和相对平衡。根据 Cao 等（2009）对探索式创新和利用式创新之间平衡的研究，综合平衡对拥有更多内部和（或）外部资源的企业更为有利，相对平衡对资源有限的企业更为有利，即在资源有限的情况下，管理者可能会在探索式创新和利用式创新之间进行权衡，而对于拥有足够资源的企业而言，同时追求探索式创新和利用式创新既是可能的也是理想的。综合平衡表现在：本土创新环境和国际创新环境的网络嵌入相互作用与综合平衡会对企业创新产生影响，两种网络嵌入中的创新各有优势，相互补充。相对平衡表现在：本土创新环境和国际创新环境的网络嵌入契合程度与相对平衡会对企业创新产生影响，两种网络嵌入中的创新缺一不可，任何一方的缺失都会为企业创新带来损害。

社会资本作为创新能力提升的必需组成要素，能够帮助企业在动态环境中稳定延续其拥有的本土特定优势，从而为创新活动提供更多的潜在机遇。Adler 等（2002）将社会资本分为桥接型社会资本和黏合型社会资本两类。桥接型资本是指因跨越社会边界的弱连接和结构洞而产生的社会资本，其功能可从信息和控制两方面来看待，并与黏合型资本形成对比。信息优势是因为占据结构洞的主体通过连接两个异质性群体而跨越了社会边界，因此能够更快地获取到异质性信息，进而有利于培育创新行为。桥接型社会资本一般是开放式网络结构，具有弱关系特征，能够跨越社会边界，成为不同群体之间的桥梁，即关系在扩大信息传播范围和异质性信息获取方面独具优势；黏合型社会资本一般是闭合性网络结构，具有强关系的特征，更易形成认知一致、情感承诺和内部信任，并关注集体行动者的网络内部的环境特征，尤其是通过提高行动者的集体凝聚力来实现其共同的目标。网络的闭合意味着两个行动者都与第三方有连接，而共同第三方的存在能够对两者形成约束，通过声誉等惩罚措施来抑制机会主义和其他不合作行为。

桥接型社会资本与黏合型社会资本两者存在互斥的关系，重视其一则不利于另一种资本的培育（朱悚等，2023），故实现两者的平衡整合对于企业竞争优势的建立至关重要。关于两类社会资本的整合存在两种不同观点：一种观点认为当企业需要在成员构成上保持多样性，同时具有高频的内部互动时，两类社会资本能够实现整合；另一种观点则认为当组织内部关系强度处于适中水平且同时具有更多外部连接时，两类社会资本才能实现最佳整合状态。即前者属于黏合—桥接型社会资本整合，后者属于桥接—黏合型社会资本整合。

针对中外合资企业的双重环境的网络嵌入特征，可以利用中国本土特定优势和跨国公司全球网络优势，即实现本土与全球优势的平衡与整合，相应地，其创新发展也需要建立"区域—全球创新网络"，因此，搭建起区域创新环境和全球创新环境的双重环境网络嵌入平衡也同样重要。根据社会资本整合的类型，本书将双重环境的网络嵌入平衡分为桥接—黏合式平衡嵌入和黏合—桥接式平衡嵌入，不同的网络嵌入平衡方式能够获取不同的中国本土特定优势及全球优势。桥接型社会资本更易抓取网络优势的"量"的特征，黏合型社会资本则偏向抓取网络优势的"质"的特征。

黏合—桥接型双重环境的网络嵌入指桥接型社会资本有赖于组织内部的聚合才能更好地发挥作用，在这种嵌入方式下，中外合资企业只有内部具有很好的聚合力，同时具备成员多样性时才能整合这两种社会资本，达成良好的网络嵌入优势获取；桥接—黏合型双重环境的网络嵌入指特定的网络结构或网络位置能够使组织同时利用聚合和桥接两种社会资本的前提，在这种嵌入方式下，中外合资企业获取整合网络嵌入优势的前提是拥有较好的网络结构和网络位置。

三、中外合资企业双重环境的网络优势获取

国际环境的网络优势获取方面，根据 OLI 范式，跨国企业可以利用其全球网络优势向中外合资企业传递母国以及母公司特定优势，此时中外合资企业遵循全球—本土的逻辑在中国本土进行全球网络优势的集成；根据跳板理论，新兴国家的子公司在跨国公司全球网络中占有越来越重要的地位，能够从本土走向国际并参与全球价值链分工网络体系，此时中外合资企业能够遵循本土—全球的逻辑在国际环境中集成全球网络资源优势，即中外合资企业的国际环境网络优势获取存在内向集成全球网络资源和外向集成全球网络资源两种路径。

中国本土环境的网络优势获取方面，在第五章第二节中已述，新时代，中国在基础要素条件、需求条件、企业和产业条件、政府政策以及发展机会和潜力五个方面拥有本土特定优势。根据比较优势和后发优势相关理论，一方面，新兴国家能够发挥基于本土初级要素和高级要素的比较优势，利用好已有的相对优势要素；另一方面，仅依靠比较优势，新兴国家

则会被"锁定"在一些初级产业，掉入"比较优势陷阱"（樊纲，2023）。根据追赶理论，新兴国家的后发优势更为关键，即利用跨国公司的技术扩散，吸收、利用外国的先进技术或发达国家的技术转移。

由于资源和成本的限制，中外合资企业很难在中国本土环境和国际环境的双重网络嵌入中均实现黏合型社会资本和桥接型社会资本的整合获取，且单独偏向某一网络嵌入会导致双重环境网络嵌入的失衡，不利于企业科技自主创新能力的提升。故本部分认为，中外合资企业的双重环境的网络嵌入优势获取有以下两种机制（如图 7-1 所示）：其一，黏合中国本土环境，桥接国际环境，内向集成国际优势并利用中国本土环境的超大规模市场优势、创新要素等比较优势和后发优势；其二，桥接国际环境，黏合中国本土环境，外向集成国际网络优势，这种网络优势的获取需要更具全球视野，以国际战略结构布局带动中国本土环境的特定优势发掘。

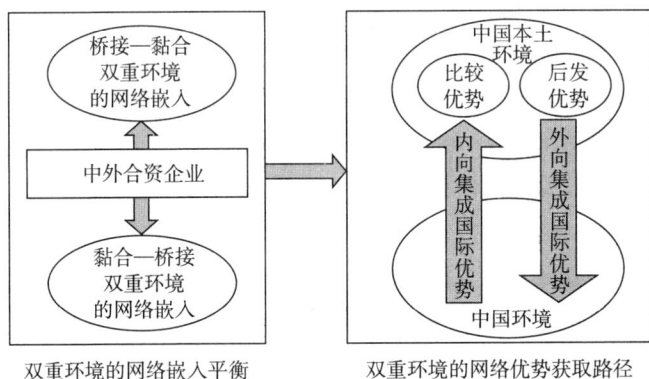

图 7-1　中外合资企业双重环境的网络优势获取机制

第四节
多元角色科技自主创新的资源编排机制

基于子公司角色的多元性，中外合资企业在国际环境中具有不同的网络地位，在既定的东道国资源条件下，存在异质的双重环境网络嵌入以发展本土合资企业科技自主创新优势的构建路径。根据资源编排理论，中外合资企业能够通过资源结构化、资源能力化和资源杠杆化来获取和利用国内国际双重环境中的网络资源，进而实现组织内外部资源的重新配置和组合，并形成不同的科技自主创新能力和创新优势。因此，本部分先对中外合资企业的多元角色进行分类，再就不同的角色分析其科技自主创新的资源编排机制。

一、中外合资企业的多元角色分类

子公司的能力水平是根据其在网络中所扮演的角色及其在东道国的资产积累来决定的。Dunning（1988）认为，跨国企业在东道国设立子公司具有市场寻求、效率寻求、自然资源寻求以及战略资产寻求四种类型，并基于此划分出四种子公司角色。根据第五章的中外合资企业科技自主创新能力综合评价和时空演化研究结论可知，中国本土经济、教育、基础设施和科技发展，以及外资所在国的支持等都对提升中外合资企业科技自主创新能力起促进作用。在此基础上，第六章将中外合资企业划分为市场导向型、技术导向型和战略导向型三种类型，这里将进一步分析这三种子公司分别是如何权衡中国本土特定优势和母国特定优势来进行资源编排以提升其科技自主创新能力的。

结合中外合资企业对中国本土特定优势和母国特定优势的利用，当中国本土环境的网络嵌入优势获取程度深，且能够利用中国本土的多元资源时，则被界定为本土特定优势利用强维度，反之则属于弱维度；当国际环境的网络嵌入优势获取程度深，且能够获得外方核心技术的支持时，则被界定为母国特定优势利用强维度，反之则被归为弱维度。如图7-2所示，处于Ⅰ类市场导向型中外合资企业对母国特定优势利用和本土特定优势利用均较弱；处于Ⅱ类的技术导向型中外合资企业对母国特定优势利用弱，而对本土特定优势利用强；处于Ⅲ类的战略导向型中外合资企业拥有较强的母国特定优势利用和本土特定优势利用；而处于第二象限的子公司对母国特定优势利用高，对本土特定优势利用低，不符合以往子公司角色文献中跨国企业在东道国设立子公司的战略动机，因此不予讨论。

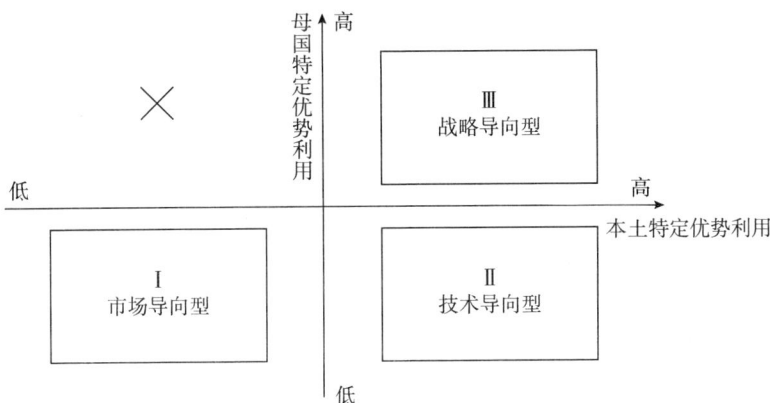

图7-2 中外合资企业的多元角色分类

二、市场导向型中外合资企业跟跑式资源编排机制

处于Ⅰ类的市场导向型中外合资企业，具有较弱的母国特定优势和中国本土特定优势利用，服务于外资寻求中国市场的战略目标，扮演跨国企业在华战略执行者的角色，通过跨国企业现有资产基础的开发性活动进入中国本土市场，以提供标准化产品开拓中国本土市场业务。作为跨国公司的战略执行者，中外合资企业基于跨国公司资产利用的动机而成立，主要进行知识开发性活动，中国本土市场提供形成企业优势来源的专业技术、知识和能力。从战略导向视角来看，市场导向型中外合资企业偏向采用防御型战略，即企业的战略关注点是保持运营的效率、稳定和规模经济，不愿意寻求新的市场或技术机会，很少对现有技术进行革新或调整，更多地关注流程的优化而非产品创新。

整体而言，市场导向型中外合资企业的技术创新是在合资企业外方产品框架内进行的本土适应性改进，因此，其创新本质上是"当地适应"型创新，由开发本土市场的战略驱动，其本土技术创新遵循消化吸收—改造创新—自主开发本土化技术的路径，资源编排行为遵循获取式资源建构—二次创新能力—调用式资源撬动的演化路径。

在资源结构化方面，市场导向型中外合资企业属于获取式资源建构方式，即广泛获取并整合外方先进的技术和中方市场信息和资源，捆绑形成自身资源组合，以满足开拓中国本土市场业务的战略导向，但并未形成创新能力。外方先进的技术经验、管理体系等帮助市场导向型获取高于本土企业的竞争优势，中方的市场信息则帮助市场导向型快速在本土市场占有一席之地。其中，非均衡股权结构会在很大程度上影响市场导向型的创新优势构建，中方投资者股权占比过小的市场导向型中外合资企业，合资基础在中外双方资源依赖度下降的情况下不断被削弱；均衡股权结构的市场导向型中外合资企业，合资关系稳定，能够获得中外双方持续投入的关键资源（梁贺和郁海杰，2023）。

在资源能力化方面，市场导向型中外合资企业使用现有的创新资源组合维持已有的二次创新能力。具体来说，市场导向型构建二次创新能力的核心技术知识来源于组织边界之外（许庆瑞等，2013）。市场导向型中外合资企业通过引进外方生产线或先进生产设备，立足于国内大市场需求，培育以消化吸收为基础的二次创新能力。

在资源杠杆化方面，市场导向型中外合资企业通过调动式资源撬动，形成了自主开发本土化技术的路径，并产生了植入自身创新基因的本土化产品。这些企业以开发性学习为基础，调动前期获取的资源组合和二次创新能力用于科技自主创新，表现为与本土企业协同开发新产品、成立科技自主创新部门等。

三、技术导向型中外合资企业并跑式资源编排机制

处于Ⅱ类的技术导向型中外合资企业拥有较强的本土特定优势利用，能为跨国企业做出独特的技术贡献，但具有较弱的母国特定优势利用，虽然参与跨国公司的全球创新网络体系，但并未接触外方核心技术。中外合资企业处于有利于跨国企业开展业务的环境之中，其技术创新主要依赖外方的知识转移。技术导向型重视开展与跨国公司的技术合作，借助跨国公司的研发优势，利用其资金、人才和技术等资源，实现开放式自主创新能力提升。整体而言，技术导向型进行技术更新类的科技创新，其科技自主创新能力构建遵循消化吸收—模仿创新—开放式科技自主创新的路径，资源编排遵循积累式资源建构—集成创新能力—协调式资源撬动的演化路径。从战略导向视角来看，技术导向型中外合资企业更偏向采取进取型战略，即企业的战略关注点是发现和探索新的技术升级机会，因此很重视保

持技术的灵活性。

在资源结构化方面，技术导向型中外合资企业通过调动内部创新资源、建立和维护重要利益相关者关系等方式逐步积累资源，通过跨国企业总部积极垂直转移的先进系统集成技术知识积累外方先进创新资源，同时通过国际合作积累来自同行子公司的横向知识转移。除此之外，技术导向型中外合资企业积极与国内高校、科研院所建立战略联盟，逐步积累创新合作经验和技术资源。

在资源能力化方面，技术导向型中外合资企业整合内外核心技术知识，并不断从现有资源组合中抽取资源，补充到现有创新能力的资源池（解学梅和韩宇航，2022），从而形成集成创新能力。技术导向型中外合资企业利用其专技，参与跨国企业的国际联合研发；除此之外，还会在国内国际与其他创新主体合作成立研发机构，参与到国内国际价值链网络中。

在资源杠杆化方面，技术导向型中外合资企业通过协调式资源撬动，协调中外各创新主体共同参与开放式科技自主创新过程。它们以探索式学习和开发式学习双元学习为基础，协调中方上下游企业、竞争企业与科研机构以及外方的跨国企业网络主体，表现为中外双方进行联合研发。

四、战略导向型中外合资企业领跑式资源编排机制

处于IV类的战略导向型中外合资企业具有较强的母国特定优势和本土特定优势利用。作为跨国公司的战略引领者，中外合资企业基于跨国企业资产探索的目的设立，相比其他的子公司类型具有较强的知识创造能力，能成为跨国企业竞争优势的主要贡献者。战略导向型中外合资企业科技自主创新能力的构建遵循研发创新—自主开发核心技术的路径，资源编排遵循剥离式资源建构—原始创新能力—部署式资源撬动的资源演化路径，服务于跨国企业全球战略的需要，基于本土市场构建竞争优势。从战略导向视角来看，战略导向型中外合资企业更偏向采取进取型战略，即企业的战略关注点是发现和探索新的产品及市场机会，重在持续地变革与创新，因此会更加重视研发活动和环境扫描，保持较高的技术领先性。

在资源结构化方面，战略导向型中外合资企业采用剥离式资源建构方式，即通过剥离无用资源、外包非核心业务等方式实现资源减量。战略导向型中外合资企业具有更大的自由裁量权和议价能力，在资源有限的情况

下，能够将资源聚焦于核心技术的战略研发领域，从而实现效益最大化。

在资源能力化方面，战略导向型中外合资企业改变知识创造的路径依赖，将要素市场新获得的资源和企业现有资源进行捆绑以形成新的原始创新能力。具体而言，战略导向型中外合资企业拥有强大的内部科学和技术研发能力，能够自主研发专利技术甚至引领行业内的技术标准制定；此时合作企业积极围绕战略导向型中外合资企业的专利和标准开展科技与市场合作，战略导向型中外合资企业以核心企业的身份向外部输送核心知识形成原始创新能力。

在资源杠杆化方面，战略导向型中外合资企业进行部署式资源撬动，即依托优势资源充分识别市场需求，实现自主开发核心技术的应用场景落地。战略导向型中外合资企业通过创建以本企业为核心的国内国际生态技术圈，进行跨技术领域的合作和市场部署，扩大本企业的专利影响力，在实际的应用场景中实现自主开发核心技术的丰富和完善。

综上，根据资源编排理论，市场导向型中外合资企业、技术导向型中外合资企业和战略导向型中外合资企业分别具有不同的科技自主创新能力构建过程（如图7-3所示）。

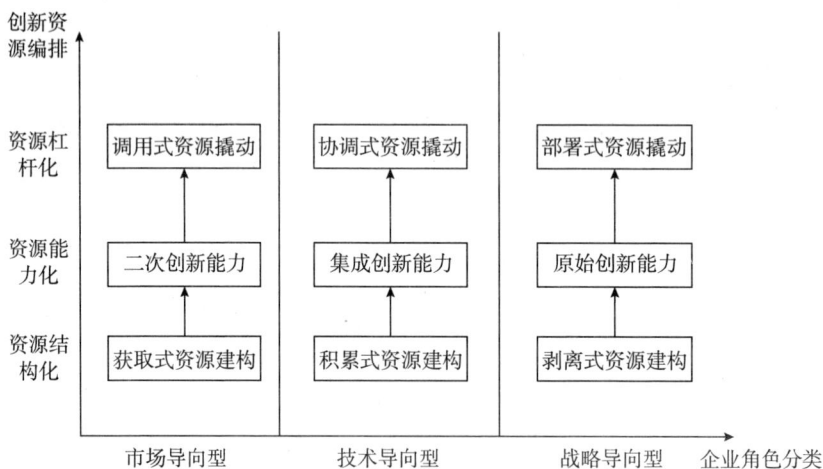

图7-3　基于多元角色的中外合资企业科技自主创新机制

第五节
基于双重环境嵌入的多元中外合资
企业科技自主创新机制分析

双循环不断改变着中外合资企业的战略创新布局，双重环境的网络嵌入则为中外合资企业带来了不可复制、难以转移的创新优势。科技自主创新的构建是企业内外部共同作用并达成良好匹配的结果。从内部创新能力构建来看，不同角色下的中外合资企业的市场和价值链活动范围、一体化程度与当地战略以及知识能力基础都存在差异，因此存在自主开发本土化技术、开放式科技自主创新和自主开发核心技术三种科技自主创新构建路径。从外部创新资源获取来看，中外合资企业拥有外向平衡双重环境网络优势获取和内向平衡双重环境网络优势获取两种资源及优势获取方式。若内部与外部创新条件无法形成良好的匹配与平衡，中外合资企业则无法很好地构建和提升科技自主创新能力，故本部分结合这两部分分析基于双重环境嵌入的多元中外合资企业科技自主创新机制及其角色跃升。

一、基于双重环境嵌入的多元中外合资企业科技自主创新机制

中外合资企业存在本土—国际内向创新机制和国际—本土外向创新机制两种科技自主创新机制，前者由本土内生动力驱动，后者则由国际外生动力驱动。其中，内向是指由外向内的流程，外向是指由内向外的流程，Chesbrough 和 Crowther（2006）将开放式创新划分为内向型和外向型两类，内向型开放式创新是指企业利用外部的知识源，并进行知识和技术的整合，来进行创新和商业化过程；外向型开放式创新是指企业向外输送有价值的知识和技术，将其由其他组织在企业外部进行商业化以实现学习效果，缩短学习曲线的过程。基于此，双重环境嵌入中外合资企业科技自主创新的两种机制为：

其一，本土—国际内向创新机制。立足于中国本土环境的特定优势，中外合资企业通过黏合本土核心网络获取内部人身份，同时因其成员构成的多样性，利用母公司的关系网络进一步获取国际优势，构建基于国内循环的内向平衡双重环境的网络优势获取，进而通过资源编排过程构建起科技自主创新能力。具体来讲，内向平衡双重环境的网络优势获取由本土内生动力驱动，通过黏合中国本土环境桥接国际环境，并不断强化国内资源环境的内聚性资源优势获取路径。在该机制下，中外合资企业跟随母国战略需求进行技术开发，积极开发战略性市场，在本土环境中形成深度合作的闭合网络。与此同时，合资企业积极与国际环境建立技术合作与交流以及市场往来等互动，构建多元主体的开放性网络。此时双重环境网络嵌入相辅相成，形成内向平衡优势获取。

其二，国际—本土外向创新机制。在国际环境的网络嵌入中占据良好的结构洞位置，在国际上开展技术和市场合作，从而利用双重环境的网络嵌入优势，建立立足于国内循环并利用国际循环的外向平衡双重环境的网络优势获取，进而通过资源编排过程构建科技自主创新能力。具体来讲，外向平衡双重环境的网络优势获取由国际外生动力驱动，通过桥接国际环境、黏合中国本土环境的资源优势获取路径。该机制下，中外合资企业建立跨边界互动，积极与国际网络主体深度交流合作，在本土环境与国际环境中均建立广泛的开放式网络，形成外向平衡优势获取。

基于上述两种双重环境网络嵌入的创新机制，结合中外合资企业对本土特定优势和国际优势利用的三种角色，本书构建了基于双重环境嵌入的多元中外合资企业科技自主创新机制（如图7-4所示）。

市场导向型中外合资企业的科技自主创新表现为内向平衡双重环境网络优势获取的本土化技术自主开发。基于市场导向，市场导向型中外合资企业积极与中国本土环境中的主体建立市场合作关系，利用国际环境的弱关系获取发达国家已成熟的先进技术转移。该类型的中外合资企业利用中国本土超大市场规模优势、巨量生产要素优势和完备的产业体系，构建起二次创新能力，通过调用式资源撬动进行本土化技术自主开发。

技术导向型中外合资企业的科技自主创新表现为内向/外向平衡双重环境网络优势获取的开放式科技自主创新。基于技术导向，技术导向型中外合资企业积极与本土科技创新主体建立技术合作关系，消化吸收国际成熟技术，并与本土环境的合作者建立科技创新中心等。该类型的中外合资企业集成本土环境与国际环境的创新要素与资源，进而通过协调式资源撬动进行内向平衡开放式科技自主创新。除此之外，一些技术导向型中外合资企业最开始在国际网络中占据良好的社会资本整合网络结构，形成外向平衡双重环境的网络优势获取，与国际环境中的合作伙伴进行技术交流和合作并积累先进的技术知识和经验，从而在中国本土建立研发中心，集成本土环境与国际环境的创新要素与资源，进而通过协调式资源撬动进行外向平衡开放式科技自主创新。

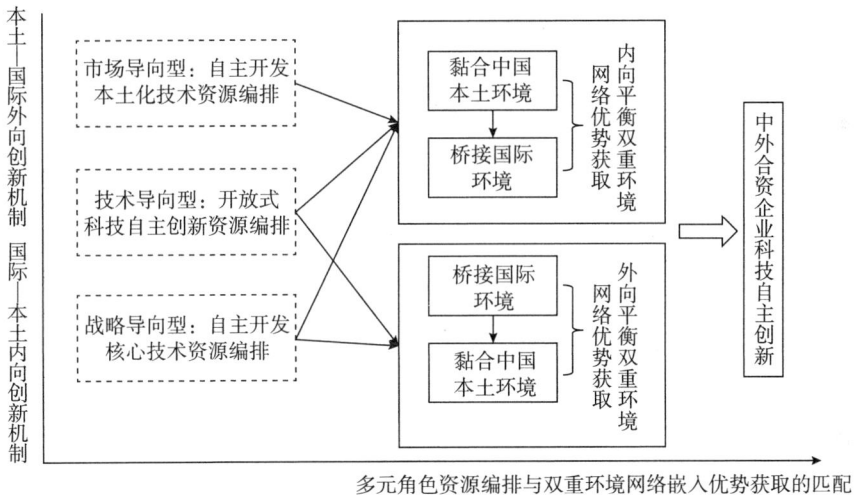

多元角色资源编排与双重环境网络嵌入优势获取的匹配

图 7-4　基于双重环境嵌入的多元中外合资企业科技自主创新机制

战略导向型中外合资企业的科技自主创新表现为内向/外向平衡双重环境网络优势获取的核心技术自主开发。基于战略导向，战略导向型中外合资企业统筹国内国际总体战略布局，进行无用资源的剥离，并黏合母国高端技术网络体系，跟随母国战略进行先进技术的研发；同时积极与国际网络中的主体开展技术合作，逐渐形成原始创新能力，并通过部署式资源撬动进行自主开发核心技术的内向平衡双重环境网络嵌入的科技自主创新。更多的战略导向型中外合资企业构建外向平衡双重环境网络优势获取，占据良好的结构洞位置与国际环境中的主体开展技术交流，以获取先进技术信息，进而利用本土特定资源构建原始创新能力，并部署国际本土战略布局进行自主开发核心技术的外向平衡双重环境网络嵌入的科技自主创新。

二、基于双重环境嵌入的中外合资企业科技自主创新角色跃升机制

上述分析表明，战略导向型中外合资企业拥有较好的科技自主创新资源编排和双重环境网络嵌入，因此，实现从市场导向型到技术导向型，再到战略导向型的角色跃升，对于中外合资企业的创新战略优势构建至关重要。已有研究表明，企业的知识基础和战略导向会影响企业获取的社会资本以及企业自主创新能力的构建。当企业的嵌入性知识存量较多时，社会资本有利于提升企业自主创新能力；当企业的战略导向与社会资本获取策略匹配时，社会资本则会发挥积极效应，促进企业自主创新能力提升（王淑敏和王涛，2017）。中外合资企业基于不同的战略动因采取不同的资源编排行动，作用于在异质双重环境的网络嵌入以获取中国本土环境和国际环境的网络优势，进而在双重网络优势的平衡中实现科技自主创新角色的跃升。据此，本部分提出基于资源编排的中外合资企业科技自主创新角色跃升模型（如图7-5所示）。

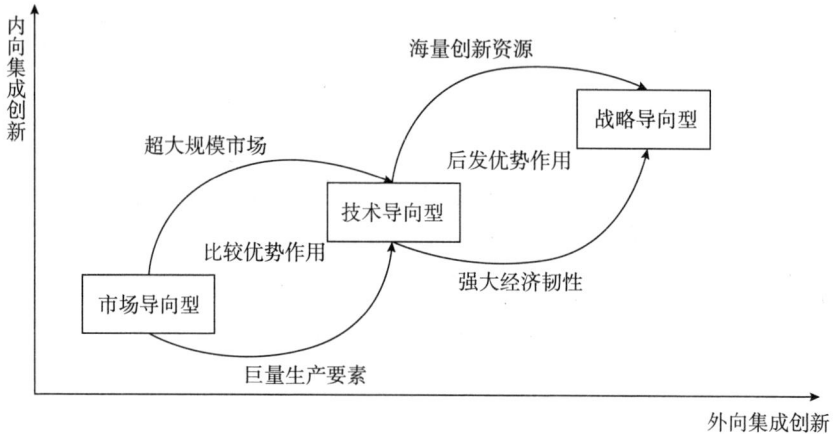

图7-5　中外合资企业科技自主创新角色跃升

　　基于市场战略定位的限制，市场导向型中外合资企业的首要任务是能够调用双重环境的网络资源以使之超过当地平均技术创新水平。内向集成创新资源是市场导向型中外合资企业的主要优势获取方式，通过黏合中国本土环境和桥接国际环境的内向平衡双重环境网络优势获取，市场导向型中外合资企业得以进行以知识开发为主的科技自主创新活动；继而，通过获取式资源建构—二次创新能力—调用式资源撬动的资源编排行动，促使其产品和技术能够稳中求进，以超过市场平均水平。相较技术导向型中外合资企业和战略导向型中外合资企业而言，市场导向型中外合资企业的技术创新水平较低，技术组合形式较为单一，创新影响力较弱，在科技自主创新过程中扮演着跟随者角色。但是，市场导向型中外合资企业能够利用中国本土的超大规模市场、巨量生产要素和完备的产业体系等比较优势，来解决自主开发本土化技术问题，具备一定能力进入主流赛道与科技创新型企业进行同台竞争与合作，从而实现由"跟跑者"到"并跑者"的角色跃升。

　　出于保持技术先进性的目的，技术导向型中外合资企业大都积极寻求参与或部分主导科学研发和技术合作来提升企业在行业中的创新影响力。基于内向集成创新资源、外向集成创新资源，技术导向型中外合资企业在国内大力集成全球知识、资源的同时，在国际环境中广泛开展技术合作，实现技术更新式的科技自主创新能力提升。与此同时，它们通过积累式资源建构—集成创新能力—协调式资源撬动的资源编排行动，实现开放式科技自主创新机制的构建，使企业科技创新的先进性和多样性得以提升，从而实现了自主创新技术从有到优。通过内向集成创新或外向集成创新，技术导向型中外合资企业的科技自主创新影响力得以大大提升，进而助推其跃升为科技自主创新的参与者，得以在海量创新资源和强大经济韧性的后发优势支撑下，开始逐步对市场中其他企业暂未拥有和掌握的前沿技术进行探索突破，积极寻求开辟技术标准竞争的新路径。

　　战略导向型中外合资企业希望通过主导科技自主创新的风向以获取最大垄断利润，获得领先国际的竞争优势。它们通过内向、外向双重网络平衡优势获取，深度利用中国本土和国际环境中的网络优势，进而通过剥离式资源建构—原始创新能力—部署式资源撬动的资源编排行动进行自主开发核心技术的科技自主创新，从而成为核心知识资源的领先者，借以快速提升其在国内国际市场的技术创新地位。由于战略导向型中外合资企业技术形式多样且极具创造性，并能快速在全球创新竞争中占据领先优势，因此能够最终跃升为全球科技自主创新的引领者。

第六节
本章小结

中外合资企业科技自主创新是一个复杂的过程，并随着企业角色的不同而有所差异，但鲜有文献阐释多元的中外合资企业如何在复杂环境中动态地进行科技自主创新活动。本书基于双重环境网络嵌入的视角系统分析多元中外合资企业科技自主创新的整合框架。研究发现：中外合资企业具有内向科技自主创新机制和外向科技自主创新机制，市场导向型、技术导向型和战略导向型三种角色的中外合资企业与双重环境的网络嵌入优势获取存在不同的匹配，从而形成了基于双重环境嵌入的多元中外合资企业科技自主创新机制模型。

基于对本土特定优势和母国特定优势利用的两个维度，结合中国情境和科技自主创新特征，中外合资企业可分为市场导向型、技术导向型和战略导向型三种角色。市场导向型中外合资企业利用双重环境的网络嵌入，结合总部转移的成熟技术和本土超大市场优势，进行跨国企业已有技术的中国本土化科技自主创新能力构建；技术导向型中外合资企业利用双重环境的网络嵌入提升自身科技自主创新能力，重点结合本土优势进行开放式科技自主创新能力构建；战略导向型中外合资企业结合国际国内双重环境的网络嵌入进行自主开发核心技术的科技自主创新能力构建。

基于双重环境的网络嵌入，中外合资企业科技自主创新角色可以实现跃升。中外合资企业应利用比较优势，实现从市场导向型到技术导向型的角色跃升，利用后发优势进一步实现技术导向型到战略导向型的角色跃升，以提升科技自主创新能力。

第八章

中外合资企业科技自主创新机制的实证分析

第一节
问题提出

党的二十大报告强调要加快实现更高水平的科技自立自强，进一步推进高水平对外开放，"加快构建以国内大循环为主体、国内国际双循环相互促进的新发展格局"。作为跨国公司深入延伸全球价值链的重要途径，FDI 是链接国内国际两个市场、集聚全球资源的天然桥梁（Arnold and Javorcik，2009；Aitken and Harrison，1999；Javorcik，2004；蒋殿春和鲁大宇，2023），有利于畅通国内循环并促进国际循环。2022 年《中国外资统计公报》显示，2021 年中国引进外资规模和质量实现双提升，全年实际利用外资达 1809.6 亿美元，新增外商投资企业近 4.8 万家，同比增长均在 20%以上。在新时代的高质量发展阶段，外资依然是支撑我国经济增长的强大动力。近年来，受逆全球化浪潮和贸易保护主义的遏制与打压，发达国家制造业逐渐向越南、柬埔寨或发达国家本国回流，在一定程度上对我国经济与创新发展造成了威胁。因此，如何高质量利用外资以提升中国企业科技自主创新，突破"低端锁定"，成为摆在眼前的重要课题。

众所周知，合资企业不仅是跨国公司对外投资的重要载体（Moskalev and Swensen，2007；Jiang et al.，2018；包群等，2020），而且是我国高质量利用外资的关键（芈斐斐等，2021；杨志浩，2023；梁贺和郁海杰，2023）。新时代背景下，随着进一步提高对外开放水平，我国投资合作和营商环境得到持续优化，外商来华投资的方式越来越偏向于跨境并购（张鹏飞和陈凤兰，2021；毛其淋和王澍，2022）。跨国公司通过收购本土企业部分股权与国内投资商建立基于股权的"联姻"关系，转本土企业为中外合资企业。可见，中国本土企业外商合资化的身份转换形式同时具备合资和并购的属性，是识别中外合资企业中外资溢出效应的良好对象，且兼具重要的理论意义和实践价值。

理论意义上，部分外商直接投资相关文献特别关注合资企业的技术溢出效应（张宇，2006；金宏平等，2016），指出合资企业作为跨国界知识转移的良好通道能够通过企业内部的密切合作以向本土企业转移复杂知识和能力（Inkpen and Beamish，1997；Moskalev and Swensen，2007；Sun，2012；芈斐斐等，2021），且其产生的溢出效应是外商独资企业的两倍（Jiang et al.，2018）。尽管如此，上述研究主要探讨跨组织、跨产业和跨区域中合资企业技术溢出效应的存在程度，而对其在企业内部直接产生的效应不甚了解。仅有少数文献（如包群等，2020；张军等，2021）基于合资企业中外商撤资的视角从侧面测度本土企业引入外商资本带来的内部溢出效应。实践意义上，在新技术革命和产业革命复杂背景下，单个企业往往要开展多方合作以降低生存风险并获取市场竞争优势（杨震宁等，2022），从近年来外资以合资形式进入中国市场的比例基本保持在20%以上的事实中可窥一斑。同时，从创新维度上来看，中外合资企业在大多数行业中的研发表现均明显优于外商独资企业（梁贺和郁海杰，2023）。可见，与境外投资商建立合资关系不单是企业寻求跨国合作的有效途径，更是助力我国科技创新水平提升的要点。

基于此，本章以本土企业转向中外合资企业为研究对象，从中国本土企业外商合资化这一独特视角探究新时代中外合资企业科技自主创新机制，并重点分析外方对中方内部溢出的渠道。本章利用1998~2007年中国工业企业数据库识别内资企业合资化，通过双重差分方法进行实证检验。研究发现：首先，总体上外商合资化后的中国本土企业创新绩效显著提升，这意味着外资的进入能够在企业内部直接产生技术溢出效应，进而表现为中外合资企业科技创新能力的提升。其次，作用渠道检验结果表明，中外合资企业科技创新提升主要是通过竞争效应、示范模仿效应以及培训效应实现的。最后，异质性分析显示，相比中方主导的少数外资股权并购，外方主导的多数外资股权并购更能有效促进企业创新绩效提升；相比混合型合资企业，单一型合资企业中外商合资化对本土企业创新促进作用更明显，其中外国—非国有型合资的创新效应更显著。此外，外商合资化对处于成长期、沿海地区以及高市场化水平地区的中国本土企业创新促进作用更强。

因此，研究新时代中外合资企业科技自主创新机制的价值体现在以下三个方面：第一，本书首次从外商合资化视角对中国本土企业创新绩效进行探察，是对外资在华并购绩效文献的补充，有利于丰富现有相关研究。新时代背景下，越来越多的跨国公司通过并购本土企业进入中国市场，而这种并购使本土企业变为合资企业后，是否能够产生更大的创新绩效，有待进一步验证。因此，本书实证检验了外商合资化对于中国本土企业创新的促进作用，在我国持续加大对外开放和外资越来越青睐并购的背景下，从企业层面提供了外资并购中国本土企业转其为中外合资企业与目标企业①创新绩效的经验证据。第二，目前大量相关文献对 FDI 溢出效应的讨论仅仅局限于行业或区域层面的间接探讨，而基于企业内部直接溢出效应的关注十分有限。因此，本书从动态过程视角评估中国本土企业外商合资化带来的创新效应，为微观企业内部的 FDI 溢出效应的存在性及其溢出机制提供了经验证据，进一步完善和补充了现有 FDI 溢出效应的相关文献。第三，混合所有制对我国以高水平社会主义市场经济体制推动高质量发展的作用举足轻重，中国本土企业引入外资股本参与是混合所有制改革中的重要问题，本书将合作伙伴多样性和企业所有权异质性分析引入研究框架中，从中国本土企业外商合资化的合资伙伴差异性中揭示不同外资并购不同所有制企业产生创新效应的异质性，有助于帮助理解混合所有制改革中如何利用外资问题，为我国高质量引进外资提供一定的理论指导。

第二节
机理分析与研究假设

大量已有研究集中关注行业或部门间的 FDI 溢出效应，这属于一种间接影响作用，而对 FDI 在企业内部产生的直接影响没有开展有效的衡量和充足的了解（包群等，2020，2021）。为此，相关文献试图以合资企业中外商撤资这一视角探究外商直接投资对中国本土企业带来的影响，发现外商撤资降低了合资企业绩效（杨超和林建勇，2019），显著抑制了本土企

---

① 外商并购前的目标企业为中国本土企业；外商并购后的目标企业是指中外合资企业。

业的出口质量（严兵和程敏，2022），不利于内资企业出口国内附加值率（葛新庭和谢建国，2023）。与此相反，一些学者认为，外商撤资对中国企业的不利影响可能并没有我们直觉中的那么显著，其在短期内会引起创新成本的升高和创新模式的转变，可能会刺激企业提高研发投入，改善自主创新效率进而提升企业绩效（毛海欧等，2019；张军等，2021）。显然，学界对合资企业外商撤资与企业绩效研究的结论尚不一致，这可能是因为外商撤资是一种事后视角，忽视了合资过程中中外双方之间的互动博弈和学习，从而导致结果检验的不一致，不利于有效衡量外资对企业产生的直接影响。因此，基于合资前外资进入视角可能是较好的研究思路，而基于进入前视角的研究则更多关注外资并购。

就微观企业的创新效益而言，外资并购涉及创新资源在国内国际市场和跨国公司内外的流动和重新分配（Stiebale，2016），现有研究围绕这一点进行深入研究并得出不一致的结论。一方面，促进论的研究认为外资并购能够提高东道国被并购企业的创新绩效，可能会产生一定程度的范围经济和规模经济，促使目标企业面临的研发创新成本和风险大大降低，有利于提高目标企业的创新效率（Cassiman et al.，2003；陈玉罡等，2015）；而且，外资企业特定优势，如品牌、管理经验、先进技术等也会随着并购向目标企业溢出，从而间接促进目标企业的技术创新（Javorcik et al.，2018）。另一方面，抑制论的核心观点指出外资并购会抑制东道国被并购企业的研发创新。Stiebale 和 Reize（2011）采用德国的数据样本发现，外资并购显著降低了被并购企业的科技创新。根据产业组织理论，企业出于增强自身市场势力和减少市场竞争的考虑，往往拥有强烈的并购倾向，这可能会降低企业创新水平（Arrow，1962）。Stiebale（2016）则认为，外资在资金储备和技术开发能力等方面的表现通常要优于被并购企业，为了尽量减少创新风险和成本，研发创新活动可能会向跨国母公司转移，最终表现为目标企业创新活动的减少。

总的来说，国内外学者们就这一主题得到的研究结论不尽相同，且针对中国情境的研究相对匮乏（张鹏飞和陈凤兰，2021），上述研究结论是否适用以及如何适用于中国情境还有待进一步验证。另外，外资不仅可以通过并购中国本土企业转其为中外合资企业，而且可利用完全收购成立自己的独资子公司，不同的并购类型决定了外资的资源分配和技术溢出程度不同，进而导致并购的创新效应结论不一致。可见，新时代背景下有必要进一步区分不同并购类型，并进行细致的研究。实际上，中外合资企业的研发创新表现不仅没有弱于外商独资企业，反而在大多数行业中要优于后者（梁贺和郁海杰，2023），所以基于外资部分并购中国本土企业来探究中外合资企业中外资溢出的贡献程度具有重要的理论意义和现实意义。因此，本书从中国本土企业外商合资化这一独特视角出发验证企业内部外资溢出效应的程度和具体溢出机制。

早期，中国通过"以市场换技术"引进外资，外资并购本土企业可以较为快速地将先进技术和管理理念带入中国，进而迅速提升被并购企业的科技创新水平（陈玉罡等，2015）。随着中国加入 WTO 和实施更大范围、更宽领域和更深层次的对外开放，吸引了大批跨国公司来华投资建厂，出现了自主创新和"以市场换技术"双轨并行的现象（张鹏飞和陈凤兰，2021）。在此背景下，我国政府致力于为科技创新创造良好的制度环境，更加注重提升中国本土企业对外来先进技术的消化和吸收，为其实现科技自主创新提供养料。因此，外资部分并购中国本土企业能够直接为中外合资企业注入包括技术创新和管理经营方面的新鲜血液，有利于合资企业创新效率的提升，最终有效提升合资企业创新专利数量。更重要的是，进入 21 世纪以来，随着中国经济腾飞，企业自主创新能力逐渐提升，挖掘中国本土特定优势越来越成为跨国公司布局研发全球化和获取全球创新竞争优势的关键。在此背景下，中国本土企业外商合资化可能是跨国公司布局研发全球化的重要举措之一，目的在于通过参与合资快速撬动中国本土优势资源，此时合资企业的核心技术创新不再仅依赖于外方技术转移，而是基于中国本土特定优势的开发和利用，并实现从技术吸收模仿到科技自主创新的跃升，表现为合资企业创新质量的提升。有鉴于此，我们提出假设 1。

H1：中国本土企业外商合资化能显著提升其科技创新质量和数量。

概而言之，本书认为中国本土企业外商合资化具有显著的科技创新提升效应，主要通过竞争效应、示范与模仿效应以及培训效应三个溢出渠道提升中国本土企业创新数量和创新质量。首先，随着跨国公司的进入，中国市场的竞争变得愈加激烈，在东道国产生竞争的"鲶鱼效应"。一方面，外资先进管理经验和技术理念随着并购的完成涌入中国本土企业内，会打破其原有的惯性思维并唤醒中方的危机感和市场竞争意识，使中方在与外方合资过程中更加注重高效利用外方资源和能力，从而有利于我国企业的研发创新。另一方面，竞争不仅存在于企业之间，就合资企业而言，中外双方之间同样存在着竞争，如利益分配、控制权之争等，当外资通过并购的方式与中国本土企业合资时，基于企业内部的隐性竞争会促使外资向合资企业投入更多的技术资源的同时，会使中方向合资企业投入更多的市场资源，而这种中外双方之间的优势资源互补无疑会为合资企业科技自主创新提供强大动力。其次，中国本土企业的外商合资化可以通过示范效应与模仿效应迅速提升中外合资企业的科技创新水平。外资进入中国市场，以其先进的技术和管理理念为中方提供示范作用和模仿作用。中方管理人员可以通过外方母公司向合资企业派驻管理人员的途径学习其先进的管理经验。同时，外方管理人员加入被并购企业管理层，对公司的管理、研发、生产、销售等起到不容忽视的示范作用。因此，跨国公司通过并购中国本土企业能够为合资企业带来先进的管理制度和技术，进而对合资企业科技自主创新发挥引导和示范作用。最后，中国本土企业的外商合资化还可通过培训效应作用于中外合资企业的科技自主创新。为了适应跨国公司的组织管理制度和生产要求并将其转化为竞争优势，外资往往需要对就职于合资企业内的技术和管理人员进行相关的继续培训教育，这会提高合资企业的人力资本水平，进而有利于企业创新（张鹏飞和陈凤兰，2021）。此外，当合资企业的员工管理能力和技术水平提升之后，跨国公司会更愿意向其投入更多的先进技术（Fosfuri et al.，2001），这显然会进一步促进合资企业创新。综上所述，本章提出以下假设：

H2a：竞争效应是中国本土企业外商合资化提升科技自主创新能力的重要渠道。

H2b：示范效应与模仿效应是中国本土企业外商合资化提升科技自主创新能力的重要渠道。

H2c：培训效应是中国本土企业外商合资化提升科技自主创新能力的重要渠道。

第三节
研究设计

一、样本选择与数据来源

本书关键变量数据来源于 1998~2007 年的中国工业企业数据库①，并参考现有主流文献的一般做法对数据库中关键指标存在的缺失值、异常值进行以下处理：保留实收资本金、总资产、固定资产、工业增加值、负债等关键指标为正的样本；保留从业人数不少于 8 人的数据；剔除企业成立时间晚于观测时间等明显存在统计异常的样本；保留经营年限不少于 3 年的样本；剔除违反会计准则的数据，如流动资产、本年折旧分别大于总资产和累计折旧等。在经过上述步骤初步处理数据后，根据企业实收资本金构成辨别企业是否属于外资企业（包括中外合资企业和外商独资企业）。以此为基础，本部分根据在观察期内我国本土企业是否被外资部分并购转为中外合资企业为判断标准，筛选出处理组和对照组：若在样本期内企业所有权性质由内资企业变为中外合资企业，则我们将其归纳为处理组；而当观察期内我国本土企业始终保持其产权性质不变时则被识别为对照组。此外，为了充分观测我国本土企业外商合资化引起的创新效应，本部分剔除了企业所有权变化当年前后少于 1 年的观测数据。最终，经过上述处理和筛选之后得到了 343581 条数据用于实证检验。

二、模型设计

为了检验上文提出的研究假说，本书构建多时点双重差分模型进行实

---

① 目前，《中国工业企业数据库》的数据年限范围为 1998~2013 年。考虑到 2008 年及后续年份的关键变量存在许多指标缺失严重的情况，并且 2008 年、2009 年未提供实收资本的所有权结构导致无法识别外资并购情况，2010 年数据存在严重的错误和缺失以及 2011 年之后的数据收集的统计口径发生变化，因而本书最终选取 1998~2007 年的数据。

证检验，具体设定如下：

$$Apply_{i,t} = \alpha_0 + \alpha_1 Treat_i \times Post_t + \alpha_2 X_{i,t} + u_i + \eta_t + \varepsilon_{i,t} \tag{8-1}$$

其中，i 代表公司，t 则表示观测年份，$Apply_{i,t}$ 是因变量，表示目标企业 i 在 t 年的创新绩效，包括创新数量和创新质量；自变量 $Treat_i \times Post_t$ 表示中国本土企业是否被外资部分并购从而经历合资化；$X_{i,t}$ 代表与企业科技自主创新相关的一系列控制变量；其余则分别表示个体固定效应、时间固定效应和随机误差项。

考虑到双重差分模型的估计结果可能是有偏的，会低估或高估中国本土企业外商合资化的创新效果，而事件发生效果无偏的前提是对照组和处理组之间需要满足平行趋势检验假设。因此，本部分进一步利用事件研究法构建以下动态双重差分模型以检验事前平行趋势：

$$Apply_{i,t} = \beta_0 + \sum_{m=-4}^{-1} \beta_m pre_{im} + \sum_{n=1}^{7} \beta_n post_{in} + \beta_2 X_{i,t} + u_i + \eta_t + \varepsilon_{i,t}$$

$$\tag{8-2}$$

其中，本书以中国本土企业外商合资化滞后一期为基期，pre_{im} 是指处理组中企业 i 在合资化之前第 m 年；$post_{in}$ 表示处理组中企业 i 在合资化之后第 n 年。式（8-2）中主要关注的是 β_m 和 β_n，若两者系数不存在显著差异，则表明满足平行趋势检验假设。

三、变量说明与描述性统计分析

（一）被解释变量

本书的解释变量是企业科技自主创新能力，主要包括创新数量和创新质量两个方面。研发投入和专利数据一直以来是主流文献用来衡量企业创新能力的两个关键性指标，而本部分主要利用专利申请数来测量企业创新能力是基于以下几点原因：首先，专利申请与创新产出密切相关，具有实际的经济价值（陈爱贞和张鹏飞，2019；张鹏飞和陈凤兰，2021），能够集中反映企业当年实际的创新活动情况；其次，本书核心解释变量为中国本土企业外商合资化，其实质是外资部分并购，而现有研究指出并购可能会减少研发投入，但这并不意味着企业创新活动的减少，也有可能是由于并购产生的规模经济降低了无效性研发支出并提高研发效率所导致的（De Man and Duysters，2005；Denicolòv and Polo，2018），因而采用专利申请的创新产出指标更能反映企业创新活动；最后，考虑到中国工业企业数据库中研发支出指标除 2005～2007 年外其余年份均缺失，且企业研发投入实际上不能完全转化为创新产出，使用专利申请作为企业创新活动的代表更能准确衡量企业创新能力（陈爱贞等，2021）。综上，本书具体利用企业发明专利申请总量加 1 取对数作为创新质量（$Apply_1$）的替代，专利申请总数加 1 取对数则表示创新数量（$Apply_2$）。

（二）解释变量

核心解释变量是中国本土企业外商合资化，基于中国工业企业数据库中企业实收资本结构的变化来识别。根据数据库，企业实收资本金主要由国家资本金、集体资本金、个人资本金、法人资本金、外商资本金以及港澳台资本金六类构成，我们将实收资本中外商资本和港澳台资本占比为 0 的企业定义为中国本土企业，将占比不为 0 且小于 1 的企业识别为中外合资企业。在观察期内，若企业由中国本土企业变为中外合资企业，我们则认定其发生了中国本土企业外商合资化。

（三）控制变量

本书选取的控制变量包括：①企业规模（$Size$），用企业总资产取对数衡量；②企业员工数（$Labor$），以企业从业人数的对数表示；③企业年龄（Age）为观察年份减去企业成立年份加 1 取对数表示；④资本密集度（KL）采用固定资产与企业从业人员数量比值的对数衡量；⑤资产负债率（$Debt$）为企业总资产与总负债之比；⑥利润率（$Profit$）用营业利润与工业销售产值之比表示；⑦出口密集度（$Export$）以出口交货值与主营业务收入之比衡量；⑧劳动生产率（LFP）用企业主营业务收入与员工人数比值的对数表示；⑨行业竞争程度（HHI）用行业赫芬达尔系数测量；⑩人均 GDP（GDP）则是指各省份人均 GDP 的对数。

（四）描述性统计分析

表 8-1 报告了本书所有变量的描述性统计。其中，从创新质量来看，中国本土企业创新质量均值为 0.026，标准差为 0.195，其标准差是均值的 7.5 倍，这表明现阶段我国本土企业间的创新质量差异较大。从创新数量来看，中国本土企业创新数量均值为 0.082，标准差为 0.384，约是均值的 4.7 倍，本土企业间的创新数量也存在较大差异。并且从均值来看，无论

是创新质量还是创新数量，本土企业整体创新能力仍然不高，因而有必要深入探究驱动本土企业创新发展的外资动力。

表8-1　主要变量描述性统计

变量符号	变量名称	观测值	均值	标准差	最小值	最大值
$Apply_1$	创新质量	343581	0.026	0.195	0	8.659
$Apply_2$	创新数量	343581	0.082	0.384	0	8.720
$Size$	企业规模	343581	10.49	1.298	7.863	14.40
$Labor$	企业员工数	343581	5.372	1.049	3.135	8.284
Age	企业年龄	343581	2.181	0.815	0	3.932
KL	资本密集度	343581	4.191	1.060	1.242	6.638
$Debt$	资产负债率	343581	0.567	0.238	0.0320	1.036
$Profit$	利润率	343581	0.055	0.056	0.001	0.305
$Export$	出口密集度	343581	0.121	0.280	0	1.036
LFP	劳动生产率	343581	5.709	0.930	3.668	8.141
HHI	行业竞争程度	343581	0.008	0.008	0.001	0.048
GDP	人均GDP	343581	9.675	0.567	8.421	10.91

第四节
实证结果

一、基础回归

表8-2汇报了中国本土企业外商合资化对企业科技自主创新能力的基本估计结果。其中，第（1）列和第（2）列分别以创新质量和创新数量为因变量，并在控制了个体固定效应后检验发现，核心解释变量中国本土企业外商合资化的估计系数分别在1%和5%水平下显著为正；第（3）列和

第（4）列的回归方程则进一步控制了年份固定效应，核心解释变量的估计系数符号和显著性水平没有发生变化，证明结论较为稳健。这表明，相较未合资化的企业，合资化后的中国本土企业科技自主创新数量和创新质量总体上得到了有效提升，幅度分别为 1. 56% 和 2. 24%，为现有文献中关于外资并购的创新促进论提供了企业内部视角的经验证据。可见，外资技术溢出是中外合资企业科技自主创新能力提升的关键。这一结论从企业内部视角证实了外资进入的溢出效应，反映了中国本土企业可以在与外资合资过程中不断吸收学习对方先进管理经验和技术知识，突出了中外合资企业在新时代我国高质量利用外资阶段的重要地位。

表 8-2　基准回归结果

变量	（1）	（2）	（3）	（4）
	$Apply_1$	$Apply_2$	$Apply_1$	$Apply_2$
$Treat \times Post$	0. 0158***	0. 0238**	0. 0156***	0. 0224**
	（0. 0053）	（0. 0096）	（0. 0053）	（0. 0096）
$Size$	0. 0007	0. 0067***	0. 0002	0. 0060***
	（0. 0014）	（0. 0023）	（0. 0014）	（0. 0023）
$Labor$	0. 0239***	0. 0546***	0. 0239***	0. 0549***
	（0. 0018）	（0. 0033）	（0. 0019）	（0. 0033）
Age	−0. 0017*	−0. 0055***	−0. 0030***	−0. 0071***
	（0. 0009）	（0. 0018）	（0. 0009）	（0. 0018）
KL	0. 0054***	0. 0096***	0. 0051***	0. 0092***
	（0. 0009）	（0. 0017）	（0. 0009）	（0. 0017）
$Debt$	−0. 0009	−0. 0009	−0. 0007	−0. 0003
	（0. 0021）	（0. 0039）	（0. 0021）	（0. 0039）
$Profit$	−0. 0056	0. 0048	0. 0050	0. 0190
	（0. 0121）	（0. 0210）	（0. 0121）	（0. 0210）
$Export$	0. 0114***	0. 0258***	0. 0114***	0. 0260***
	（0. 0026）	（0. 0051）	（0. 0026）	（0. 0051）
LFP	0. 0146***	0. 0346***	0. 0141***	0. 0342***
	（0. 0013）	（0. 0023）	（0. 0013）	（0. 0023）
HHI	0. 0141	−0. 4769**	0. 0804	−0. 2713
	（0. 1201）	（0. 2136）	（0. 1223）	（0. 2166）

续表

变量	(1) Apply$_1$	(2) Apply$_2$	(3) Apply$_1$	(4) Apply$_2$
GDP	0.0330 *** (0.0019)	0.0459 *** (0.0035)	- 0.1119 *** (0.0142)	- 0.1472 *** (0.0229)
常数项	- 0.5324 *** (0.0183)	- 0.9517 *** (0.0327)	0.8799 *** (0.1367)	0.9268 *** (0.2204)
观测值	343580	343580	343580	343580
个体固定效应	YES	YES	YES	YES
年份固定效应	NO	NO	YES	YES
调整 R^2 值	0.420	0.479	0.421	0.480

注：*、**和***分别表示在10%、5%和1%的水平上显著。

二、平行趋势检验

为了检验中国本土企业外商合资化对目标企业科技自主创新能力的影响结果是否符合事前平行趋势，本书进一步根据模型（2）再次进行了动态分析并画出中国本土企业外商合资化前、后各期包括95%置信区间的系数变化（如图8-1所示）。首先，在合资化前，目标企业科技自主创新质量和创新数量需要在处理组和对照组中不存在显著差异，从图中可以看出，除创新数量中个别期限外，其余合资化前期各系数均不显著异于0，因此满足平行趋势假设；其次，在中国本土企业外商合资化后，处理组的创新质量和创新数量相较控制组有了明显的上升，这表明中国本土企业外商合资化对目标企业创新绩效具有一定的持续促进作用。

三、稳健性检验

（一）安慰剂检验

现实中可能会存在一些不可观测因素与中国本土企业外商合资化保持着高度的同步相似性，从而会导致合资化对目标企业科技自主创新能力提升的作用结果具有随机性，因而本部分进一步利用安慰剂检验识别上述基础回归结果是否具有偶然性。基本思路是，基于核心解释变量的分布情况，按照一定的抽样原则进行随机抽样来构建政策虚拟变量，进行重新回归之后当虚拟设定所得到的估计系数与实际回归得到的系数存在显著差异时，则表明基准回归结果比较稳健，不太可能是由其他随机因素导致的。图 8-2 显示了安慰剂检验系数和 P 值分布情况，以创新质量和创新数量为因变量的 500 次抽样后回归得到系数分布近似正态分布，系数均值大致集中在 0 附近且远小于基础回归中的系数值，同时 P 值多大于 0.1，在 10% 显著性水平上不显著，符合安慰剂检验基本假设。因此，本部分基本结论较为可靠。

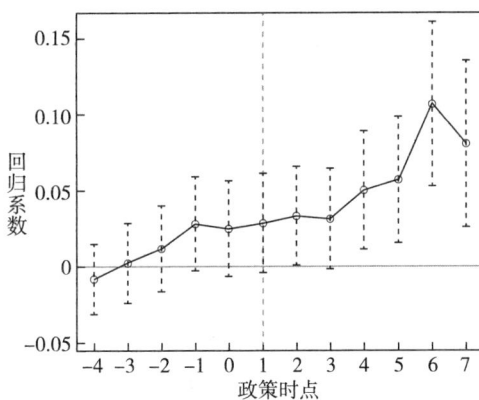

（a）被解释变量：创新质量

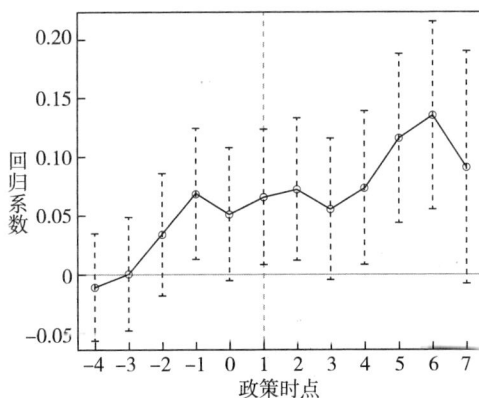

（b）被解释变量：创新数量

图 8-1　平行趋势检验

创新质量

创新数量

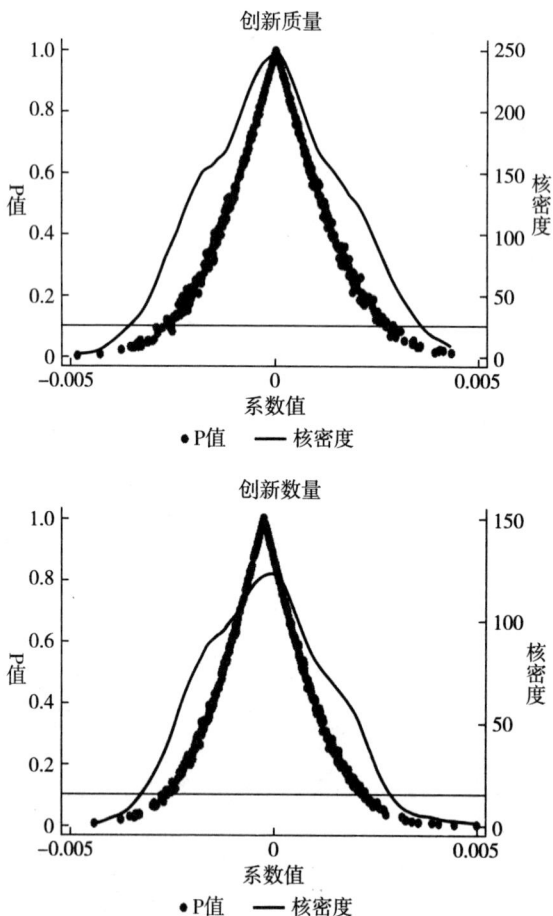

图 8-2 安慰剂检验

（二）基于 PSM-DID 的再估计

本书中对照组样本量明显多于处理组样本量，可能会存在样本选择偏误，因而我们进一步利用 PSM-DID 方法检验。通过采用核匹配方法，将企业规模、资产负债率等企业层面控制变量作为协变量为处理组企业重新匹配对照组，从而保证处理组和对照组企业之间不存在系统性差异。在此基础上，我们采用多时点 DID 方法进行再检验，回归结果如表 8-3 所示。其中，表 8-3 第（1）列、第（2）列和第（3）列、第（4）列分别是将面板数据作为截面数据进行混合匹配和将面板数据进行逐期匹配后进行

DID 估计结果，从中可以发现中国本土企业外商合资化对目标企业科技自主创新能力提升依然具有显著促进作用，进一步验证了基本结论的稳健性。

表 8-3　PSM-DID 估计结果

变量	混合匹配		逐期匹配	
	（1）	（2）	（3）	（4）
	Apply$_1$	Apply$_2$	Apply$_1$	Apply$_2$
Treat×Post	0.0155***	0.0224**	0.0153***	0.0218**
	(0.0053)	(0.0096)	(0.0053)	(0.0096)
控制变量	YES	YES	YES	YES
常数项	0.8797***	0.9269***	0.8695***	0.9090***
	(0.1367)	(0.2205)	(0.1363)	(0.2208)
观测值	343530	343530	341626	341626
个体固定效应	YES	YES	YES	YES
年份固定效应	YES	YES	YES	YES
调整 R^2 值	0.421	0.480	0.421	0.479

注：**和***分别表示在5%和1%的水平上显著。

（三）替换变量

一方面，考虑到并购决策与企业的某些特质密切相关，企业被并购与否存在的特征差异会影响本书结论，因而我们通过更换对照组——以内资并购为对照组重新进行估计，如表 8-4 中第（1）列和第（2）列所示。另一方面，企业专利从申请到授权不仅存在一定的时间差，而且并不是所有的专利申请都能转化为有效专利，因此，本部分还用企业发明专利授权和三类专利授权总量分别作为创新质量和创新数量的替代变量，结果如表 8-4 中第（3）列和第（4）列所示。从中可以发现，中国本土企业外商合资化具有显著创新促进效应，与前文结论相符。

表 8-4　稳健性检验 1

变量	更换对照组		替换被解释变量	
	（1）	（2）	（3）	（4）
	$Apply_1$	$Apply_2$	$Grant_1$	$Grant_2$
$Treat \times Post$	0.0133**	0.0169*	0.0080***	0.0254***
	（0.0052）	（0.0095）	（0.0028）	（0.0079）
控制变量	YES	YES	YES	YES
常数项	0.8262***	0.8091***	0.4037***	0.9420***
	（0.1633）	（0.2685）	（0.0627）	（0.1758）
观测值	221776	221776	343580	343580
个体固定效应	YES	YES	YES	YES
年份固定效应	YES	YES	YES	YES
调整 R^2 值	0.438	0.485	0.347	0.470

注：$*$、$**$ 和 $***$ 分别表示在 10%、5% 和 1% 的水平上显著。

（四）其他稳健性检验

为了保证文本基准研究结果的可靠性，我们还做了以下稳健性检验：首先，短期存在企业的进入与退出在事件冲击前后观察期内可能不具有连续性，会造成样本选择偏差，因此我们剔除了存活期小于 5 年的企业，结果展示为表 8-5 中的 Pannel A。其次，为了避免不同地区和行业由于存在的不同时间趋势干扰研究结论，我们在基准模型的基础之上加入了地区—年份以及行业—年份固定效应，估计结果如表 8-5 中 Pannel B 所示。再次，为了避免 2001 年我国加入 WTO 对研究结论的影响，我们剔除了 2001 年及以前的样本，再次检验中国本土企业外商合资化对目标企业科技自主创新能力提升的溢出效应，估计结果如表 8-5 中 Pannel C 所示。最后，我们观察到在处理组中有少量公司经历了从中国本土企业到中外合资企业再到外商独资企业的股权变更，这种股权变更的战略决策显然会影响外方在合资企业中的"努力"程度，从而影响研究结论。因此，本书排除了少量处理组中经历外商独资化的样本，回归结果如表 8-5 中 Pannel D 所示。总的来说，上述稳健性检验估计结果与表 8-2 估计一致，表明结论是可靠的。

表 8-5　稳健性检验 2

变量	(1)	(2)
	$Apply_1$	$Apply_2$
Panel A：剔除短期存活的企业样本		
$Treat×Post$	0.0174***	0.0242**
	(0.0063)	(0.0114)
控制变量	YES	YES
常数项	0.8673***	0.9087***
	(0.1710)	(0.2752)
观测值	196855	196855
调整 R^2 值	0.435	0.479
Pannel B：控制地区和行业时间趋势		
$Treat×Post$	0.0158***	0.0216**
	(0.0051)	(0.0095)
控制变量	YES	YES
常数项	−0.2157***	−0.5299***
	(0.0147)	(0.0274)
观测值	343580	343580
调整 R^2 值	0.430	0.485
Pannel C：改变样本区间		
$Treat×Post$	0.0117**	0.0261**
	(0.0057)	(0.0107)
控制变量	YES	YES
常数项	0.8780***	0.7224***
	(0.1814)	(0.2726)
观测值	261439	261439
调整 R^2 值	0.481	0.538
Pannel D：控制外商独资化的影响		
$Treat×Post$	0.0156***	0.0211**
	(0.0054)	(0.0098)
控制变量	YES	YES
常数项	0.8648***	0.9165***
	(0.1359)	(0.2206)
观测值	342843	342843
调整 R^2 值	0.421	0.479

注：**和***分别表示在5%和1%的水平上显著。

四、机制分析

现有文献表明，竞争效应、示范与模仿效应和培训效应是外资溢出的主要渠道（Blomström et al.，1994；Kokko，1994；Du et al.，2014），但这些研究均从行业或区域层面论证和分析，且多基于理论层面的讨论，因而有必要从微观企业内部视角关注外资进入并与中国本土企业合资后带来的溢出机制。基于此，本部分纳入以下变量来考察中国本土企业外商合资化创新效应的来源，即中外合资企业科技自主创新机制。

竞争效应，本书主要引入行业竞争程度与核心解释变量之间的交互项进行验证，表8-6第（1）列、第（2）列展示了回归结果。估计结果显示赫芬达尔系数与核心解释变量交互项系数均显著为正，表明相较竞争程度高的行业，中国本土企业外商合资化在较低竞争程度的行业中对目标企业的创新激励更明显。这是因为，当行业竞争程度比较激烈时，企业为了在激烈的市场竞争生存下来并保持一定的竞争优势，往往会通过研发创新以逃避竞争，外资携带的先进管理经验和技术所带来的竞争意识的提高是有限的。相反，在低竞争程度行业中，中外合资企业外方凭借先进的技术和管理理念进入中方市场，外方先进技术的流入将会增强中方的危机感以及竞争意识，在促使中方更加高效地利用有限外来资源的同时，更加深刻地认识到必须加快本土产品研发和技术创新。总体上，竞争效应是中国本土企业外商合资化对目标企业科技自主创新能力提升发挥促进作用的渠道之一。

示范与模仿效应以及培训效应则主要参考江艇（2022）的研究使用机制变量作为因变量、其余变量均与基准回归模型中相同进行中介效应分析。具体而言，示范与模仿效应主要利用产品销售利润加1取对数（Demons）作为代理变量，其值越高意味着示范与模仿效应越强；培训效应用人均工资水平（Training）作为替代变量，用应付职工薪酬和应付职工福利之和与从业人数之比得到；人均工资越高，在一定程度上表明公司人均技术水平和技术能力越高，对人力资本的投资也越高。表8-6中第（3）～（8）列考察了中国本土企业外商合资化对目标企业创新的示范与模仿效应以及培训效应渠道，从中可以发现核心解释变量对中介变量的回归系数均显著为正，且中介变量对创新质量和创新数量回归系数也显著为正，得出

表 8-6　机制检验结果

变量	竞争效应		示范模仿效应			培训效应		
	(1)	(2)	(3)	(4)	(5)	(6)	(7)	(8)
	$Apply_1$	$Apply_2$	Demons	$Apply_1$	$Apply_2$	Training	$Apply_1$	$Apply_2$
$Treat×Post$	-0.0002 (0.0071)	0.0001 (0.0117)	0.2052*** (0.0470)			0.6268** (0.2444)		
$Treat×Post×HHI$	1.9609** (0.8192)	2.7728** (1.0893)						
$Demons$				0.0023*** (0.0004)	0.0052*** (0.0008)			
$Training$							0.0002*** (0.0001)	0.0003*** (0.0001)
控制变量	YES	YES	YES	YES	YES	YES	YES	YES
常数项	0.8829*** (0.1566)	0.9311*** (0.2203)	-3.2883 (2.2085)	0.4616** (0.1803)	1.0128*** (0.3659)	29.5705*** (6.8324)	0.8617*** (0.1364)	0.9023*** (0.2202)
观测值	343580	343580	121935	121935	121935	343506	343506	343506
个体固定效应	YES	YES	YES	YES	YES	YES	YES	YES
年份固定效应	YES	YES	YES	YES	YES	YES	YES	YES
调整 R^2 值	0.421	0.480	0.822	0.409	0.477	0.279	0.422	0.480

注：** 和 *** 分别表示在 5% 和 1% 的水平上显著。

中外合资企业科技自主创新能力提升机制可以通过示范模仿效应和培训效应来实现。因此，我们在理论分析中提出的研究假设成立。

五、异质性讨论

（一）外资股权异质性：外方主导 VS 中方主导

中国本土企业外商合资化对企业科技自主创新能力提升的促进作用受到合资化的资本结构的影响，即不同股权份额的外资并购对目标企业科技自主创新能力的提升可能存在异质性的作用。实际上，外资股权份额的高低决定了外资企业对合资企业的生产和创新决定权。当合资化后的外资股权占比较低时，外资股东对合资企业的话语权较弱，缺乏监督管理和技术转移的动力，此时中国本土企业外商合资化对目标企业科技自主创新能力提升的促进作用相对较弱。然而，当外资持股比例较高时，外资股东更可能作为战略投资者并更加关注合资企业的长远效益和发展，不仅更有动力向合资企业转移先进技术和管理经验，而且更重视企业长期的科技创新，从而更能有效促进目标企业科技自主创新能力的提升。因此，本书预期中国本土企业外商合资化之后的外方主导下多数外方股权并购的创新效果更好。具体而言，本书将合资化当年的外资股权占比程度划分为中方主导的少数外资股权和外方主导的多数外资股权并购两类，前者是指合资化当年的外资股权占比不高于 0.5 的情况，后者则是大于 0.5 的情况。基于上述分组进行分组回归分析，结果如表 8-7 中 Pannel A 所示。从中可以看到，在中方主导的分组中，核心解释变量的估计系数没有通过显著性检验；而在外方主导分组中估计系数显著为正，表明多数外资股权并购类型的中国本土企业外商合资化更能提升目标企业科技自主创新能力。

（二）企业所在地理区位异质性

本书将企业所在省份按照沿海地区和内陆地区进行划分，并分别用子样本进行回归分析，结果如表 8-7 中 Pannel B 所示。在内陆地区分组中，核心解释变量的估计系数没有通过显著性检验，而在沿海地区分组中估计系数显著为正，表明中国本土企业外商合资化显著促进了沿海地区企业创新绩效提升。这可能是因为沿海地区产业配套更全、企业具备更强的资源整合能力和吸收能力，能够通过有效吸收外资技术溢出达到"1+1>2"的效果，从而表现为合资化冲击对沿海地区企业创新提升影响更大。

表 8-7 异质性分析

变量	(1)	(2)	(3)	(4)
	$Apply_1$	$Apply_2$	$Apply_1$	$Apply_2$
Pannel A	中方主导		外方主导	
$Treat \times Post$	0.0025	0.0003	0.0192***	0.0284**
	(0.0105)	(0.0169)	(0.0060)	(0.0112)
控制变量	YES	YES	YES	YES
常数项	0.9253***	0.9899***	0.8571***	0.9027**
	(0.1382)	(0.2195)	(0.1348)	(0.2199)
观测值	330264	330264	340333	340333
调整 R^2 值	0.396	0.469	0.423	0.479
Pannel B	内陆地区		沿海地区	
$Treat \times Post$	0.0115	0.0178	0.0167***	0.0237**
	(0.0106)	(0.0206)	(0.0059)	(0.0107)
控制变量	YES	YES	YES	YES
常数项	0.8763***	1.2834***	0.9150***	0.7020**
	(0.2311)	(0.3646)	(0.1705)	(0.2808)
观测值	95593	95593	247987	247987
调整 R^2 值	0.396	0.512	0.433	0.466
Pannel C	高市场化水平		低市场化水平	
$Treat \times Post$	0.0163***	0.0200**	−0.0042	0.0037
	(0.0056)	(0.0099)	(0.0165)	(0.0307)
控制变量	YES	YES	YES	YES
常数项	1.0897***	1.0195***	0.2791	0.5343
	(0.1575)	(0.2521)	(0.3067)	(0.4972)
观测值	292744	292744	44235	44235
调整 R^2 值	0.431	0.474	0.338	0.494
Pannel D	成熟期		成长期	
$Treat \times Post$	0.0183	0.0017	0.0175***	0.0226**
	(0.0112)	(0.0193)	(0.0055)	(0.0104)
控制变量	YES	YES	YES	YES

变量	（1）	（2）	（3）	（4）
	Apply$_1$	Apply$_2$	Apply$_1$	Apply$_2$
常数项	0.4783**	0.3071	1.0568***	1.0790***
	（0.2114）	（0.3489）	（0.1852）	（0.3007）
观测值	127356	127356	205982	205982
调整 R^2 值	0.476	0.508	0.420	0.494

注：**和***分别表示在5%和1%的水平上显著。

（三）市场化水平异质性

科技自主创新是一种高收益与高风险相互伴随的活动，创新主体不仅面临极高的失败风险和创新成本，而且其创新成果的经济效益甚至可能会被市场中其他竞争企业所截取，因而需要强有力的制度环境为企业科技自主创新保驾护航（吴超鹏和唐菂，2016）。本书利用王小鲁等（2017）给出的市场化指数，并根据企业所在省份市场化指数是否超过全国市场化指数中位数为分组依据，若超过则为高市场化水平组，说明该地的制度环境较好，反之则较差。分组检验结果如表8-7中Pannel C所示，在高市场化水平分组中估计系数显著为正，而在低市场化水平地区没有通过显著性检验。这意味着良好的制度环境能够有效促进外资技术溢出，表明制度环境建设对高质量利用外资的重要性。

（四）企业发展阶段异质性

考虑到企业处于不同的发展阶段其发展目标、战略以及资源约束会存在显著不同。处于成长期的企业资源有限且抗风险能力较弱、科技自主创新能力普遍不强；而对于成熟期企业来说，其具有强烈的科技自主创新动机和能力以提高进入门槛并保持领先竞争优势。因此，我们预期：相较成熟期企业，合资化给成长期企业创新带来的效益更高。参照虞义华等（2018）的做法将企业经营年限是否超过10年分别定义为成熟企业和成长企业，回归结果如表8-7中Pannel D所示。估计结果表明，中国本土企业外商合资化对成长期企业创新绩效提升的作用更显著。

（五）合作伙伴多样性与所有权异质性

现有研究表明，合作伙伴多样性和所有权构成与企业绩效密切相关

（Gong et al.，2007；包群等，2017；杨震宁等，2022；梁贺和郁海杰，2023），且得到了不尽相同的研究结论，有必要进一步关注合作伙伴多样性和所有权构成的异质性。细节上，本书首先参考梁贺和郁海杰（2023）的做法，依据中国工业企业数据库中实收资本的构成将合资企业分为单一型合资企业和混合型合资企业。外资来源包括港澳台资本和其他外国资本，中方资本来源包括国有资本和非国有资本，单一型合资企业由上述两方资本一一匹配构成（包括外国—国有、外国—非国有、港澳台—国有、港澳台—非国有四种类型合资），混合型合资企业则是指外资来源同时包含港澳台和外国，或者内资来源同时包含国有资本和非国有资本。回归结果如表8-8所示，首先，相比混合型合资化，单一型合资化对企业科技自主创新能力提升的正向促进作用更强。这是因为合作伙伴多样性越高，其内部的监督成本和合作成本也就越大，越有可能就创新决策产生分歧，不利于创新转化效率。其次，在此基础上本书进一步分析单一型合资企业四种类型的异质性，结果如表8-8所示。分组回归结果表明，外国—非国有型和港澳台—非国有型合资样本的估计系数均显著为正，且前者比后者更为显著。总体上，相比港澳台，其他外商资本进入更有利于本土企业科技自主创新能力提升；同时，不同于国有企业，民营企业在参与合资过程中获取的创新收益更多，表明现有阶段国有合作伙伴吸收外国技术和创新能力较低（Sun et al.，2021）。

表8-8　合作伙伴多样性与所有权异质性

变量	单一型		混合型	
	（1）	（2）	（3）	（4）
	$Apply_1$	$Apply_2$	$Apply_1$	$Apply_2$
$Treat \times Post$	0.0094**	0.0181*	0.0263	−0.0049
	(0.0048)	(0.0095)	(0.0295)	(0.0434)
控制变量	YES	YES	YES	YES
常数项	0.9398***	0.9722***	−1.1260	−0.8901
	(0.1363)	(0.2196)	(0.9516)	(1.4775)
观测值	326096	326096	14658	14658
调整 R^2 值	0.408	0.468	0.528	0.596

变量	单一型		混合型	
	（1）	（2）	（3）	（4）
	Apply$_1$	Apply$_2$	Apply$_1$	Apply$_2$
Pannel A：外国—国有			—	—
Treat×Post	−0.0155	−0.0118	—	—
	（0.0286）	（0.0716）	—	—
控制变量	YES	YES	—	—
常数项	−0.2631	−0.7296	—	—
	（0.3959）	（0.7666）	—	—
观测值	17443	17443	—	—
调整 R^2 值	0.414	0.500	—	—
Pannel B：外国—非国有			—	—
Treat×Post	0.0109*	0.0301**	—	—
	（0.0062）	（0.0131）	—	—
控制变量	YES	YES	—	—
常数项	0.9807***	0.9232***	—	—
	（0.1451）	（0.2294）	—	—
观测值	299838	299838	—	—
调整 R^2 值	0.421	0.471	—	—
Pannel C：港澳台—国有			—	—
Treat×Post	−0.0196	0.0347	—	—
	（0.0245）	（0.0718）	—	—
控制变量	YES	YES	—	—
常数项	−0.2716	−0.6510	—	—
	（0.3952）	（0.7551）	—	—
观测值	17344	17344	—	—
调整 R^2 值	0.401	0.497	—	—
Pannel D：港澳台—非国有			—	—
Treat×Post	0.0148*	0.0141*	—	—
	（0.0080）	（0.0142）	—	—
控制变量	YES	YES	—	—
常数项	1.0148***	0.9352***	—	—
	（0.1480）	（0.2323）	—	—

变量	单一型		混合型	
	（1）	（2）	（3）	（4）
	Apply$_1$	Apply$_2$	Apply$_1$	Apply$_2$
观测值	298267	298267	—	—
调整 R^2 值	0.400	0.466	—	—

注：$*$、$**$ 和 $***$ 分别表示在 10%、5% 和 1% 的水平上显著。

第五节
本章小结

科技创新是驱动我国经济高质量发展的强大引擎，加快提升本土企业科技自主创新能力事关中国经济转型升级并提升国际竞争力的大局。为此，"十四五"规划特别强调了外商直接投资在培育创新能力和构建创新生态体系中的重要地位。其中，中外合资企业是高质量利用外资的关键载体，全面深入了解外资在合资企业中的技术溢出机制意义重大。因此，本章从外资部分并购切入，以中国本土企业外商合资化为准自然实验，采用多时点双重差分模型，从微观企业内部考察了外资技术溢出机制。结果表明，通过中外合资企业外商合资化，外资能够在合资企业内部直接产生技术溢出效应，进而表现出中外合资企业科技自主创新能力的提升。这种创新能力提升效应更多的是通过竞争效应、示范与模仿效应以及培训效应实现的。进一步，相较少数外资股权并购类型，多数外资股权并购类型的中国本土企业外商合资化更能提升科技自主创新能力。同时，合作伙伴多样性增加了合资企业内部的协调和沟通成本，更可能就创新决策产生争议，从而不利于合资化后的企业科技自主创新能力提升。此外，当本土企业处于成长期、位于沿海地区以及高市场化水平地区时，外资部分并购本土企业带来的溢出效应对中外合资企业科技自主创新能力提升作用更强。鉴于上述结论，提出以下政策建议：

第一，进一步加大对外开放，优化外商直接投资营商环境，全方位拓宽利用外资渠道和方式。长期以来，随着中国市场外资投资方式由绿地投资逐渐向跨境并购转移，社会各界普遍担忧外资并购是否会引起产业和技术空心化、威胁我国经济安全。本书表明，外资部分并购造成的中国本土企业外商合资化有利于合资企业创新水平的提升。因此，在实施更大范围、更宽领域和更深层次对外开放的新发展格局背景下，可以进一步拓宽各类利用外资方式和渠道，提高利用外资的水平。同时，有关部门有必要创新和完善外资并购相关的法律制度和营商环境，警惕外资恶意并购和战略逃离，不断提高外资利用质量。

第二，针对不同外资企业类型因地制宜制定异质性利用方式，并充分发挥中外合资企业在联结国内国际资源、畅通双循环中的重要作用。本书以中国本土企业外商合资化这一准自然视角探讨中外合资企业科技自主创新能力提升机制问题，发现外资通过向本土企业注入部分资本能够有效促进合资企业科技自主创新能力的提升，表明中外双方优势资源可以通过中外合资企业这个载体实现资源互动，最终促进合资企业科技自主创新。同时，外方技术溢出可以通过竞争效应、示范与模仿效应以及培训效应三种渠道实现，有关政府部门可以结合外资技术溢出渠道制定相关政策以引导外商投资和内资企业自主创新。

第三，政策制定者应该从全球角度来考虑科技自主创新能力提升问题，以高质量利用外资为杠杆撬动中国本土特定竞争优势。一方面，就本书而言，短期内外资注入有利于本土企业科技自主创新能力提升，但实际上只有具备一定自主创新能力的本土企业才能在合资这条道路上走得更远，才能真正发挥外资技术溢出效应以实现可持续发展；另一方面，随着中国本土市场在全球竞争中愈加关键，中外合资企业已不再是跨国公司在中国的附属，而是跨国公司在全球布局中的重要一环乃至制高点，完成从战略执行者转化为战略领导者的角色转换。在此背景下，跨国公司往往基于中外合资企业挖掘中国本土特定优势为其全球竞争力添砖加瓦。因此，有关部门应该着重关注中外合资企业科技自主创新能力提升过程中基于中国本土特定优势的开放与应用。

第九章

结论、对策建议与展望

第一节
主要研究结论

本书从中外合资企业不同演化变迁路径的事实出发，通过合资前、合资中、合资后动态全过程视角，对中外合资企业科技自主创新现状及困境进行深入剖析，结合相关理论框架与分析工具，对新时代中外合资企业科技自主创新能力进行综合评价和时空演化分析，总结新时代中外合资企业科技自主创新能力提升的三条集成化路径并得出其环境—行动—结果的综合框架，在此基础上分析双重环境网络嵌入多元中外合资企业科技自主创新的影响机制，以及基于中—外竞合博弈的中外合资企业科技自主创新能力提升机制，从而推进构建新时代背景下具有中国特色的中外合资企业科技自主创新发展新方案。

第一，基于中国式现代化发展历程中的特定现实背景和中国宏观政策演化逻辑，探究中外合资企业技术创新的特点、规律及演化脉络，研究发现：首先，中外合资企业科技创新经历了萌芽阶段——"以市场换技术"阶段（1978 年至 20 世纪末）、探索阶段——技术引进消化吸收再创新阶段（20 世纪末至 2017 年）和发展阶段——科技自主创新阶段（2017 年至今），各阶段在科技创新的模式、关键核心技术的主导以及科技创新能力的强弱方面都发生了明显变化；其次，中外合资企业科技创新经历了螺旋式上升路线，有着前进性、曲折性和周期性的特点；科技创新现实背景和宏观政策演化逻辑的动态匹配推动了中外合资企业科技创新的阶段转化，最终走出了一条区别于美国、日本、韩国等国家的中国式技术创新路径。

第二，分析中外合资企业的发展演进路径，提炼出其科技自主创新能力提升存在的深层次创新困境，发现：首先，在不同的演变环境中，中外合资企业产权变迁路径会动态变化，逐渐发展变迁至"外商独资化""中方独资化""继续保持合资"三种路径，存在明显的地区和行业异质性；其次，基于三种发展路径的典型案例比较分析可见，中外合资经营模式下的"干中学效应"及上下游企业间的联系效应明显，核心技术被外方锁住干扰技术外溢效应以及中方企业科技自主创新能力较弱是合资破裂的关键，新时代下继续保持合资是主流续存方式；最后，消化吸收能力不足、人力资源流失、外方核心技术低端锁定以及难以保持产业链完整性是中外合资企业科技自主创新面临的主要困境。

第三，基于上市公司数据，构建了中外合资企业科技自主创新能力评价指标体系，并对其进行综合评价及时序和空间演化特征分析。研究结果表明：首先，我国本土创新研发环境竞争力逐渐增强，创新投入和创新支撑环境是合资企业科技自主创新能力的关键因素；其次，整体上中外合资企业科技自主创新能力稳步提升，合资企业之间的科技自主创新能力差异不断缩小，并且增长速度存在地区和行业差异；再次，进一步分析区域异质性发现，四大地区的核密度曲线特征因时空差异而呈现出不同的演化形态；最后，中外合资企业的科技自主创新能力在省级空间分布上存在不稳定的分散趋势，具有高—低（低—高）空间非平衡聚集特征。

第四，从中外合资企业科技自主创新能力提升路径着手，通过系统综述方法对相关文献进行分析总结：首先，中外合资企业科技自主创新能力提升路径可以遵循环境—行动—结果逻辑的综合路径选择框架，创新支撑环境是前置环境要素，路径选择和研发投入是影响机制的行动要素，中外合资企业科技自主创新能力提升是结果；其次，提升中外合资企业科技自主创新能力有三种关键路径：基于开发本土市场视角的市场导向、基于技术更新视角的技术导向，以及基于技术引领和全球战略布局视角的战略导向；最后，中外合资企业科技自主创新能力提升是一个不断演化的复杂过程，基于技术领导视角和全球战略布局的战略导向路径是提高中外合资企业自主创新能力的最佳实现路径。

第五，以多元角色、中国本土环境和国际环境双重网络嵌入为视角，构建中外合资企业科技自主创新能力提升机制：首先，中外合资企业具有内向科技自主创新机制和外向科技自主创新机制，且市场导向型、技术导向型和战略导向型三种角色与两种环境双重网络嵌入优势获取存在不同的匹配；其次，市场导向型中外合资企业利用双重环境的网络优势结合总部转移的成熟技术和本土超大市场优势，进行跨国企业已有技术的中国本土化科技自主创新能力构建；技术导向型中外合资企业利用双重环境的网络优势提升自身科技自主创新能力，重点结合本土优势进行开放式科技自主创新能力构建；战略导向型中外合资企业结合国际国内双重环境的网络优势进行自主开发核心技术的科技自主创新能力构建；最后，提出了中外合资企业的科技自主创新能力角色跃升模型，中外合资企业可通过利用比较优势实现从市场导向型到技术导向型的角色跃升，利用后发优势实现技术导向型到战略导向型的角色跃升以提升科技自主创新能力。

第六，以中国本土企业外商合资化为准自然视角从微观企业内部层面探讨外资溢出效应，以其竞争效应、示范与模仿效应、培训效应第三种内部溢出机制，发现：首先，总体上中国本土企业外商合资化后的企业科技自主创新绩效显著提升，这意味着外资进入能够在合资企业内部直接产生技术溢出效应，进而表现出中外合资企业科技自主创新能力的提升；其次，作用渠道检验结果表明，中外合资企业科技创新提升主要通过竞争效应、示范模仿效应以及培训效应实现；最后，异质性分析显示，相较少数外资股权并购类型，多数外资股权并购类型的中国本土企业外商合资化更能提升合资企业科技自主创新绩效；相比混合型合资企业，单一型合资企业中外商合资化对企业科技自主创新能力提升作用更明显，其中外国—非国有型合资的创新效应更显著；另外，中国本土企业外商合资化对处于成长期、沿海地区以及高市场化水平地区的企业科技自主创新能力提升作用更强。

第二节
对策建议

一、企业层面

第一，中外合资企业要重点关注并充分利用我国本土特定优势，探索科技创新能力提升的新资源。中外合资企业在利用跨国公司技术创新优势的同时，要充分挖掘与利用我国本土特定优势来进行科技自主创新活动。

虽然跨国公司母国的资源优势对中外合资企业以基础研究为重点的科技创新能力有一定的提升作用，但是这并不能满足其创新过程中的所有需求。我国有超大规模市场、丰富的人才资源、充足的社会资本、先进的数字技术、健全的基础设施、完备的产业体系、举国体制优势等，利用外方的技术优势，立足于中国本土市场的开发，挖掘本土创新优势，与当地科研机构等合作伙伴建立紧密的创新合作关系，从而打造中外合资企业科技自主创新的新动能，为其实现高水平的开放式创新。

第二，聚焦基础科学研究和原始创新，优化企业科技创新投入结构，着力打造科技自主创新的新动能。为了成为科技自主创新的主导力量，中外合资企业应专注于基础科学研究和原始创新，并且强化这些领域的投资。中外合资企业需要不断增加在资金和人才方面的投入，调整其研发投资的结构，特别是把研发的焦点转移到基础科学领域。通过在科学研究上的突破来推动技术创新，并以创造原创性科技成果为目标，这样的策略能够有效增强企业的核心竞争力，最终促进合资企业科技自主创新能力提升。同时，企业应与高校和科研院所建立合作关系，充分利用这些机构中的先进软、硬件资源。通过产学研合作，不仅可以降低企业进行基础研究的风险和成本，还能加速科技成果的转化和应用。

第三，中外合资企业要重视基于创新支撑环境要素和培养创新意识和能力的研发投入，以实现朝战略导向型路径转型。本书表明，充分挖掘和利用中国本土特定优势，基于技术引领和全球战略布局视角的战略导向型路径，是中外合资企业科技自主创新能力提升的最佳答案。首先，中外合资企业需要综合考虑企业内外部环境以及其他相关情境因素进行科技自主创新能力提升的研发投入，由此在基于开发本土市场视角的技术导向型路径、基于技术更新视角的技术导向型路径和基于技术引领和全球战略布局的战略导向型路径中，结合企业实际选择适合自身发展的道路。其次，中外合资企业需要努力提升自身创新能力，拥有坚定的创新意愿和动力，不断缩小与跨国公司的技术差距，更多地依靠自主开发核心技术来实现科技自主创新能力提升，摆脱技术依赖，实现向战略导向型科技自主创新路径转型。最后，持续提升研发投入水平，为科技自主创新的战略导向型路径转型提供必要的资金保障。在"以市场换技术"背景下，中外合资企业科技自主创新能力提升的关键在于企业自身在技术引进过程中，是否注重培育企业自身技术基础和技术能力，以及是否拥有足够的研发投入。"以市场换技术"并不等于科技自主创新能力的提升，中外合资企业的路径选择以及后续的研发投入在其中起着十分重要的作用，必要的研发投入是实现中外合资企业科技自主创新能力提升的关键环节，直接决定了科技自主创新能力的提升效果。

第四，中外合资企业要高质量嵌入国内国际双重环境的网络体系，协同中外双方的互补性网络优势资源，创新科技自主创新能力提升机制。首先，合资企业内部应该建立高效的沟通机制，以使中外双方合作伙伴之间资源互换和信息沟通顺畅。通过加强彼此双方之间的信任，不断降低中外双方之间的信息不对称，以帮助合资企业高质量融入国内环境中的本土网络和国际环境中的创新网络，为合资企业科技自主创新提供网络资源优势赋能。其次，我国企业要重视外资对合资企业科技自主创新的重要战略价值，在充分利用国内本土特定优势的基础之上，充分利用外资带来的技术溢出积极主动寻求与外方合作，共同推动合资企业向高质量科技自主创新阶段前进。最后，合资企业还应该建立国内国际双重环境的网络资源赋能机制，借助合资平台充分发挥两个市场的创新优势，推动国内国际环境中的创新资源协调发展。合资企业可以在内部设立研发共享中心，中外双方共享技术和经验，共同促进基于信息、技术和人才等的交流，从而协助国内国际双重环境的网络优势资源双向赋能的可持续性，为中外合资企业科技自主创新能力提升提供源源不断的动力。

第五，不同角色的中外合资企业应根据自身科技自主创新路径，快速融入区域创新体系，实现角色跃升；结合中外合资企业在跨国公司战略布局和网络体系中的不同角色，因地制宜地高质量利用外资来撬动企业所在区域特定优势，以充分发挥国内国际双重环境中差异化网络资源的比较优势与后发优势，提升其在区域创新体系中的作用及在跨国公司中的角色跃升。随着中国本土市场在全球竞争中愈加关键，中外合资企业已不再是跨国公司在中国的附属，而是跨国公司在全球布局中的重要一环乃至制高点，越来越多的合资企业实现了从跨国公司的战略执行者到战略领导者的角色转换。在此背景下，跨国公司往往基于中外合资企业挖掘中国本土特定优势为其全球竞争力添砖加瓦。因此，作为撬动中国本土科技自主创新资源的重要载体，中外合资企业通过与外方进行合作开发、充分利用外方的技术溢出效应，协同区域创新资源，提升本土企业科技自主创新能力和角色定位。此外，不同角色定位的中外合资企业应利用其所在的差异化区域优势，在区域创新体系中发挥特有的作用，并基于全球化视野协同各区域优势资源，高质量融入我国国家创新体系。

二、政府层面

第一，进一步加大对外开放，优化外商直接投资营商环境，全方位拓宽利用外资渠道和方式。政府部门应该结合中外双方不同互动机制具体问题具体分析，因地制宜制定差异化、多元化政策以引导外资企业开展科技创新活动，充分发挥中外合资企业在联结国内国际资源、畅通双循环中的重要作用。在实施更大范围、更宽领域和更深层次的对外开放的新发展格局背景下，可以进一步拓宽各类利用外资方式和渠道，提高利用外资的水平。同时，有关部门也要创新和完善外资并购相关的法律制度和营商环境，如完善知识产权保护制度，打造有效的市场环境，为科技自主创新能力提升提供制度保障，警惕外资恶意并购和战略逃离，不断提高外资利用质量。此外，还可以出台有利于中外合资企业合作发展的相关政策与措施，搭建良好的合作平台，打造一流营商环境，从而吸引跨国公司进行先进技术的转移，促使其形成相应的人才和技术优势，推动合资企业对两个市场两种资源的协同利用，以提升其科技自主创新能力。

第二，要充分维持和挖掘中国本土特定优势，加强有效市场与有为政府的有机结合，进一步激发各类市场主体活力，走出一条极具中国特色的科技自主创新之路。首先，各地方政府应着重关注中外合资企业科技自主创新能力提升过程中基于中国本土特定优势的开发与应用，确保各地区根据自身的特点和优势制定实施本土资源开发政策，为企业利用本土资源、开发本土市场提供便利。其次，政府还应加大对企业的创新投入，科学合理设立科技创新项目、基金与相关政策。最后，要进一步打造开放的区域创新生态系统，加强区域间的信息交流和技术共享，促进区域内与跨区域的产业链、创新链和价值链深度融合，从而有利于中外合资企业科技创新能力的均衡发展和全面提升。中外合资企业科技自主创新能力提升绝不是一个简单依靠市场机制自我实现的过程，而是需要合资中方突破跨国公司技术封锁，结合企业内外部创新环境因素来选择合适的科技自主创新能力提升路径，加之匹配的研发投入才能实现。这其中也需要各地方政府之间的沟通与协同，在充分提供本土特定创新资源的同时，为跨区域的资源协调提供便利。

第三节
研究展望

中外合资企业科技自主创新能力提升的问题已经受到了学者们的广泛关注，并取得了丰硕的研究成果。本书找出了提升中外合资企业科技自主创新能力的关键因素，揭示了中外合资企业科技自主创新能力的提升路径与机制，构建了一套可复制、可操作的中外合资企业科技自主创新的新方案。但是，由于中外合资企业科技自主创新能力提升路径本身的复杂性，诸多问题还有待深入探讨，未来的研究空间有待拓展。

第一，研究不同行业的中外合资企业科技自主创新能力提升是否存在区别。现有研究主要关注汽车、家电、装备等制造行业的中外合资企业科技自主创新能力提升，本书并未将行业差异纳入研究之中，因此，中外合资企业科技自主创新能力提升是否存在行业异质性还有待进一步探究。

第二，采用微观与宏观相结合的方法研究相关问题。本书的研究都是从企业微观层面考虑的，后续的研究可以考虑宏观层面或者采用微观与宏观相结合的方式来研究相关问题，比如结合地区产业集聚或各地区制度水平。

参考文献

［1］Adler P S, Kwon S W. Social Capital: Prospects for a New Concept [J]. The Academy of Management Review, 2002, 27（1）: 17-40.

［2］Aghion P, Bergeaud A, Lequien M, et al. The Heterogeneous Impact of Market Size on Innovation: Evidence from French Firm-level Exports [J]. Review of Economics and Statistics, 2022, 106（3）: 1-56.

［3］Aitken B J, Harrison A E. Do Domestic Firms Benefit from Direct Foreign Investment? Evidence from Venezuela [J]. American Economic Review, 1999, 89（3）: 605-618.

［4］Alain V, Régis C, Tanja M. The Future of International Business Research on Corporate Globalization that Never Was… [J]. Journal of International Business Studies, 2018, 49（9）: 1101-1112.

［5］Alwyn Y. Learning by Doing and the Dynamic Effects of International Trade [J]. Quarterly Journal of Economics, 1991（2）: 369-405.

［6］Alwyn Y. Substitution and Complementarity in Endogenous Innovation [J]. Quarterly Journal of Economics, 1993（3）: 3.

［7］Arnold J M, Javorcik B S. Gifted Kids or Pushy Parents? Foreign Direct Investment and Plant Productivity in Indonesia [J]. Journal of International Economics, 2009, 79（1）: 42-53.

［8］Arrow K J. Economic Welfare and the Allocation of Resources for invention [M]. Princeton: Princeton University Press, 1962.

［9］Arrow K J. The Economic Implication of Learning by Doing [J]. Review of Economics and Stats, 1962, 29（3）: 155-173.

［10］Barbara J, Marta G, Piotr T. Foreign Subsidiaries as Vehicles of Industry 4.0: The Case of Foreign Subsidiaries in a Post-transition Economy [J]. International Business Review, 2021, 30（6）: 101-886.

［11］Bartlett C A, Ghoshal S. Tap Your Subsidiaries for Global Reach

[J]. Harvard Business Review, 1986 (64): 87-94.

[12] Bathelt H, Henn S. The Geographies of Knowledge Transfers over Distance: Toward a Typology [J]. Environment and Planning A, 2014, 46 (6): 1403-1424.

[13] Bertrand O. Effects of Foreign Acquisitions on R&D Activity: Evidence from Firm-level Data for France [J]. Research Policy, 2009, 38 (6): 1021-1031.

[14] Blomström M, Kokko A, Zejan M. Host Country Competition, Labor Skills, and Technology Transfer by Multinationals [J]. Review of World Economics, 1994, 130 (3): 521-533.

[15] Blomström M, Kokko A. Foreign Direct Investment and Spillovers of Technology [J]. International Journal of Technology Management, 2001, 22 (5/6): 435.

[16] Blomström M, Kokko A. Multinational Corporations and Spillovers [J]. Journal of Economic Surveys, 1998, 12 (3).

[17] Brezis E S, Krugman P R, Tsiddon D. Leapfrogging in International Competition: A Theory of Cycles in National Technological Leadership [J]. American Economic Review, 1993, 83 (5): 1211-1219.

[18] Bronfenbrenner M, Gerschenkron A. Economic Backwardness in Historical Perspective [J]. Economica, 1962, 18 (2): 415-417.

[19] Bruno R L, Crescenzi R, Estrin S, et al. Multinationals, Innovation, and Institutional Context: IPR Protection and Distance Effects [J]. Journal of International Business Studies, 2021 (5).

[20] Buckley P J, Casson M. The Future of the Multinational Enterprise [M]. London: Macmillan, 1976.

[21] Cantwell J, Verbeke A. The JIBS 2016 Decade Award: A Quarter Century of Culture's Consequences: A Review of Empirical Research Incorporating Hofstede's Cultural Values Framework [J]. Journal of International Business Studies, 2017, 48 (1): 10-11.

[22] Cao Q, Gedajlovic E, Zhang H. Unpacking Organizational Ambidexterity: Dimensions, Contingencies, and Synergistic Effects [J]. Organization

Science, 2009, 20 (4): 781-796.

[23] Cassiman B, Colombo M G, Garrone P, et al. The Impact of M&A on the R&D Process: An Empirical Analysis of the Role of Technological and Market Relatedness [J]. SSRN Electronic Journal, 2003 (34): 195-220.

[24] Caves R E. Multinational Firms, Competition, and Productivity in Host-Country Markets [J]. Economica, 1974, 41 (162): 176-193.

[25] Chen C J, Lin B W, Lin J Y, et al. In Search of Parents' Knowledge for Joint Venture's Innovation [J]. Technology Analysis & Strategic Management, 2017, 29 (2): 190-203.

[26] Chen C J, Lin B W, Lin J Y, et al. Learning-from-parents: Exploitative Knowledge Acquisition and the Innovation Performance of Joint Venture [J]. The Journal of Technology Transfer, 2020, 45 (1): 228-258.

[27] Chen J, Heng C S, Tan B C Y, et al. The Distinct Signaling Effects of R&D Subsidy and Non-R&D Subsidy on IPO Performance of IT Entrepreneurial firms in China [J]. Research Policy, 2018, 47 (1): 108-120.

[28] Chen X, Chen A X, Zhou K Z. Strategic Orientation, Foreign Parent Control, and Differentiation Capability Building of International Joint Ventures in an Emerging Market [J]. Journal of International Marketing, 2014, 22 (3): 30-49.

[29] Chesbrough H, Crowther K A. Beyond High Tech: Early Adopters of Open Innovation in Other Industries [J]. R&D Management, 2006, 36 (3): 229-236.

[30] Chung W., Yeaple S. International Knowledge Sourcing: Evidence from US Firms Expanding Abroad [J]. Strategic Management Journal, 2008, 29 (11): 1207-1224.

[31] Cohen W M, Levinthal D A. Absorptive Capacity: A New Perspective on Learning and Innovation [J]. Administrative Science Quarterly, 1990, 35 (1): 128-152.

[32] Davy E, Hansen U, Nygaard I. Dual Embeddedness? Innovation Capabilities, Multinational Subsidiaries, and Solar Power Development in South Africa [J]. Energy Research & Social Science, 2021 (78).

［33］De Man A P，Duysters G. Collaboration and Innovation：A Review of the Effect of Mergers，Acquisitions and Alliances on Innovation ［J］. Technovation，2005，25（12）：1377-1387.

［34］Denicolòv P M. Duplicative Research，Mergers and Innovation ［J］. Economics Letters，2018（166）：56-59.

［35］Dodgson M，Gann D M，Nelson P. The Oxford Handbook of Innovation Management ［M］. Oxford：Oxford University Press，2014.

［36］Dong L，Xin L，Mcdonald F，et al. Distance and the Completion of Chinese Cross-border Mergers and Acquisitions ［J］. Baltic Journal of Management，2019，14（3）：500-519.

［37］Du L，Harrison A E，Jefferson G H. FDI Spillovers and Industrial Policy：The Role of Tariffs and Tax Holidays ［J］. World Development，2014（64）：366-383.

［38］Dunlap D，Iii M D，Mudambi R，et al. Making Up Is Hard to Do：Knowledge Acquisition Strategies and the Nature of New Product Innovation ［J］. Journal of Product Innovation Management，2016，33（4）：472-491.

［39］Dunning J H，Lundan S M. Multinational Enterprises and the Global Economy ［M］. Northampton：Edward Elgar Publishing，2008.

［40］Dunning J H. The Eclectic Paradigm of International Production：A Restatement and Some Possible Extensions ［J］. Journal of International Business Studies，1988，19（1）：1-31.

［41］Dunning J H. Trade，Location of Economic Activity and the MNE：A Search for an Eclectic Approach ［M］//The International Allocation of Economic Activity. Palgrave Macmillan UK，1977.

［42］Enos J L. A Measure of the Rate of Technological Progress in the Petroleum Refining Industry ［J］. The Journal of Industrial Economics，1958，6（3）：180-197.

［43］Fang E，Zou S. The Effects of Absorptive and Joint Learning on the Instability of International Joint Ventures in Emerging Economies ［J］. Journal of International Business Studies，2010，41（5）：906-924.

［44］Fernandez A，Roy L F，Gnyawali R D. Sources and Management of

Tension in Co-opetition Case Evidence from Telecommunications Satellites Manufacturing in Europe [J]. Industrial Marketing Management, 2014, 43 (2): 222-235.

[45] Florida R, Cushing R, Gates G. When Social Capital Stifles Innovation [J]. Harvard Business Review, 2002, 80 (8): 20.

[46] Fosfuri A, Motta M, R? nde T. Foreign Direct Investment and Spillovers Through Workers' Mobility [J]. Journal of International Economics, 2001, 53 (1): 205-222.

[47] Freeman C, Soete L. The Economics of Industrial Innovation [M]. Cambridge: MIT Press, 1982.

[48] Freeman C. Networks of Innovators: A Synthesis of Research Issues [J]. Research Policy, 1991, 20 (5): 499-514.

[49] Frost T S. Imitation to Innovation: The Dynamics of Korea's Technological Learning [J]. Journal of International Business Studies, 1997, 28 (4): 868-872.

[50] Geringer J M. Strategic Determinants of Partner Selection Criteria in International Joint Ventures [J]. Journal of International Business Studies, 1988 (1): 41-62.

[51] Gong Y, Shenkar O, Luo Y, et al. Do Multiple Parents Help or Hinder International Joint Venture Performance? The Mediating Roles of Contract Completeness and Partner Cooperation [J]. Research Technology Management, 2007 (5): 50.

[52] Griliches Z. The Search for R&D Spillovers [J]. Nber Chapters, 1992, 94 (1): 29-47.

[53] Hamida L B, Gugler P. Are there Demonstration-related Spillovers from FDI?: Evidence from Switzerland [J]. International Business Review, 2009, 18 (5): 494-508.

[54] Helveston J P, Wang Y, Karplus V J, et al. Institutional Complementarities: The Origins of Experimentation in China's Plug-in Electric Vehicle Industry [J]. Research Policy, 2019, 48 (1): 206-222.

[55] Howell S T. Joint Ventures and Technology Adoption: A Chinese In-

dustrial Policy that Backfired [J]. Research Policy, 2018, 47 (8): 1448 – 1462.

[56] Hsu P H, Huang P, Humphery – Jenner M, et al. Cross – border Mergers and Acquisitions for Innovation [J]. Journal of International Money and Finance, 2021 (112): 102–320.

[57] Hu T. Foreign Ownership in Joint Ventures under Knowledge Leakage Risks: The Influence of Industrial Munificence and Dynamism [J]. Journal of Multinational Financial Management, 2023 (68): 100796.

[58] Hutzschenreuter T, Matt T. MNE Internationalization Patterns, the Roles of Knowledge Stocks, and the Portfolio of MNE Subsidiaries [J]. Journal of International Business Studies, 2017 (48): 1131–1150.

[59] Hymer S H. The International Operations of National Firms: A Study of Direct Foreign Investment [J]. Journal of International Management, 1976 (8).

[60] Inkpen A C, Beamish P W. Knowledge, Bargaining Power, and the Instability of International Joint Ventures [J]. Academy of Management Review, 1997, 22 (1): 177–202.

[61] Javorcik B S, et al. New and Improved: Does FDI Boost Production Complexity in Host Countries? [J]. Economic Journal, 2018 (128): 2507 – 2537.

[62] Javorcik B S. Does Foreign Direct Investment Increase the Productivity of Domestic Firms? In Search of Spillovers through Backward Linkages [J]. The American Economic Review, 2004, 94 (3): 605–627.

[63] Jiang K, Keller W, Qiu L D, et al. International Joint Ventures and Internal VS. External Technology Transfer: Evidence from China [J]. NBER Working Papers, 2018 (150): 103.

[64] Jiang M S, Branzei O, Xia J. DIY: How Internationalization Shifts the Locus of Indigenous Innovation for Chinese Firms [J]. Journal of World Business, 2016, 51 (5): 662–674.

[65] Jin J L, Zhou K Z, Wang Y. Exploitation and Exploration in International Joint Ventures: Moderating Effects of Partner Control Imbalance and

Product Similarity [J]. Journal of International Marketing, 2016, 24 (4): 20-38.

[66] Jin X, Wang J, Chen S, et al. A Study of the Relationship between the Knowledge base and the Innovation Performance under the Organizational Slack Regulating [J]. Management Decision, 2015, 53 (10): 2202-2225.

[67] Karl J M. A Strategy for Subdidiaries: Centres of Excellence to Build Subsidiary Special Advantage [J]. Journal of International Business Management International Review, 2001 (3): 275-290.

[68] Kim L. Imitation to Innovation: The Dynamics of Korea's Technological Learning [M]. Boston: Harvard Business School Press, 1997.

[69] Kojima K. Direct Foreign Investment: A Japanese Model of Multi-National Business Operations [M]. London: Croom Helm, 1978.

[70] Kokko A O. Foreign Direct Investment, Host Country Characteristics, and Spillovers [J]. 1994.

[71] Kokko A. Technology, Market Characteristics and Spillovers [J]. Journal of Development Economics, 1994, 43 (2): 279-293.

[72] Lane P J, Lubatkin M. Relative Absorptive Capacity and Interorganizational Learning [J]. Post-Print, 1998 (19): 461-477.

[73] Lane P J, Salk J E, Lyles M A. Absorptive Capacity, Learning, and Performance in International Joint Ventures [J]. Strategic Management Journal, 2001, 22 (12): 1139-1161.

[74] Lane P, Koka B, Pathak S. The Reification of Absorptive Capacity: A Critical Review and Rejuvenation of the Construct [J]. Academy of Management Review. 2006, 31 (4): 833-863

[75] Le N H, Larimo J, Wang Y. Control, Innovation and International Joint Venture Performance: The Moderating Role of Internal and External Environments [J]. International Business Review, 2019, 28 (6).

[76] Lee Y J, Jiménez A, Bhandari R K. Subsidiary Roles and Dual Knowledge Flows between MNE Subsidiaries and Headquarters: The Moderating Effects of Organizational Governance Types [J]. Journal of Business Research, 2020 (108): 188-200.

［77］ Li J, Kozhikode R K. Developing New Innovation Models: Shifts in the Innovation Landscapes in Emerging Economies and Implications for Global R&D Management ［J］. Journal of International Management, 2009, 15 (3): 328-339.

［78］ Li J, Zhou C. Dual-edged Tools of Trade: How International Joint Ventures Help and Hinder Capability Building of Chinese Firms ［J］. Journal of World Business, 2008, 43 (4): 463-474.

［79］ Li Y, Lee S H, Li X, et al. Knowledge Codification, Exploitation, and Innovation: The Moderating Influence of Organizational Controls in Chinese Firms ［J］. Management and Organization Review, 2010, 6 (2): 219-241.

［80］ Lyles M A, Salk J E. Knowledge acquisition from foreign parents in international joint ventures: An empirical examination in the Hungarian context ［J］. Journal of international business studies, 1996 (27): 877-903.

［81］ Lyles M A, Tsang E W K, Li S, et al. Learning and Innovation of Chinese Firms Along the Paths of "Bring In" to "Go Global" ［J］. Journal of World Business, 2022 (57): 101362.

［82］ Macdougall D. The Benefits and Costs of Private Investment from A-broad: A Theoretical Approach ［J］. Economic Record, 1960, 22 (3): 189-211.

［83］ Mahmood I P, Zheng W. Whether and How: Effects of International Joint Ventures on Local Innovation in an Emerging Economy ［J］. Research Policy, 2009, 38 (9): 1489-1503.

［84］ Makino S, Delios A. Local Knowledge Transfer and Performance: Implications for Alliance Formation in Asia ［J］. Journal of International Business Studies, 1996, 27 (5): 66-78.

［85］ Mansfield E. The Economies of Technological Change ［M］. London: Norton and Company, 1971.

［86］ Mariana D, Shasha Z, Anne-Wil H. Ambidexterity in MNC Knowledge Sourcing in Emerging Economies: A Microfoundational Perspective ［J］. International Business Review, 2023, 32 (2): 101854.

［87］ Marin A, Bell M. The Local/Global Integration of MNC Subsidiaries and Their Technological Behaviour: Argentina in the Late 1990s [J]. Research Policy, 2010, 39 (7): 919-931.

[88] Moskalev S A, Swensen R B. Joint Ventures around the Globe from 1990 - 2000: Forms, Types, Industries, Countries and Ownership Patterns [J]. Review of Financial Economics, 2007, 16 (1): 29-67.

[89] Müller T, Schnitzer M. Technology Transfer and Spillovers in International Joint Ventures [J]. Journal of International Economics, 2006, 68 (2): 456-468.

[90] Nam K M. Learning through the International Joint Venture: Lessons from the Experience of China's Automotive Sector [J]. Industrial and Corporate Change, 2011, 20 (3): 855-907.

[91] Nguyen H L, Larimo J, Wang Y. Control, Innovation and International Joint Venture Performance: The Moderating Role of Internal and External Environments [J]. International Business Review, 2019, 28 (6): 101591.

[92] Robert E. Jr. Lucas. On the Mechanics of Economic Development [J]. Journal of Monetary Economics, 1988, 22 (1): 3-42.

[93] Romer P M. Endogenous Technological Change [J]. Journal of Political Economy, 1990, 98 (5): 71-102.

[94] Romer P M. Increasing Return and Long-run Growth. Journal of Political Economy, 1986 (94): 1002-1037.

[95] Rugman M A, Verbeke A. Subsidiary-Specific Advantages in Multinational Enterprises [J]. Strategic Management Journal, 2001, 22 (3): 237-250.

[96] Sarala R M, Vaara E. Cultural Differences, Convergence, and Crossvergence as Explanations of Knowledge Transfer in International Acquisitions [J]. Post-Print, 2010 (41): 1365-1390.

[97] Sarker B, Serieux J. Foreign-invested and Domestic Firm Attributes and Spillover Effects: Evidence from Brazil [J]. Journal of Multinational Financial Management, 2022 (63): 100719.

[98] Schot J, Steinmueller W E. Three Frames for Innovation Policy: R&D, Systems of Innovation and Transformative Change [J]. Research Policy,

2018，47（9）：1554-1567.

［99］Sinani E，Meyer K E. Spillovers of Technology Transfer from FDI：The Case of Estonia ［J］. Journal of Comparative Economics，2004，32（3）：445-466.

［100］Sinha U B. Imitative Innovation and International Joint Ventures：A Dynamic Analysis ［J］. International Journal of Industrial Organization，2001，19（10）：1527-1562.

［101］Stiebale J，Reize F. The Impact of FDI through Mergers and Acquisitions on Innovation in Target Firms ［J］. International Journal of Industrial Organization，2011，29（2）：155-167.

［102］Stiebale J. Cross-border M&As and Innovative Activity of Acquiring and Target Firms ［J］. Journal of International Economics，2016（99）：1-15.

［103］Stämpfli S F，Vladimirov N. Why do Firms Convert Their Joint Ventures into Wholly Owned Subsidiaries?：A Multiple Case Study of Swedish firms' Joint Ventures in India and China ［J］. 2017.

［104］Sun P，Deng Z，Wright M. Partnering with Leviathan：The Politics of Innovation in Foreign-host-state Joint Ventures ［J］. Journal of International Business Studies，2021（52）：595-620.

［105］Sun S L，Lee R P. Enhancing Innovation through International Joint Venture Portfolios：From the Emerging Firm Perspective ［J］. Journal of International Marketing，2013，21（3）：1-23.

［106］Sun S. The Role of FDI in Domestic Exporting：Evidence from China ［J］. Journal of Asian Economics，2012，23（4）：434-441.

［107］Swan P L. The International Diffusion of an Innovation ［J］. The Journal of Industrial Economics，1973，22（1）：61-69.

［108］Teece D J，Pisano G，Shuen A. Dynamic Capabilities and Strategic Management ［J］. Strategic Management Journal，1997，18（7）：509-533.

［109］Teece D J. A Dynamic Capabilities-based Entrepreneurial Theory of the Multinational Enterprise ［J］. Journal of International Business Studies，2014（45）：8-37.

［110］Tranfield D，Denyer D，Smart P. Towards a Methodology for Developing Evidence – Informed Management Knowledge by Means of Systematic Review [J]. British Journal of Management, 2003, 14 (3): 207–222.

[111] Tyebjee T A. Typology of Joint Ventures: Japanese Strategies in the United States [J]. CaliforniaManagement Review, 1988, 31 (2): 75–86.

[112] Uzawa H. Optimum Technical Change in an Aggregative Model of Economic Growth [J]. International Economic Review, 1965, 6 (1): 18–31.

[113] Vincenzo D, Polo M. Duplicative Research, Mergers and innovation [J]. Economics Letters, 2018 (166): 56–59.

[114] Xia J J, Tan D. Mimetic Entry and Bandwagon Effect: The Rise and Decline of International Equity Joint Venture in China [J]. Strategic Management Journal, 2008, 29 (10): 195–217.

[115] Yao Z, Yang Z, Fisher G J, et al. Knowledge Complementarity, Knowledge Absorption Effectiveness, and New Product Performance: The Exploration of International Joint Ventures in China [J]. International Business Review, 2013, 22 (1): 216–227.

[116] You K, Katayama S. Intellectual Property Rights Protection and Imitation: An Empirical Examination of Japanese FDI in China [J]. Pacific Economic Review, 2005, 10 (4): 591–604.

[117] Zahra S A, George G. Absorptive Capacity: A Review, Reconceptualization, and Extension [J]. Academy of Management Review, 2002, 27 (2): 185–203.

[118] Zhao Z J, Anand J. A Multilevel Perspective on Knowledge Transfer: Evidence from the Chinese Automotive Industry [J]. Strategic Management Journal, 2009, 30 (9): 959–983.

[119] Zheng F, Jiao H, Cai H. Reappraisal of Outbound Open Innovation under the Policy of China's Market for Technology [J]. Routledge, 2018 (1): 1–14.

[120] 艾少伟，苗长虹. 中国汽车产业技术学习模式研究 [J]. 经济地理，2011, 31 (4): 609–617.

[121] 安同良. 中国企业的技术选择 [J]. 经济研究，2003 (7): 76–84+92.

［122］白让让．跨国公司"强制性"转让技术的动因、模式与效应——来自中美汽车合资合作企业的多案例研究［J］．产业经济评论，2022（1）：58-72．

［123］包群，王靖楠，梁贺．合资经历重要吗［J］．财贸经济，2020，41（8）：110-126．

［124］包群，王靖楠，梁贺．制度环境、所有制差异与内资独资化绩效评估［J］．当代经济科学，2021，43（4）：12-26．

［125］包群，谢红军，陈佳妮．文化相近、合作信任与外商合资关系的持久性［J］．管理世界，2017（3）：29-43．

［126］蔡剑，李洋，刘向东，等．基于产业转型特征的企业创新价值评价方法［J］．中国软科学，2021（11）：185-192．

［127］陈爱贞，陈凤兰，何诚颖．产业链关联与企业创新［J］．中国工业经济，2021（9）：80-98．

［128］陈爱贞，张鹏飞．并购模式与企业创新［J］．中国工业经济，2019（12）：115-133．

［129］陈岑，张彩云，沈扬扬．FDI技术溢出的收入分配效应检验研究——基于内外资企业间工资差距的视角［J］．经济评论，2022（4）：76-93．

［130］陈华，祝琴，喻登科，等．江西省科技型小微企业创新能力评价及提升对策研究［J］．科技进步与对策，2014，31（13）：130-134．

［131］陈劲，杨洋，于君博．商业模式创新研究综述与展望［J］．软科学，2022，36（4）：1-7．

［132］陈劲．从技术引进到自主创新的学习模式［J］．科研管理，1994（2）：32-34+31．

［133］陈琳，林珏．外商直接投资对中国制造业企业的溢出效应：基于企业所有制结构的视角［J］．管理世界，2009（9）：24-33．

［134］陈松，冯国安．技术导入的范式——逆向导入［J］．科研管理，2004（1）：39-42．

［135］陈玉罡，蔡海彬，刘子健，等．外资并购促进了科技创新吗？［J］．会计研究，2015（9）：68-73+97．

［136］陈钊，初运运．新兴企业进入与产业链升级：来自中国无人机

行业的证据 [J]. 世界经济, 2023 (2): 85-107.

[137] 陈志军, 牛璐, 刘振. "技术立企" 带动制造企业转型——海信集团的持续经营之道 [J]. 管理学报, 2022, 19 (12): 1733-1743.

[138] 成琼文, 郭波武, 张延平, 等. 后发企业智能制造技术标准竞争的动态过程机制——基于三一重工的纵向案例研究 [J]. 管理世界, 2023, 39 (4): 119-140+191.

[139] 程磊. 新中国 70 年科技创新发展: 从技术模仿到自主创新 [J]. 宏观质量研究, 2019, 7 (3): 17-37.

[140] 迟国泰, 赵志冲. 以企业为主体的科技创新评价指标体系的构建 [J]. 科研管理, 2018, 39 (S1): 1-10.

[141] 崔晶. 中国情境下政策执行中的 "松散关联式" 协作——基于 S 河流域治理政策的案例研究 [J]. 管理世界, 2022, 38 (6): 85-101.

[142] 单汨源, 潘莎, 聂荣喜, 等. 基于卓越绩效模式的企业技术创新能力模型研究 [J]. 科学学与科学技术管理, 2009, 30 (6): 58-62.

[143] 邓超, 张恩道, 樊步青, 等. 政府补贴、股权结构与中小创新型企业经营绩效研究——基于企业异质性特征的实证检验 [J]. 中国软科学, 2019 (7): 184-192.

[144] 杜丹丽, 曾小春. 速度特征视角的我国高新技术企业创新能力动态综合评价研究 [J]. 科研管理, 2017, 38 (7): 44-53.

[145] 鄂立彬. 从转让定价角度探讨合资企业的 "阴谋亏损" 与产业基金的功能发挥 [J]. 宏观经济研究, 2013 (4): 59-63+99.

[146] 樊纲. 比较优势与后发优势 [J]. 管理世界, 2023, 39 (2): 13-21+37+22.

[147] 范黎波, 宋志红, 刘世敏. 国际合资企业的战略演进与技术学习——以北京·松下显像管有限责任公司为例 [J]. 清华大学学报 (哲学社会科学版), 2008, 23 (S2): 75-84+89+144.

[148] 范莎. 对我国企业发展是否需要引进外资的思考 [J]. 技术与市场, 2011, 18 (7): 474+476.

[149] 冯德连. 研发国际化趋势下我国技术创新模式的选择 [J]. 财贸经济, 2007 (4): 41-46+128.

[150] 弗里德·马歇尔. 经济学原理 [M]. 北京: 华夏出版

社，2012.

[151] 傅家骥．技术创新学［M］．北京：清华大学出版社，1998.

[152] 傅元海，唐未兵，王展祥．FDI 溢出机制、技术进步路径与经济增长绩效［J］．经济研究，2010，45（6）：92-104.

[153] 高洪玮．中国式现代化与产业链韧性：历史逻辑、理论基础与对策建议［J］．当代经济管理，2023，45（4）：11-19.

[154] 葛新庭，谢建国．外资撤离与企业出口国内附加值率：基于工业企业微观数据的研究［J］．国际贸易问题，2023（2）：92-108.

[155] 郭建杰，谢富纪，王海花，等．产学协同中自我中心网络动态性、区域间合作网络对企业创新的影响研究［J］．管理学报，2019，16（7）：1026-1034.

[156] 郭艳婷，郑刚，刘雪锋，等．复杂产品系统后发企业如何实现快速追赶？——中集海工纵向案例研究（2008～2021）［J］．管理世界，2023，39（2）：170-186.

[157] 郭振军，汪建成．基于技术引进、消化吸收的自主创新路径研究——广日电梯自主集成创新能力的形成与演进［J］．武汉大学学报（哲学社会科学版），2006（3）：383-388.

[158] 韩嫣，武拉平．FDI 对中国农业企业创新溢出效应的分解——基于吸收能力的门槛回归分析［J］．国际贸易问题，2020（8）：132-146.

[159] 何建洪，贺昌政．创新能力与创新型企业评价研究［J］．管理学报，2011，8（2）：248-253.

[160] 何明珂．新阶段全球半导体供应链重构及其思考［J］．北京工商大学学报（社会科学版），2023，38（1）：62-76.

[161] 何郁冰，伍静．中国省域基础研究效率的空间分布及其影响因素——基于空间面板数据模型的实证研究［J］．研究与发展管理，2019，31（6）：126-138.

[162] 洪茹燕．关系嵌入与吸收能力的协同对企业知识搜寻的影响——全球制造网络效应下对中国轿车企业自主创新分析［J］．重庆大学学报（社会科学版），2012，18（1）：71-76.

[163] 胡翠，谢世清．中国制造业企业集聚的行业间垂直溢出效应研究［J］．世界经济，2014，37（9）：77-94.

［164］胡大立，殷霄雯，谌飞龙．战略隔离、能力丧失与代工企业低端锁定［J］．管理评论，2021，33（9）：249-259．

［165］胡峰．跨国公司在华并购中的技术外溢效应分析［J］．社会科学辑刊，2003（2）：64-68．

［166］胡凯，吴清．R&D 税收激励、知识产权保护与企业的专利产出［J］．财经研究，2018，44（4）：102-115．

［167］胡善成，靳来群．政府研发补贴促进了策略创新还是实质创新？——理论模型与实证检验［J］．研究与发展管理，2021，33（3）：109-120．

［168］华民，蒋舒．开放资本市场：应对"三资企业""独资化"发展倾向的策略取向［J］．管理世界，2002（12）：33-39+47-156．

［169］黄江明，赵宁．资源与决策逻辑：北汽集团汽车技术追赶的路径演化研究［J］．管理世界，2014（9）：120-130．

［170］黄锦华．后危机时代中国汽车企业的升级策略研究——基于全球价值链治理的多案例分析［J］．科技管理研究，2013，33（1）：134-139．

［171］黄凌云，刘冬冬，谢会强．对外投资和引进外资的双向协调发展研究［J］．中国工业经济，2018（3）：80-97．

［172］黄烨，刘婷．外资在华技术创新溢出是否促进内资企业技术进步——基于门槛效应的经验分析［J］．科技进步与对策，2021，38（22）：83-90．

［173］黄烨菁．开放条件下的技术进步——从技术引进到自主创新［J］．世界经济研究，2008（6）：14-18+37+86．

［174］江诗松，龚丽敏，魏江．转型经济中后发企业的创新能力追赶路径：国有企业和民营企业的双城故事［J］．管理世界，2011（12）：96-115+188．

［175］江艇．因果推断经验研究中的中介效应与调节效应［J］．中国工业经济，2022（5）：100-120．

［176］江小涓，孟丽君．内循环为主、外循环赋能与更高水平双循环——国际经验与中国实践［J］．管理世界，2021，37（1）：1-19．

［177］江小涓．新中国对外开放 70 年：赋能增长与改革［J］．管理世

界，2019，35（12）：1-16+103+214.

[178] 姜卫韬．中小企业自主创新能力提升策略研究——基于企业家社会资本的视角 [J]．中国工业经济，2012（6）：107-119.

[179] 蒋殿春，鲁大宇．外资自由化与本土企业出口国内附加值率——基于中间品市场的新发现 [J]．南开经济研究，2023（5）：38-55.

[180] 金宏平，周晓博，张倩肖．合资型FDI、独资型FDI与中国经济增长——基于省级面板数据的实证分析 [J]．当代经济科学，2016，38（3）：44-52+125.

[181] 蓝晓芳，孟庆君．"达娃之争"给拥有民族品牌的本土企业的启示 [J]．现代商贸工业，2007（7）：61-62.

[182] 雷家骕，刘影，戚耀元，等．中国技术创新40年：四阶爬坡轨迹述评 [J]．科技进步与对策，2019，36（1）：152-160.

[183] 冷民．从台湾微电子产业的发展看利用外资与提高自主创新能力的关系 [J]．中国科技论坛，2005（3）：77-81.

[184] 李德辉，范黎波，杨震宁．企业网络嵌入可以高枕无忧吗——基于中国上市制造业企业的考察 [J]．南开管理评论，2017，20（1）：67-82.

[185] 李东红，周英超．中外合资企业的升级效应分析——以奇瑞捷豹路虎为例 [J]．国际经济合作，2018（12）：10-15.

[186] 李光泗，沈坤荣．技术能力、技术进步路径与创新绩效研究 [J]．科研管理，2013，34（3）：1-6.

[187] 李国锋，吴梦．减税降费与创新短板：路径定位及补充机制 [J]．东岳论丛，2022，43（12）：98-110+192.

[188] 李国平，王春杨．我国省域创新产出的空间特征和时空演化——基于探索性空间数据分析的实证 [J]．地理研究，2012，31（1）：95-106.

[189] 李健，姚山季，吴飞同．联盟结构选择与技术创新路径演变——基于SECI模型的研究 [J]．科学学与科学技术管理，2010，31（3）：72-76.

[190] 李晶晶，杨震宁．技术战略联盟，知识产权保护与创新——一个跨案例研究 [J]．科学学研究，2012，30（5）：696-705.

［191］李蕾，杨震宁，廖焱. 在华国际合资企业的创新信息来源、合作伙伴地域广度对其产品国际化的影响［J］. 技术经济，2018，37（5）：38-47.

［192］李平，随洪光. 知识产权保护对外商直接投资溢出效应影响的研究——基于中国高技术产业的实证分析［J］. 经济评论，2007（6）：73-77.

［193］李三希，武玙璠，李嘉琦. 数字经济与中国式现代化：时代意义、机遇挑战与路径探索［J］. 经济评论，2023（2）：3-14.

［194］李善民，张媛春. 企业的资源控制权：对弈外资并购的筹码——基于达能—娃哈哈的案例研究［J］. 广东外语外贸大学学报，2009，20（2）：5-8+49.

［195］李思慧，周天宇. 企业技术选择：模仿创新还是自主创新？［J］. 世界经济与政治论坛，2018（1）：142-158.

［196］李维安，李宝权. 跨国公司在华独资倾向成因分析：基于股权结构战略的视角［J］. 管理世界，2003（1）：57-62+154.

［197］李维安，张耀伟. 中国企业在国际并购中欠缺什么？——娃哈哈与达能之争的启示［J］. 资本市场，2009（2）：114-116.

［198］李欣融，张庆芝，雷家骕. 基于科学的创新：研究回顾与展望［J］. 科研管理，2022，43（1）：1-13.

［199］李垣，魏泽龙. 中国企业创新 40 年［J］. 科研管理，2019，40（6）：1-8.

［200］李自杰，刘畅. 合资企业控制权演进的研究与展望［J］. 科学学与科学技术管理，2011，32（3）：134-143.

［201］梁贺，包群. 知识产权保护与合资关系的持久性——基于中外合资企业的经验研究［J］. 世界经济文汇，2021（3）：16-37.

［202］梁贺，郁海杰. 合资伙伴多样性、股权配置与合资风险［J］. 经济管理，2023，45（6）：139-160.

［203］梁睿昕，李姚矿. 政府创新政策对数字企业技术创新激励效应研究［J］. 统计研究，2023，40（11）：40-52.

［204］林筠，刘伟，李随成. 企业社会资本对技术创新能力影响的实证研究［J］. 科研管理，2011，32（1）：35-44.

［205］林洲钰，林汉川．中国制造业企业的技术创新活动——社会资本的作用［J］．数量经济技术经济研究，2012，29（10）：37-51.

［206］刘斌，刘颖，曹鸿宇．外资进入与中国企业创新：促进还是抑制［J］．山西财经大学学报，2021，43（3）：14-27.

［207］刘斌斌，李梅羲子．政府质量、FDI进入方式与区域技术创新［J］．经济问题，2022（12）：112-119.

［208］刘冬冬，董景荣，王亚飞．行业特征、要素禀赋结构与技术进步路径选择——基于中国装备制造业的实证检验［J］．科研管理，2017，38（9）：132-141.

［209］刘建丽．新中国利用外资70年：历程、效应与主要经验［J］．管理世界，2019，35（11）：19-37.

［210］刘美林．市场经济法律概论（第二版）［M］．北京：科学技术文献出版社，2009.

［211］刘素，陈梦媛，崔淼．控制权结构、海内外子公司间竞合冲突对利益重构的影响——基于中国本土合资企业"走出去"的多案例研究［J］．经济管理，2016，38（5）：51-63.

［212］刘向阳．试论引国引进技术吸收、消化的现状与对策［J］．广州对外贸易学院学报，1987（4）：32-36.

［213］刘鑫，顾雪芹．外资提升双循环战略链接功能的新机制和新路径：以上海为例［J］．社会科学，2022（12）：131-140.

［214］刘自新．以跨国公司经营理念提升我国民营企业集团技术创新能力研究［J］．商业经济与管理，2004（1）：24-27.

［215］隆国强．新兴大国的竞争力升级战略［J］．管理世界，2016（1）：2-9.

［216］卢昌崇，李仲广，郑文全．从控制权到收益权：合资企业的产权变动路径［J］．中国工业经济，2003（11）：34-40.

［217］路风，何鹏宇．举国体制与重大突破——以特殊机构执行和完成重大任务的历史经验及启示［J］．管理世界，2021，37（7）：1-18+1.

［218］路风．冲破迷雾——揭开中国高铁技术进步之源［J］．管理世界，2019，35（9）：164-194+200.

［219］吕久琴，郁丹丹．政府科研创新补助与企业研发投入：挤出、

替代还是激励？[J]. 中国科技论坛，2011（8）：21-28.

[220] 罗长远，曾繁华. 外国直接投资溢出效应的文献综述 [J]. 经济评论，2008（2）：133-137.

[221] 罗顺均. 吸收能力、外部知识获取模式与企业创新绩效的关系研究——基于德豪润达与珠江钢琴的纵向比较案例 [J]. 研究与发展管理，2015，27（5）：122-136.

[222] 马相东，张文魁，刘丁一. 地方政府招商引资政策的变迁历程与取向观察：1978-2021 年 [J]. 改革，2021（8）：131-144.

[223] 马晓云. 中国装备制造业自主创新路径选择——基于宁夏西北轴承合资案的视角 [J]. 宁夏大学学报（人文社会科学版），2010，32（1）：178-181.

[224] 毛海欧，刘海云，刘贯春. 外商撤资降低了企业的自主创新效率吗——来自中国工业企业与专利匹配数据的证据 [J]. 国际贸易问题，2019（11）：16-28.

[225] 毛昊，孙莹，刘洋. 韩资企业专利行为与其跨国母体专利战略问题研究——以韩国 LG 在华所属乐金公司为例 [J]. 科学学研究，2009，27（4）：554-562.

[226] 毛其淋，王澍. 外资并购对中国企业产能利用率的影响 [J]. 国际贸易问题，2022（1）：113-129.

[227] 毛其淋. 外资进入自由化如何影响了中国本土企业创新？[J]. 金融研究，2019（1）：72-90.

[228] 毛蕴诗，戴勇. OEM、ODM 到 OBM：新兴经济的企业自主创新路径研究 [J]. 经济管理，2006（20）：10-15.

[229] 芈斐斐，倪超军，于安琪. 参与合资企业能促进本土企业创新吗？[J]. 中南财经政法大学学报，2021（1）：125-137+160.

[230] 聂力兵，龚红，赖秀萍. 唤醒"沉睡专利"：知识重组时滞、重组频率与关键核心技术创新 [J]. 南开管理评论，1-24.

[231] 宁连举，李萌. 基于因子分析法构建大中型工业企业技术创新能力评价模型 [J]. 科研管理，2011，32（3）：51-58.

[232] 牛璐，陈志军，程浩宇，等. 双重身份后发企业如何突破"卡脖子"困局？[J]. 科学学研究，1-13.

［233］欧阳日辉，荆文君．数字经济发展的"中国路径"：典型事实、内在逻辑与策略选择［J］．改革，2023（8）：26-41．

［234］彭纪生，孙文祥．跨国公司对华技术转移的理论思考——基于本土企业技术创新能力提升的分析框架［J］．中国软科学，2005（4）：112-119．

［235］彭新敏，吴晓波，吴东．基于二次创新动态过程的企业网络与组织学习平衡模式演化——海天1971～2010年纵向案例研究［J］．管理世界，2011（4）：138-149+166+188．

［236］亓朋，许和连，李海峥．技术差距与外商直接投资的技术溢出效应［J］．数量经济技术经济研究，2009，26（9）：92-106．

［237］綦建红，杨丽．中国OFDI的区位决定因素——基于地理距离与文化距离的检验［J］．经济地理，2012，32（12）：40-46．

［238］史宝康，郭斌．科技创新型企业评价指标体系研究［J］．首都经济贸易大学学报，2010，12（5）：70-76．

［239］舒来．基于控制权演化的中外合资企业外商独资化研究——以广州宝洁和上海大众为例［D］．湘潭大学硕士学位论文，2016．

［240］苏敬勤，高昕．情境视角下"中国式创新"的进路研究［J］．管理学报，2019（1）：9-16．

［241］苏敬勤，高昕．世界百年未有之大变局下的"中国式创新"［N］．中国社会科学报，2021-12-01（003）．

［242］孙林杰，康荣，王静静．开放式创新视域下民营企业技术能力的发展演进［J］．科学学研究，2016，34（2）：253-259．

［243］孙文祥，彭纪生．跨国公司的技术转移与技术扩散——基于国内外实证结果的研究［J］．科技进步与对策，2005（2）：103-105．

［244］孙喜，路风．从技术自立到创新——一个关于技术学习的概念框架［J］．科学学研究，2015，33（7）：975-984+1016．

［245］唐丽娜，萧延高．我国新兴技术企业技术能力发展的实证研究［J］．科技与管理，2009，11（5）：113-117．

［246］唐未兵，傅元海，王展祥．技术创新、技术引进与经济增长方式转变［J］．经济研究，2014，49（7）：31-43．

［247］唐玮．"大学—企业知识联盟"建设中的政府作用研究［D］．

上海交通大学硕士学位论文，2007.

［248］田硕，张少杰. 跨国汽车公司对我国汽车企业的技术控制分析 ［J］. 现代管理科学，2009（9）：61-62.

［249］涂颖清，陈文. 我国汽车产业升级的问题及路径探讨 ［J］. 企业经济，2011，30（6）：109-111.

［250］妥燕方，孔令池. 中国产业转移的技术升级效应 ［J］. 山西财经大学学报，2023，45（2）：73-86.

［251］万威，龙小宁. 外资准入政策与本国企业技术创新 ［J］. 经济评论，2023（2）：75-91.

［252］汪建成，毛蕴诗，邱楠. 由 OEM 到 ODM 再到 OBM 的自主创新与国际化路径——格兰仕技术能力构建与企业升级案例研究 ［J］. 管理世界，2008（6）：148-155+160.

［253］汪建成，毛蕴诗. 技术改进、消化吸收与自主创新机制 ［J］. 经济管理，2007（3）：22-27.

［254］汪永飞，陈留平，陈爱民. 创新型企业的评价指标体系及其评价模型 ［J］. 统计与决策，2007（9）：81-82.

［255］王凤彬，陈建勋，杨阳. 探索式与利用式技术创新及其平衡的效应分析 ［J］. 管理世界，2012（3）：96-112+188.

［256］王海军，陈劲，冯军政. 模块化嵌入的一流企业产学研用协同创新演化：理论建构与案例探索 ［J］. 科研管理，2020，41（5）：47-59.

［257］王江，吕朋，巩顺龙. 我国汽车产业技术创新可行模式探析 ［J］. 经济纵横，2009（9）：66-68.

［258］王乃静. 基于技术引进、消化吸收的企业自主创新路径探析——以潍柴动力股份有限公司自主创新经验为例 ［J］. 中国软科学，2007（4）：15-23.

［259］王淑敏，王涛. 积累社会资本何时能提升企业自主创新能力——一项追踪研究 ［J］. 南开管理评论，2017，20（5）：131-143.

［260］王小鲁，樊纲，余静文. 中国分省份市场化指数报告（2016）［M］. 北京：社会科学文献出版社，2017.

［261］魏后凯. 加入 WTO 后中国外商投资区位变化及中西部地区吸引外资前景 ［J］. 管理世界，2003（7）：67-75.

[262] 魏江. 企业技术能力论 [M]. 北京：科学出版社，2002.

[263] 吴超鹏，唐菂. 知识产权保护执法力度、技术创新与企业绩效——来自中国上市公司的证据 [J]. 经济研究，2016，51（11）：125-139.

[264] 吴非，胡慧芷，林慧妍，等. 企业数字化转型与资本市场表现——来自股票流动性的经验证据 [J]. 管理世界，2021，37（7）：130-144+10.

[265] 吴伟伟，张天一. 非研发补贴与研发补贴对新创企业创新产出的非对称影响研究 [J]. 管理世界，2021，37（3）：137-160+10.

[266] 吴先明，梅诗晔. 基于自主创新的追赶战略：资源依赖视角 [J]. 经济管理，2016，38（6）：29-40.

[267] 吴晓波，窦伟，吴东. 全球制造网络中的我国企业自主创新：模式、机制与路径 [J]. 管理工程学报，2010，24（S1）：21-30.

[268] 吴晓波，马如飞，毛茜敏. 基于二次创新动态过程的组织学习模式演进——杭氧1996~2008纵向案例研究 [J]. 管理世界，2009（2）：152-164.

[269] 夏梁. "以市场换技术"是如何提出的（1978—1988）[J]. 中国经济史研究，2015（4）：102-113+144.

[270] 项保华，许庆瑞. 试论制订技术创新政策的理论基础 [J]. 数量经济技术经济研究，1989（7）：52-55.

[271] 肖叶黎，刘纯阳. 农业上市企业创新能力评价及其区域差异研究——基于我国56家农业上市企业的面板数据 [J]. 科技管理研究，2021，41（21）：30-37.

[272] 谢伟. 全球生产网络中的中国轿车工业 [J]. 管理世界，2006（12）：67-87+103.

[273] 谢祥，汝鹏，苏竣，等. 基于技术创新模式的我国风电装备制造业创新能力分析 [J]. 科技进步与对策，2012，29（11）：9-13.

[274] 解学梅，韩宇航. 本土制造业企业如何在绿色创新中实现"华丽转型"？——基于注意力基础观的多案例研究 [J]. 管理世界，2022，38（3）：76-106.

[275] 辛金国，蔡婧靓，杨晨，等. 营商环境、融资结构与家族企业

创新投入［J］.科研管理，2023，44（1）：56-65.

［276］邢红萍，卫平.中国战略性新兴产业企业技术创新行为模式研究——基于全国七省市企业调查问卷［J］.经济学家，2013（4）：56-65.

［277］熊卫.广东品牌国际化道路困境分析［J］.社科纵横（新理论版），2007（2）：99-100.

［278］熊焰，杨博旭.双重网络嵌入、制度环境与区域创新能力［J］.科研管理，2022，43（6）：32-42.

［279］徐大可，陈劲.后来企业自主创新能力的内涵和影响因素分析［J］.经济社会体制比较，2006（2）：17-22.

［280］徐国庆，周明.投入产出视角下技术创新对制造业全球价值链提升的影响研究［J］.软科学，2022，36（4）：53-59.

［281］徐礼伯，陈效林.中外合资联盟内外方技术控制机理研究［J］.科技管理研究，2014，34（15）：102-107.

［282］徐宁.从"市场换技术"到"市场用技术"——基于 GVC 与 NVC 视角的中国企业技术创新机制研究［J］.现代经济探讨，2017（12）：84-92.

［283］许春，刘奕.技术溢出与企业研发政府补贴政策的相机选择［J］.科学学与科学技术管理，2005（1）：25-30.

［284］许晖，单宇.新兴经济体跨国企业子公司网络嵌入演化机理研究［J］.管理学报，2018，15（11）：1591-1600.

［285］许晖，刘田田，单宇.重构资源连接：中国跨国企业如何打破海外技术封锁［J］.南开管理评论，2022，25（6）：17-30.

［286］许罗丹，谭卫红，刘民权.四组外商投资企业技术溢出效应的比较研究［J］.管理世界，2004（6）：14-25.

［287］许庆瑞，吴志岩，陈力田.转型经济中企业自主创新能力演化路径及驱动因素分析——海尔集团 1984～2013 年的纵向案例研究［J］.管理世界，2013（4）：121-134+188.

［288］许庆瑞，徐金发，邢以群.关于技术引进的若干问题［J］.管理工程学报，1987（1）：1-11.

［289］许晓娟.独资化与产业内技术溢出——基于 2004 年中国 31 个省市 30 个制造业行业的分层模型［J］.统计研究，2009，26（10）：

47-54.

[290] 许治，师萍．我国汽车产业技术能力发展战略 [J]．中国软科学，2005（5）：126-129+125.

[291] 薛求知，罗来军．跨国公司控制合资子公司的机制探析 [J]．财贸研究，2006（4）：96-101.

[292] 严兵，程敏．外商撤资、产业关联与企业出口质量 [J]．中国工业经济，2022（6）：79-97.

[293] 杨博旭，王玉荣，李兴光．"厚此薄彼"还是"雨露均沾"——组织如何有效利用网络嵌入资源提高创新绩效 [J]．南开管理评论，2019，22（3）：201-213.

[294] 杨超，林建勇．外资撤离会降低企业绩效吗？[J]．中南财经政法大学学报，2019（2）：128-137.

[295] 杨德宏．我国汽车产业发展模式分析——基于全球价值链的视角 [J]．国际经济合作，2010（2）：20-24.

[296] 杨红丽，陈钊．外商直接投资水平溢出的间接机制：基于上游供应商的研究 [J]．世界经济，2015，38（3）：123-144.

[297] 杨宏进．企业技术创新能力评价指标的实证分析 [J]．统计研究，1998（1）：53-58.

[298] 杨燕，高山行．基于知识观的三种自主创新模式的实证研究 [J]．科学学研究，2010，28（4）：626-634.

[299] 杨燕．从学习追赶到再造优势：制造业后发企业的技术进步路径——以企业为核心主体的理论框架与中国经验 [J]．西部论坛，2020，30（1）：64-77.

[300] 杨震宁，侯一凡，李德辉，等．中国企业"双循环"中开放式创新网络的平衡效应——基于数字赋能与组织柔性的考察 [J]．管理世界，2021，37（11）：184-205+12.

[301] 杨震宁，李德辉，侯一凡．在华合资企业创新中的资金来源与合作多样性——基于知识资产经营策略的研究 [J]．软科学，2022，36（1）：64-68+76.

[302] 杨震宁，李东红，马振中．关系资本、锁定效应与中国制造业企业创新 [J]．科研管理，2013，34（11）：42-52.

[303] 杨震宁，赵红．中国企业的开放式创新：制度环境、"竞合"关系与创新绩效［J］．管理世界，2020，36（2）：139-160+224.

[304] 杨志浩．跨国资本"联姻"提升了中国企业的全球资源配置权吗？——中间品贸易网络视角［J］．经济管理，2023，45（7）：38-55.

[305] 叶宝忠．基于 BP 神经网络的企业技术创新能力综合评价体系研究［J］．中国社会科学院研究生院学报，2013（2）：32-36.

[306] 殷华方，潘镇，鲁明泓．他山之石能否攻玉：其他企业经验对外资企业绩效的影响［J］．管理世界，2011（4）：69-83.

[307] 尹西明，陈劲，海本禄．新竞争环境下企业如何加快颠覆性技术突破？——基于整合式创新的理论视角［J］．天津社会科学，2019（5）：112-118.

[308] 应瑛，刘洋，魏江．开放式创新网络中的价值独占机制：打开"开放性"和"与狼共舞"悖论［J］．管理世界，2018，34（2）：144-160+188.

[309] 虞义华，赵奇锋，鞠晓生．发明家高管与企业创新［J］．中国工业经济，2018（3）：136-154.

[310] 袁诚，陆挺．外商直接投资与管理知识溢出效应：来自中国民营企业家的证据［J］．经济研究，2005（3）：69-79.

[311] 袁志丽．中企"走出去"存 5 大劣势海外经营人才短缺［EB/OL］．中国经济网，http：//world.people.com.cn/n/2014/1213/c157278-26200430.html.2014-12-13.

[312] 翟淑萍，顾群．金融发展、融资约束缓解与高新技术企业研发投资效率研究［J］．经济经纬，2013（2）：138-143.

[313] 詹长春．从"市场换技术"到"技术换市场"——奇瑞发展战略转型的分析与启示［J］．上海经济研究，2007（10）：52-55.

[314] 詹长春．技术能力与奇瑞发展战略转型［J］．江淮论坛，2008（1）：73-78.

[315] 詹也．战略联盟与企业创新的辩证关系分析——以奇瑞为例反思中国轿车工业创新之路［J］．自然辩证法研究，2008（3）：68-72.

[316] 张国俊，王珏晗，吴坤津，等．中国三大城市群经济与环境协调度时空特征及影响因素［J］．地理研究，2020，39（2）：272-288.

[317] 张化尧，李德扬，谢洪明．技术截断下的中国民营汽车企业能力升级研究：以奇瑞、比亚迪和吉利为例 [J]．科学学与科学技术管理，2012，33（2）：122-130.

[318] 张军，崔海涛，陈开洋，等．外资撤离对中国企业创新活动的影响——基于合资企业中外商减资的视角 [J]．世界经济文汇，2021（1）：21-43.

[319] 张昆贤，武常岐，陈晓蓉．数字经济时代跨国企业子公司角色变革研究——内部化理论分析框架 [J]．现代财经（天津财经大学学报），2022，42（11）：3-18.

[320] 张来武．科技创新驱动经济发展方式转变 [J]．中国软科学，2011（12）：1-5.

[321] 张璐，王岩，苏敬勤，等．资源基础理论：发展脉络、知识框架与展望 [J]．南开管理评论，2023，26（4）：246-258.

[322] 张梦明．外方技术控制与"合资—亏损—并购"中外合资企业的路径变迁 [D]．湘潭大学硕士学位论文，2017.

[323] 张鹏飞，陈凤兰．外资并购促进了目标企业创新吗 [J]．国际贸易问题，2021（11）：140-156.

[324] 张鹏杨，唐宜红．FDI 如何提高我国出口企业国内附加值？——基于全球价值链升级的视角 [J]．数量经济技术经济研究，2018，35（7）：79-96.

[325] 张青，华志兵．资源编排理论及其研究进展述评 [J]．经济管理，2020，42（9）：193-208.

[326] 张晓明．基于粗糙集—AHM 的装备制造业企业创新能力评价指标权重计算研究 [J]．中国软科学，2014（6）：151-158.

[327] 张颖，许强，程聪．制度逻辑视角下的企业"以市场换技术"机制研究 [J]．科研管理，2023，44（4）：93-102.

[328] 张宇．外资企业股权结构与 FDI 技术外溢效应——理论与实证 [J]．世界经济研究，2006（11）：65-71.

[329] 赵夫增，王胜光，程郁，等．中国自主创新的战略问题 [J]．中国科学院院刊，2014，29（2）：158-171.

[330] 赵剑波．技术轨道跃迁背景下如何实现科技自立自强？台山核

电 EPR 首堆建设经验 [J]．科学学与科学技术管理，2023，44（7）：33-45．

[331] 赵景华．跨国公司在华子公司成长与发展战略的实证研究 [J]．管理世界，2002（10）：93-101．

[332] 赵龙文，黄娟．政府数据开放背景下科技创新能力评价研究 [J]．科技管理研究，2020，40（4）：73-79．

[333] 赵晓庆．中国汽车产业的自主创新——探析"以市场换技术"战略失败的体制根源 [J]．浙江大学学报（人文社会科学版），2013，43（3）：164-176．

[334] 赵增耀．市场换技术的意图、可行性及其局限 [J]．学术月刊，2007（3）：83-88．

[335] 赵增耀．市场换技术下内资企业技术能力的提升路径——基于溢出效应和吸收能力的分析 [J]．当代经济科学，2009，31（2）：78-84+127．

[336] 郑飞虎，蔡宏波，仲鑫．开放式创新与外资"技术市场化"的新机理 [J]．南开经济研究，2019（5）：180-197．

[337] 周芳．外企吸纳我国人力资本的行为分析 [J]．学海，2001（6）：40-43．

[338] 周麟，贺俊，兰宗敏，等．后发企业如何利用全球生产网络构建自主产品开发平台？——对长城汽车氢能技术产品开发的纵向案例研究 [J]．管理世界，2023，39（11）：152-173．

[339] 周楠，杨竹．制度距离与中国企业跨国并购创新绩效 [J]．科研管理，2023，44（2）：81-88．

[340] 周煜，聂鸣，张辉．全球价值链下中国汽车企业发展模式研究 [J]．研究与发展管理，2008（4）：1-7+19．

[341] 周煜，聂鸣．基于全球价值链的中国汽车产业升级路径分析 [J]．科技进步与对策，2007（7）：83-87．

[342] 朱棣，葛建华，杨繁．聚合还是桥接：社会资本整合问题的研究图景与展望 [J]．南开管理评论，2023，26（3）：123-136．

[343] 朱方伟，于淼，孙秀霞．中国汽车合资企业自主创新模式研究 [J]．科研管理，2013，34（6）：152-160．

［344］朱浩，李林，何建洪．政企共演视角下后发企业的技术追赶［J］．中国科技论坛，2020（1）：116-125.

［345］朱华桂，庄晨．自主研发、外部知识获取与企业绩效研究——基于上市公司数据［J］．软科学，2015，29（2）：46-50.

［346］诸竹君，黄先海，王毅．外资进入与中国式创新双低困境破解［J］．经济研究，2020，55（5）：99-115.